LES CONTES DE CANTORBÉRY

KTĒMATA

PUBLIÉS SOUS LA DIRECTION DE H. BRAET

9

Geoffroy Chaucer

LES CONTES
DE CANTORBÉRY

2ème partie

Le Conte de l'Intendant, le Conte du Cuisinier,
le Conte de l'Homme de Loi, le Conte de la Femme de Bath,
le Conte du Frère, le Conte du Semoneur

TRADUCTION FRANÇAISE, NOTICES,
AVANT-PROPOS, NOTES ET BIBLIOGRAPHIE

par

JULIETTE DE CALUWÉ-DOR

Chef de Travaux à l'Université de Liège

Avec le texte anglais

de l'édition de

John Hurt FISHER

1986

PEETERS
LOUVAIN-PARIS

D. 1986/0602/8

ISBN 90-6831-048-8

AVANT-PROPOS

La même année que mon premier volume paraissait l'édition John Hurt FISHER des *Canterbury Tales,* que je n'avais malheureusement pas pu utiliser. Il devenait dès lors impossible de continuer ma traduction en ignorant l'existence de cet ouvrage capital qui, en outre, est progressivement devenu la principale édition de l'œuvre de Geoffroy Chaucer. C'est finalement sur son texte (et non plus sur celui de Robinson II, désormais «démodé») que j'ai décidé de fonder ma traduction.

D'autre part, il est apparu qu'il était préférable de présenter le texte original en regard de celui de la traduction. John Hurt Fisher m'a fort amicalement autorisée à reproduire les vers des pages 69-143 de *The Complete Poetry and Prose of Geoffrey Chaucer,* Holt, Rinehart and Winston, 1977. C'est une tâche bien agréable de l'en remercier ici, mais aussi de lui exprimer ma reconnaissance pour ses encouragements et son enthousiasme contagieux. La maison Holt, Rinehart and Winston m'a, quant à elle, aimablement accordé les droits de reproduction de ces mêmes vers.

On constatera également l'enrichissement de la présentation. Chaque conte est dorénavant précédé d'une notice introductive. Conformément au souhait que j'avais formulé dans la *Chaucer Newsletter,* les notes ont pu être développées, ce qui m'a permis de justifier certaines libertés de traduction, de donner les sources de certaines allusions, de résumer la critique, mais aussi de me livrer parfois à quelques écarts strictement philologiques, sans toutefois oublier que ce n'était pas là mon propos. Il me semble, en effet, que j'aurais trahi mon rôle de secrétaire internationale de la *New Chaucer Society* si j'avais systématiquement omis d'informer le lecteur francophone des grands courants de la critique chaucérienne et de le faire bénéficier quelque peu des résultats des différentes missions que j'ai pu effectuer aux États-Unis, en Angleterre ou en France grâce au concours de différents organismes ou institutions (le Fonds National de la Recherche Scientifique de Belgique, le Commissariat Général aux Relations Internationales de la Communauté Française de Belgique, les

Universités de Liège, du Tennessee et de New York à Albany, ainsi que la *New Chaucer Society*).

Je tiens aussi à reconnaître ma dette envers mes proches, collègues et amis qui, chacun à leur manière, m'ont convaincue de la nécessité de mener à bien ce que j'avais entrepris. Last but not least, envers mon mari, patiente oreille de mes «découvertes» et relecteur de mes épreuves...

BIBLIOGRAPHIE

Cette bibliographie ne se veut pas exhaustive. Son seul but est d'aider le lecteur à s'orienter dans la masse de la critique chaucérienne.

I. *Bibliographies*

Outre les bibliographies traditionnelles:
1) la bibliographie annuelle de
— *Studies in the Age of Chaucer*
— *Chaucer Review*
— *Neuphilologische Mitteilungen*
2) GRIFFITH (D.D.), *Bibliography of Chaucer, 1908-53*, Univ. of Washington Press, 1955.

CRAWFORD (W.R.), *Bibliography of Chaucer, 1954-63*, Univ. of Washington Press, 1967.

BAIRD (L.Y.), *A Bibliography of Chaucer, 1964-73*, Boston, 1977.

II. *Editions et Traductions*

BLAKE (N.F.), *The CT by G. Chaucer, edited from the Hengwrt Manuscript*, Londres, 1980.

CAWLEY (A.C.), *CT, edited with an introduction*, Londres, 1966.

CIGMAN (Gl.), *G. Chaucer, the WB's Prologue and Tale and the Cl's Prologue and Tale from the CT*, Univ. of London Press, 1975.

COGHILL (N.), *The CT, translated into modern English*, Penguin, 1968.

DE CALUWÉ-DOR (J.), *G. Chaucer, Les Contes de Cantorbéry*, 1ère partie, Gand, 1977.

FISHER (J.H.), *The Complete Poetry and Prose of G. Chaucer*, New York, 1977.

FOUCHER (J.-P.), *Les Contes de Cantorbéry*, Paris, 1908, 1974 (Le Livre de Poche)

HAVELY (N.R.), *G. Chaucer, The Friar's, Summoner's and Pardoner's Tales from the CT*, Univ. of London Press, 1975.

LUMIANSKY (R.M.), *The CT, a Modern English Translation*, New York, 1965.

MANLY (J.M.)/RICKERT (E.), *The Text of the CT*, Univ. of Chicago Press, 1940.

PRATT (R.A.), *The Tales of Canterbury, Complete*, Boston, 1974.

Revue Germanique traduction des contes traduits dans ce volume dans les volumes III (1907) et IV (1908).

ROBINSON (F.N.), *The Poetical Works of G. Chaucer*, OUP 1957.

SKEAT (W.W.), *The Complete Works of G. Chaucer,* Oxford, 1894-1900.

SPEARING (A.C. et J.E.), *Poetry of the Age of Chaucer : the Friar's Tale,* Londres, 1974, 169-93.

SPEARING (A.C. et J.E.), *The Reeve's Prologue and Tale with the Cook's Prologue and a Fragment of his Tale,* CUP, 1979.

WINNY (J.), *The WB's Prologue and Tale,* CUP, 1965.

WRIGHT (D.), *The CT, Translated into Modern English Prose,* Londres, 1964.

III. *Langue*

BLAKE (N.F.), « The Northernisms in the RT », *Lore and Language* 3 (1979), 1-8.

BURNLEY (D.), *A Guide to Chaucer's Language,* Londres, 1983.

DAVIS (N.) / GRAY (D.) / INGHAM (P.) / WALLACE-HADRILL (A.), *A Chaucer Glossary,* Oxford, 1979.

DE CALUWÉ-DOR (J.), « Chaucer's Contribution to the English Vocabulary: a Chronological Survey of French Loan-Words », *NOWELE* 2 (1983), 73-91.

DE CALUWÉ-DOR (J.), « Chaucer's Derivational Morphemes Revisited », dans A. CRÉPIN (éd.), *Linguistic and Stylistic Studies in Medieval English,* Paris, *AMAES* 10 (1984), 63-79.

DE CALUWÉ-DOR (J.), « Chaucer and Dialectology », Congrès de Dialectologie et de Régionalisme de l'Université de Poznań (à paraître).

ELLIOTT (R.W.V.), *Chaucer's English,* Londres, 1974.

FISIAK (J.), *Morphemic Structure of Chaucer's English,* Univ. of Alabama Press, 1965.

GARBÁTY (Th.J.), « Satire and Regionalism: the Reeve and his Tale », *ChauR* 8 (1973), 1-8.

KERKHOF (J.), *Studies in the Language of G. Chaucer,* Leiden, 1966.

NATHAN (N.), « Pronouns of Address in the CT », *MS* 21 (1959), 193-201.

NATHAN (N.), « Pronouns of Address in the FT », *MLR* 17 (1956), 39-42.

TOLKIEN (J.R.R.), « Chaucer as Philologist », *TPS,* 1934, 1-70.

IV. *Ouvrages et Articles de Critique*

ADAMS (J.F.), « The Structure of Irony in the ST », *EIC* 12 (1962), 126-32.

BENNETT (J.A.W.), *Chaucer at Oxford and at Cambridge,* Oxford, 1974.

BENSON (L.D.) / ANDERSSON (T.M.), *The Literary Context of Chaucer's Fabliaux: Texts and Translations,* New York, 1971.

BIRNEY (E.), « Structural Irony within the ST », *Anglia* 78 (1960), 204-18.

BLAKE (N.F.), « The WB and her Tale », *Leeds Studies in English N.S.* 13 (1982), 42-45.

BLOCK (Ed.A.), « Originality, Controlling Purpose, and Craftmanship in Chaucer's MLT », *PMLA* 68 (1953), 572-616.

BLOOMFIELD (M.), «The FT as a liminal Tale», *ChauR* 17 (1983), 286-91.

BLOOMFIELD (M.), «The MLT: a Tragedy of Victimization and a Christian Comedy», *PMLA* 87 (1972), 384-90.

BONJOUR (A.), «Aspects of Chaucer's Irony in the FT», *EIC* 11 (1961), 121-27.

BOWDEN (M.), *A Reader's Guide to G. Chaucer,* Londres, 1965.

BREWER (D.), *An Introduction to Chaucer,* Londres/New York, 1984.

BREWER (D.), «The RT and the King's Hall, Cambridge», *ChauR* 5 (1971), 311-17.

BRYAN (W.F.)/DEMPSTER (G.) (éds.), *Sources and Analogues of Chaucer's CT,* rpt New York, 1958.

BURBRIDGE (R.T.), «Chaucer's RT and the Fabliau 'Le Meunier et les II clercs'», *AnM* 12 (1971), 30-36.

CAWLEY (A.C.), «Chaucer's Summoner, the Friar's Summoner, and the FT», *Leeds* 8 (1957), 173-80.

CHAPMAN (C.O.), «Chaucerian Preachers and Preaching», *PMLA* 44 (1929), 178-85.

Chaucer, the Canterbury Tales, a Selection of Critical Essays, éd. ANDERSON (J.J.), Londres, 1974.

Chaucer at Albany, éd. ROBBINS (R.H.), New York, 1975.

Chaucer and Middle English Studies in Honour of R.H. Robbins, éd. ROWLAND (B.), Kent State Univ. Press, 1974.

CLARK (R.P.), «A Possible Pun on Chaucer's Name», *Names* 25 (1977), 49-50.

COLMER (D.), «Character and Class in the WBT», *JEGP* 72 (1973), 329-39.

COOKE (Th.D.) / HONEYCUTT (B.L.L.), *The Humour of the Fabliaux,* Univ. of Missouri Press, 1974.

COOPER (H.), *The Structure of the CT,* Londres, 1983.

CORSA (H.S.), *Chaucer Poet of Mirth and Morality,* Univ. of Notre Dame Press, 1964.

CRAIK (T.W.), *The Comic Tales of Chaucer,* Londres, 1964.

DAVID (A.), «The ML vs. Chaucer: a Case in Poetics», *PMLA* 82 (1967), 217-25.

DE CALUWÉ (Jacques), «Les liens 'féodaux' de Daurel et Beton», dans J.-M. D'HEUR/N. CHERUBINI, *Etudes de Philologie et d'Histoire Littéraire offerts à Jules Horrent,* Liège, 1980, 105-14.

DE CALUWÉ (Jacques), «La 'prière épique' dans les plus anciennes chansons de geste françaises», Liège, *Marche Romane* 36 (1976), 97-116.

DE CALUWÉ-DOR (J.), «Translating Chaucer into French, a Continuation», *Chaucer Newsletter* 5 (1983), 1 et 7.

DELASANTA (R.), «And of great Reverence: Chaucer's Man of Law», *ChauR* (1971), 288-310.

DEMPSTER (G.), *Dramatic Irony in Chaucer,* New York, 1959.

DONALDSON (E.T.), *Speaking of Chaucer,* Londres, 1970.

EISNER (S.), *A Tale of Wonder: a Source Study of the WBT*, Folcroft Press, 1970.

FARRELL (R.T.), «Chaucer's Man of Law and his Tale: the Eccentric Design», dans M. SALU/R.T. FARRELL (éds.), *J.R.R. Tolkien, Scholar and Storyteller*, Cornell Univ. Press, 1979.

FARRELL (R.T.), «Chaucer's Use of the Theme of the Help of God in the MLT», *NM* 71 (1970), 239-43.

FINNEGAN (R.E.), «The Man of Law, his Tale, and the Pilgrims», *NM* 77 (1976), 227-40.

FLEMING (J.V.), «The Antifraternalism of the ST», *JEGP* 45 (1966), 688-700.

Geoffrey Chaucer, a Collection of Original Articles, éd. G.D. ECONOMOU, McGrawHill Paperbacks, 1975.

Hali Meiðhad, traduction Juliette DE CALUWÉ-DOR (*Virginité Sacrée*), dans *Ecritures 79, Pages de Littérature Anglaise Médiévale Offertes à Mlle S. d'Ardenne*, Liège, 1979, 35-51.

HARWOOD (B.J.), «The Wife of Bath and the Dream of Innocence», *MLQ* 33 (1972), 257-73.

HASKELL (A.S.), *Essays on Chaucer's Saints*, La Haye, 1976.

HOFFMAN (R.L.), *Ovid and the CT*, Philadelphie, 1966.

HOLLAND (N.N.), «Meaning and Transformation: the WBT», *CE* 28 (1967), 279-90.

HORNSTEIN (L.H.), «Eustace-Constance-Florence-Griselda Legends», *A Manual of Writings in Middle English, The Romances*, New Haven, 1967.

HUPPÉ (B.F.), *A Reading of the CT*, State Univ. of New York, 1967.

HUSSEY (S.S.), *Chaucer, an Introduction*, Londres/New York, 1981 (2 éd.).

KITTREDGE (G.L.), *Chaucer and his Poetry*, Cambridge, 1936.

KNIGHT (St.), *Rymyng Craftily*, Londres, 1973.

JOHNSON (W.C.), «The MLT: Aesthetics and Christianity in Chaucer», *ChauR* 16 (1982), 201-221.

LEGOUIS (E.), *Geoffroy Chaucer*, Paris, 1936.

LENAGHAN (R.T.), «The Irony of the FT», *ChauR* 7 (1973), 281-94.

LEWIS (R.E.), «Chaucer's Artistic Use of Pope Innocent III's *De Miseria Humane Conditionis* in the ML's Prologue and Tale», *PMLA* 81 (1966), 485-92.

LOOMIS (R.S.), *A Mirror of Chaucer's World*, Princeton Univ. Press, 1965.

MALONE (K.), «The WBT», *MLR* 57 (1962), 481-91.

MANN (J.), *Chaucer and Medieval Estates Satire*, CUP, 1973.

MARSHALL LEICESTER (H.), «'No Vileyns Word': Social Context and Performance in Chaucer's FT», *ChauR* 17 (1982), 21-39.

MILLER (R.P.), *Chaucer, Sources and Backgrounds*, OUP, 1977.

MROCZKOWSKI (P.), «The FT and its Pulpit Background», dans G.A. BONNARD (éd.), 2 (1961), 107-20.

MUSCATINE (Ch.), *Chaucer and the French Tradition*, Univ. of California Press, 1960.

OBEREMBT (K.J.), «Chaucer's Anti-Misogynist Wife of Bath», *ChauR* 10 (1976), 287-302.

PASSON (R.H.), «'Entente' in Chaucer's FT», *ChauR* 2 (1968), 166-71.

QUINN (E.C.), «Chaucer's Arthurian Romance», *ChauR* 18 (1984), 211-20.

RICHARDSON (J.), «Friar and Summoner, the Art of Balance», *ChauR* 9 (1975), 227-36.

ROBERTSON (D.W.), *A Preface to Chaucer,* Princeton Univ. Press, 1969.

ROSS (Th.), *Chaucer's Bawdy,* New York, 1972.

ROWLAND (B.), «Chaucer's Dame Alys: Critics in Blunderland», *NM* 73 (1972), 381-95.

ROWLAND (B.), «Distance and Authentication in Chaucer's Comic Tales», dans N. VAN DEN BOOGAARD/Jacques DE CALUWÉ (éds.), *Epopée Animale, Fable et Fabliau,* Liège, 1978, 199-206.

RUDIGOZ (Cl.), *Systématique Génétique de la Métaphore Sexuelle,* Lille/Paris, 1978.

RUGGIERS (P.G.), *The Art of the CT,* Univ. of Wisconsin Press, 1965.

Saint Jérôme contre Jovianus, dans F.Z. COLLOMBET (éd.), *Mélanges Théologiques, Historiques et Moraux Empruntés des Oeuvres de Saint Jérôme,* t.I, Lyon/Paris, 1842.

SCATTERGOOD (V.J.)/SHERBORNE (J.W.), *English Court Culture in the Later Middle Ages,* Londres, 1983.

SCATTERGOOD (V.J.), «Perkyn Revelour and the CT», *ChauR* 19 (1984), 14-23.

SCHLAUCH (M.), «The Marital Dilemna in the WBT», *PMLA* 61 (1946), 416-30.

SCHLAUCH (M.), *Chaucer's Constance and Accused Queens,* New York Univ. Press, 1927.

SCOT (A.F.), *Who's Who in Chaucer,* Londres, 1974.

SPEARING (A.C.)/WINNY (J.), *An Introduction to Chaucer,* CUP, 1965.

SPEIRS (J.), *Chaucer the Maker,* Londres, 1960.

STANLEY (E.G.), «Of his Cokes Tale Maked Chaucer No Moore», *Poetica* 5 (1976), 36-59.

Studies in the Age of Chaucer (Annual Publication of the *New Chaucer Society*), édité par Roy J. PEARCY (1-4) (Univ. of Oklahoma) and Th. J. HEFFERNAN (5→) (Univ. of Tennessee), 1979→.

SZITTYA (P.R.), «The Green Yeoman as Loathly Lady: the Friar's Parody of the WBT», *PMLA* 90 (1975), 386-94.

TATLOCK (J.S.)/KENNEDY (A.G.), *A Concordance to the Complete Works of G. Chaucer and to the Romaunt of the Rose,* Gloucester (Mass.), 1963.

WILLIAMS (A.), «Chaucer and the Friars», *Speculum* 28 (1953), 499-513.

WOOD (Ch.), «Chaucer's Man of Law as Interpreter», *Traditio* 23 (1967), 149-90.

LISTE DES ABRÉVIATIONS

GP	Prologue Général
KT	Conte du Chevalier
MT	Conte du Meunier
RT	Conte de l'Intendant
CT	Conte du Cuisinier
MLT	Conte de l'Homme de Loi
WBT	Conte de la Femme de Bath
WBP	Prologue de la Femme de Bath
FT	Conte du Frère
SumT	Conte du Semoneur
ClT	Conte du Clerc
MerchT	Conte du Marchand
Sqt	Conte de l'Ecuyer
FrT	Conte du Franklin
PardT	Conte du Pardonneur
ShT	Conte du Marin
PrT	Conte de la Prieure
MkT	Conte du Moine
NPT	Conte du Prêtre des Nonnes
2ndNT	Conte de la deuxième Nonne
CYT	Conte du Canon Yeoman
MancT	Conte de l'Econome
ParsT	Conte du Curé
Mel	Conte de Mellibée

LE CONTE DE L'INTENDANT

Ce conte est étroitement associé à celui du Meunier, auquel il est une réplique (voir notamment les deux prologues). Ce sont des contes de *cherls,* de manants (rappelons que la condition initiale de l'Intendant était celle de charpentier), en fait deux fabliaux. Ce genre, d'origine française, est fort peu attesté dans la littérature moyenanglaise, et, à l'exception de *Dame Sirith,* les fabliaux anglais sont tous l'œuvre de Chaucer.

Le paradoxe de la situation (contes de manants, racontés «véridiquement» par un poète de cour lui-même d'origine bourgeoise, dans le cadre d'un pèlerinage regroupant des échantillons des différentes couches sociales de l'époque) est particulièrement propice à la distanciation. Ceci permet à Chaucer d'être réaliste sans tomber dans un naturalisme ou un vérisme avant la lettre. Chacun des personnages parle un langage approprié à ce qu'il est, et, même, ici, à ses origines géographiques. Cette innovation est tout à fait remarquable et apporte une nouvelle preuve de la conscience linguistique de son auteur. C'est ainsi, par exemple, que les interventions des deux clercs sont émaillées de traits dialectaux du Nord, d'où Chaucer nous dit qu'ils proviennent. Il s'agit essentiellement de variations phonologiques ou grammaticales par rapport à la norme habituelle dans les *Contes de Cantorbéry.* Elles contribuent à mettre les deux clercs en situation sans empêcher la compréhension de leurs propos: nous sommes au XIVème siècle, et ce premier essai de distanciation linguistique ne pouvait avoir l'audace de risquer de rendre le langage hermétique; ceci explique le petit nombre de mots strictement dialectaux.

J'ai dû tenir compte de ces facteurs dans ma traduction. J'aurais pu décider de rendre les formes dialectales anglaises par des formes dialectales françaises, mais encore eût-il fallu que dans chaque cas le mot dialectal se caractérisât par une simple différenciation phonologique ou grammaticale, rarement lexicale. Je laisserai cet exercice à d'autres, en me bornant à indiquer en italique les mots qui présentent ces divergences!

Source

Le Meunier et les II clercs

2

REEVE'S TALE

PROLOGUE

The Prologe of the Reves Tale.

Whan folk hadde laughen at this nyce cas
Of Absolon and hende Nicholas,   3856
Diverse folk diversely they seyde,
But for the moore part they loughe and pleyde.
Ne at this tale I saugh no man hym greve,
But it were oonly Osewold the Reve.   3860
By cause he was of carpenteris craft,
A litel ire is in his herte ylaft.
He gan to grucche, and blamed it a lite.
   "So theek," quod he, "ful wel koude I yow
       quite
With bleryng of a proud milleres eye,   3865
If that me liste speke of ribaudye.
But ik am oold, me list no pley for age—
Gras tyme is doon, my fodder is now forage;
This white top writeth myne olde yeris;
Myn herte is mowled also as myne heris—   3870
But if I fare as dooth an open-ers.
That ilke fruyt is ever lenger the wers,
Til it be roten in mullok or in stree.

3855   *nyce*: niaise aurait une connotation nécessairement péjorative, alors que
        Chaucer joue sur les mots. Cf. aussi v.4046.
3861   rappel de l'ambiguïté fondamentale de l'Intendant: charpentier de formation
        et intendant de fonction (voir aussi GP 614).
3864   on trouvera en italique les quelques formes nordiques employées par l'Inten-
        dant. Bien qu'il soit originaire du Norfolk (GP 619-20), il ne les utilise pas
        systématiquement.
3865   *bleryng* selon Fisher, *double entendre*: signifie également 'cocufier'; cf. aussi
        v.4049.
3867-68 début des métaphores autour du cheval. Par ses fonctions l'Intendant connaît

LE CONTE DE L'INTENDANT

PROLOGUE

Le Prologue du Conte de l'Intendant.

3855   Quand les pèlerins eurent ri de cette ingénue aventure
D'Absalon et de Nicolas le courtois;
Divers pèlerins tinrent des propos divers,
Mais pour la plupart ils rirent et badinèrent.
De ce conte je ne vis aucun homme se chagriner
Si ce n'est (le seul) Oswald l'Intendant.
Comme il était charpentier de formation,
Un peu de colère lui restait au coeur.
Il se mit à grommeler et à faire quelques reproches.
    «*Par ma fortune*», dit-il, «je pourrais très bien vous rendre la pareille
3865   En n'y faisant voir que du feu à un fier meunier
S'il me plaisait de parler de cochonneries.
Mais *je* suis vieux et il ne me plaît pas de folâtrer à cause de mon âge-
Le temps de l'herbe est passé, ma nourriture est maintenant le fourrage;
Cette tête blanche décrit mes vieilles années;
Mon coeur a pris le même moule que mes cheveux-
A moins que je n'évolue comme fait la nèfle:
Ce fruit-là empire avec le temps
Jusqu'à ce qu'il soit blet sur le terreau ou sur la paille.

---

bien les chevaux. Ceci a été amorcé dans le GP (615-15): il monte un fort bon étalon et, en outre, son cheval est le seul qui porte un nom. *for age* / *forage* le jeu de mots ne peut être rendu, mais bien la rime.

3871-73   la connaissance de tout ce qui est domestique amène l'Intendant à se comparer à une nèfle et à plaisanter sur l'idée de l'âge qui peut améliorer les choses; cf. l'expression «c'est dans les vieilles marmites que l'on fait les meilleures soupes».

We olde men, I drede, so fare we:
Til we be roten, kan we nat be rype;   3875
We hoppen ay whil that the world wol pype.
For in oure wyl ther stiketh evere a nayl,
To have an hoor heed and a grene tayl,
As hath a leek; for thogh oure myght be goon,
Oure wyl desireth folie evere in oon.   3880
For whan we may nat doon, than wol we speke;
Yet in oure asshen olde is fyr yreke.

   "Foure gleedes han we, whiche I shal devyse,
Avauntyng, liyng, anger, coveitise.
Thise foure sparkles longen unto eelde.   3885
Oure olde lemes mowe wel been unweelde,
But wyl ne shal nat faillen, that is sooth.
And yet ik have alwey a coltes tooth,
As many a yeer as it is passed henne
Syn that my tappe of lif bigan to renne.   3890
For sikerly, whan I was bore, anon
Deeth drough the tappe of lyf and leet it gon,
And ever sithe hath so the tappe yronne
Til that almoost al empty is the tonne.   3894
The streem of lyf now droppeth on the chymbe.
The sely tonge may wel rynge and chymbe
Of wrecchednesse that passed is ful yoore;
With olde folk, save dotage, is namoore!"

   Whan that our Hoost hadde herd this
     sermonyng,
He gan to speke as lordly as a kyng.   3900
He seide, "What amounteth al this wit?
What shul we speke alday of hooly writ?
The devel made a reve for to preche,

3876   Luc VII, 32: «A quoi comparer les hommes de cette génération? A quoi sont-ils pareils? Ils sont pareils aux enfants assis dans le marché et qui s'interpellent entre eux, qui disent: Nous avons joué de la flûte et vous n'avez pas dansé. Nous avons gémi et vous n'avez pas pleuré». L'Intendant / charpentier semble être doublé d'un frère (Cf. GP 3903, 3919-20 et 4287).

3888   allusion au MT (3263); cf. aussi WB 602; il s'agit d'un appétit sexuel juvénile. Littéralement «j'ai toujours la dent d'une pouliche»; je dois la traduction de l'expression à Cl. Rudigoz, Systématique génétique de la Métaphore sexuelle,

Nous, les hommes vieux, c'est malheureusement ainsi que nous évoluons:

3875 Jusqu'à ce que nous soyons blets, nous ne pouvons être mûres,

Nous dansons aussi longtemps que le monde veut bien jouer de la flûte.

Car dans notre volonté darde toujours un clou:

Avoir la tête blanche et toujours la queue verte,

Comme le poireau; car quoique notre puissance s'en soit partie,

Notre volonté continue à désirer la folie.

Car quand nous ne pouvons plus rien faire, alors nous parlons;

Et pourtant, dans nos vieilles cendres le feu couve toujours.

«Nous avons quatre charbons, dont je vais vous parler:

Vantardise, mensonge, colère, convoitise.

3885 Ces quatre étincelles appartiennent à la vieillesse.

Nos vieux membres peuvent bien être impuissants,

Mais, en vérité, la volonté ne faillira pas,

Et *je* suis toujours un chaud lapin,

Bien que bon nombre d'années se soient écoulées

Depuis que mon robinet de vie a commencé à couler.

Bien sûr, dès ma naissance,

La mort a ouvert le robinet de vie et l'a laissé fuir.

Et depuis lors le robinet a continué à couler;

Maintenant que le tonneau est presque vide,

3895 Le cours de la vie s'égoutte sur le jable.

La sotte langue peut bien sonner et carillonner

A propos des heurs et malheurs qui se sont passés depuis bien longtemps;

Avec les vieux, à part le radotage, il n'y a plus rien!»

Quand notre Hôte eut entendu ce sermon,

Il se mit à parler aussi majestueusement qu'un roi.

Il dit, «A quoi rime cette démonstration d'esprit?

Pourquoi devrions-nous parler des saintes Ecritures à longueur de journée?

Le diable a autant fait un intendant pour prêcher

Lille, 1978.
3895-96 jeu de mots *chymbe* / *chymbe*.

Or of a soutere a shipman or a leche.
Sey forth thy tale, and tarie nat the tyme.   3905
Lo Depeford, and it is half-wey pryme.
Lo Grenewych, ther many a shrewe is inne.
It were al tyme thy tale to bigynne."

"Now, sires," quod this Osewold the Reve,
"I pray yow alle that ye nat yow greve   3910
Thogh I answere and somdeel sette his howve,
For leveful is with force force of-showve.

"This dronke Millere hath ytoold us heer
How that bigyled was a carpenteer—
Peraventure in scorn, for I am oon.   3915
And, by youre leve, I shal hym quite anoon.
Right in his cherles termes wol I speke.
I pray to God his nekke mote tobreke.
He kan wel in myn eye seen a stalke,
But in his owene he kan nat seen a balke."   3920

Heere bigynneth the Reves Tale.

At Trumpyngtoun, nat fer fro Cantebrigge,
Ther gooth a brook, and over that a brigge,
Upon the whiche brook ther stant a melle;
And this is verray sooth that I yow telle.
A millere was ther dwellynge many a day;   3925
As eny pecok he was proud and gay.
Pipen he koude, and fisshe, and nettes beete,
And turne coppes, and wel wrastle and sheete.
Ay by his belt he baar a long panade,
And of a swerd ful trenchant was the blade.

3904   *souter* peut-être jeu de mots sur le nom de Chaucer.
3906   c'est-à-dire 7heures 30.
3917   *cherles terme* cf. MT 3169 sv.: Chaucer s'est déjà personnellement excusé de
rapporter les paroles du Meunier de manière véridique. La classe sociale
d'origine de l'Intendant est en fait la même que celle du Meunier. Sous
prétexte de rendre la monnaie de sa pièce au Meunier, l'Intendant laisse
revenir le naturel au galop, tant dans le choix du genre littéraire du conte que
dans le niveau de langue adopté.

Qu'un savetier, un marin ou un médecin.

3905 Continue ton conte et ne perds pas de temps.
Regarde, voici Deptford, et nous sommes à la mi-prime.
Regarde, voici Greenwich, où il y a plus d'une pute.
Il serait grand temps de commencer ton conte.»

«Eh bien! Messieurs», dit notre Oswald l'Intendant,
«Je vous demande à tous de ne pas être choqués
Si je lui réponds et lui rabas un peu le caquet;
Car il est légal de répliquer à la force par la force.

«Cet ivrogne de Meunier vient de nous raconter
Comment fut trompé un charpentier,

3915 Peut-être par mépris (pour moi), car j'en suis un.
Et, avec votre permission, je vais lui régler son compte sur-le-champ.
Je veux parler exactement dans les termes de ce rustre.
Je prie Dieu qu'il se casse le cou;
Il peut voir une paille dans mon œil,
Mais il ne peut voir une poutre dans le sien.»

Ici Commence le Conte de l'Intendant.

A Trumpington, non loin de Cambridge,
Coule un ruisseau, au-dessus duquel passe un pont,
Et sur ce pont se dresse un *moulin*;
Et c'est la vérité vraie que je vous raconte.

3925 Un meunier y vivait depuis bon nombre d'années;
Il était fier et gaillard comme un paon.
Il jouait de la flûte, prêchait et réparait les filets;
Il tournait les coupes, faisait bien le corps à corps et tirait.
Toujours à sa ceinture il portait un fort braquemart,
Et la lame du sabre était bien tranchante.

3919-20 allusion au Sermon sur la Montagne.
3921 *Trumpington* localisation immédiate, à la fois propre aux fabliaux et importante pour la caractérisation dialectale.
3923 *melle* forme commune au Kent et à l'East Anglia.
3926 voir la description du Meunier-pèlerin dans le GP.
3928 allusion à des concours de boisson.
3929 sv. référence aux organes génitaux du Meunier.

A joly poppere baar he in his pouche—   3931
Ther was no man, for peril, dorste hym touche.
A Sheffeld thwitel baar he in his hose.
Round was his face, and camuse was his nose;
As piled as an ape was his skulle.   3935
He was a market-betere atte fulle—
Ther dorste no wight hand upon hym legge
That he ne swoor he sholde anon abegge.
A theef he was forsothe of corn and mele,
And that a sly, and usaunt for to stele.   3940
His name was hoote deynous Symkyn.
A wyf he hadde, ycomen of noble kyn—
The person of the toun hir fader was.
With hire he yaf ful many a panne of bras,
For that Symkyn sholde in his blood allye.   3945
She was yfostred in a nonnerye;
For Symkyn wolde no wyf, as he sayde,
But she were wel ynorissed and a mayde,
To saven his estaat of yomanrye.
And she was proud, and peert as is a pye.   3950
A ful fair sighte was it upon hem two:
On halydayes biforn hire wolde he go
With his typet bounde aboute his heed,
And she cam after in a gyte of reed;
And Symkyn hadde hosen of the same.   3955
Ther dorste no wight clepen hire but "dame";
Was noon so hardy that wente by the weye
That with hire dorste rage or ones pleye,
But if he wolde be slayn of Symkyn
With panade, or with knyf, or boidekyn.   3960
For jalous folk ben perilous everemo—
Algate they wolde hire wyves wenden so.
And eek, for she was somdel smoterlich,
She was as digne as water in a dich,
And ful of hoker and of bisemare.   3965

3933   la réputation des couteaux de Sheffield ne date pas d'aujourd'hui! Voir aussi
        OED s.v. *knife* sb. et *Sheffield.*
3935   la critique a longtemps hésité entre pelé et pileux; il doit s'agir d'une allusion

Il portait une petite dague amusante dans sa poche.
Il n'y avait aucun homme qui osât le toucher sans péril.
Il portait un couteau de Sheffield dans ses chausses.
Sa face était ronde et son nez camus;
3935   Son crâne était aussi pelé qu'un singe.
C'était un vrai foudre de marchés-
On n'osait porter la main sur lui
Qu'il ne jurât qu'on allait le lui *payer* sur l'heure.
En vérité, c'était un voleur de grains et de farine,
Un vrai rusé, rodé à voler.
Son nom était 'tit Simon le dédaigneux.
Il avait une femme issue d'une noble race;
Son père était le curé du village.
Avec elle ce dernier offrit bon nombre de chaudrons de cuivre
Pour que ce 'tit Simon s'alliât avec son sang.
3945   Elle avait été élevée dans un couvent;
Car, comme il le disait, 'tit Simon ne voulait de femme
Qui n'eût été bien éduquée et qui ne fût restée vierge:
Pour sauvegarder son état de franc-tenancier.
Elle était fière et effrontée comme une pie.
C'était un fort joli spectacle que de les voir tous deux;
Les jours de fête, il marchait devant elle
Avec son capuchon noué autour de la tête,
Et elle venait derrière dans une robe rouge;
3955   Et 'tit Simon avait des chausses de la même couleur;
Aucun être n'osait lui donner d'autre nom que «Dame».
Personne sur son chemin n'était suffisamment hardi
Pour oser flirter ou même badiner avec elle,
A moins de vouloir être tué par 'tit Simon:
Avec son braquemart, ou son couteau ou son stylet.
Car les jaloux sont toujours dangereux,
Du moins, ils voudraient que leur femme le pense;
Et aussi, comme sa réputation était quelque peu entachée,
Elle était distante comme l'eau d'un fossé,
3965   Et remplie de mépris et de raillerie.

---

au derrière du singe. On peut d'autre part faire un rapprochement étymologique entre Simkin et un singe.
3936   avec une idée de traîner.
3938   *abegge* forme dialectale.

Hir thoughte that a lady sholde hire spare,
What for hire kynrede and hir nortelrie
That she hadde lerned in the nonnerie.

  A doghter hadde they bitwixe hem two
Of twenty yeer, withouten any mo,   3970
Savynge a child that was of half yeer age;
In cradel it lay and was a propre page.
This wenche thikke and wel ygrowen was,
With kamuse nose and eyen greye as glas,
Buttokes brode and brestes rounde and
    hye,   3975
But right fair was hire heer, I wol nat lye.

  This person of the toun, for she was feir,
In purpos was to maken hire his heir,
Bothe of his catel and his mesuage,
And straunge he made it of hir mariage.   3980
His purpos was for to bistowe hire hye
Into som worthy blood of auncetrye,
For hooly chirches good moot been despended
On hooly chirches blood, that is descended.
Therfore he wolde his hooly blood
    honoure,   3985
Though that he hooly chirche sholde devoure.

  Greet sokene hath this millere, out of doute,
With whete and malt of al the land aboute;
And nameliche ther was a greet collegge,   3989
Men clepen the Soler Halle at Cantebregge,
Ther was hir whete and eek hir malt ygrounde.
And on a day it happed, in a stounde,
Sik lay the maunciple on a maladye.
Men wenden wisly that he sholde dye,   3994
For which this millere stal bothe mele and corn
And hundred tyme moore than biforn;
For therbiforn he stal but curteisly,
But now he was a theef outrageously,
For which the wardeyn chidde and made fare.
But therof sette the millere nat a tare;   4000

3973   sv. conformément à ses origines, cette jeunes fille combine des caractéristiques
de paysanne avec celles d'une héroïne de romance.

Elle pensait qu'une dame devait être réservée,
A cause de ses origines et de l'éducation
Qu'elle avait reçue au couvent.
   Ces conjoints avaient une fille
De vingt ans, et aucun autre enfant,
Sinon un bébé qui avait six mois;
Il reposait dans son berceau et c'était un beau petit garçon;
Quant à elle, c'était une belle forte fille,
Avec un nez camus et des yeux gris-bleus comme le verre,
3975 De grosses fesses, des seins ronds et altiers,
Mais ses cheveux étaient bien jolis, je ne veux pas mentir.
   Comme elle était jolie, notre curé de village
Avait l'intention d'en faire son héritière:
A la fois de ses biens et de ses propriétés;
Il faisait des difficultés à propos de son mariage.
Son but était de bien l'établir:
(De la marier) avec un sang digne, de haute lignée,
Car les biens de la sainte Église doivent être dépensés
En faveur du sang de la sainte Église, dont ils descendent.
3985 Aussi voulait-il honorer son saint sang,
Même s'il devait dévorer la sainte Église.
   Notre meunier a sans aucun doute grand droit de mouture
Sur le froment et le malt du pays d'alentour;
Il y avait tout spécialement un grand collège
Que l'on appelait la Salle des Escoliers, à Cambridge;
Il en moulait le froment et aussi le malt.
Or il advint une fois
Que l'économe était au lit à cause d'une maladie;
On pensait sérieusement qu'il allait mourir.
3995 C'est pourquoi le meunier vola farine et grain
Cent fois plus qu'auparavant;
Car auparavant il ne volait que courtoisement,
Mais maintenant c'était outrageusement un voleur;
Aussi le principal gronda-t-il et fit-il grand bruit.
Mais le meunier s'en soucia comme d'une guigne;

3979   notons la technicité des termes: c'est l'Intendant qui parle!
3990   *Soler Halle* pour certains, il s'agirait de King's Hall (actuellement un bâtiment
        de Trinity College), caractérisé par ses solaria (solarium). Mais D. Brewer
        semble avoir mis un point final à cette théorie (*ChauR* 5, 1971), d'où ma
        traduction.

He craketh boost, and swoor it was nat so.
   Thanne were ther yonge poure clerkes two,
That dwelten in this halle, of which I seye.
Testif they were, and lusty for to pleye,
And, oonly for hire myrthe and reverye,   4005
Upon the wardeyn bisily they crye
To yeve hem leve but a litel stounde
To goon to mille and seen hir corn ygrounde;
And hardily they dorste leye hir nekke   4009
The millere sholde nat stele hem half a pekke
Of corn by sleighte, ne by force hem reve;
And at the laste the wardeyn yaf hem leve.
John highte that oon, and Aleyn highte that
    oother;
Of o toun were they born, that highte Strother,
Fer in the north, I kan nat telle where.   4015
   This Aleyn maketh redy al his gere,
And on an hors the sak he caste anon.
Forth goth Aleyn the clerk and also John
With good swerd and bokeler by hir side.
John knew the wey—hem nedede no gyde—
And at the mille the sak adoun he layth.   4021
Aleyn spak first, "Al hayl, Symond, y-fayth!
Hou fares thy faire doghter and thy wyf?"
   "Aleyn, welcome," quod Symkyn, "by my
    lyf.
And John also, how now, what do ye heer?"   4025
   "Symond," quod John, "by God, nede has na
    peer.
Hym boes serve hymselve that has na swayn,
Or elles he is a fool, as clerkes sayn.
Oure manciple, I hope he wil be deed,
Swa werkes ay the wanges in his heed;   4030
And forthy is I come, and eek Alayn,
To grynde oure corn and carie it ham agayn.
I pray yow spede us heythen that ye may."

4010   *Pekke* peck; plus ou moins un boisseau.
4014   *Strother* apparemment nom imaginaire destiné à évoquer les marais de Northumbrie.

Il répliqua effrontément et jura que ce n'était pas vrai.
  Il y avait alors deux jeunes pauvres clercs
Qui habitaient dans la résidence dont je vous parle.
Ils étaient têtus et avides de s'amuser.

4005 Pour leur seul plaisir, par simple caprice,
Ils insistèrent ardemment auprès du principal
Pour qu'il leur accordât l'autorisation, rien qu'une petite fois,
D'aller au moulin voir moudre leur grain;
Et, témérairement, ils osèrent mettre leur tête à couper
Que le meunier ne leur volerait pas un demi-boisseau
De grain par ruse, et qu'il ne les volerait pas non plus par force;
Et finalement le principal leur accorda la permission.
L'un s'appelait Jean, l'autre s'appelait Alain;
Ils étaient natifs d'un village qui s'appelait Strother,

4015 Loin dans le Nord, je ne puis dire où.
  Notre Alain prépare tout son attirail
Et lance tout de suite le sac sur le cheval.
Alain le clerc et Jean se mettent en route sans tarder
Avec un bon sabre et un bouclier à leur côté.
Jean connaissait le chemin - ils n'avaient pas besoin de guide -,
Et au moulin il déchargea le sac.
Alain parla le premier, «*Salut*, Simon, par ma foi!
Comment *va* ta jolie fille? Et ta femme?»
  «Bienvenue, Alain», dit 'tit Simon», «sur ma vie!

4025 Et à toi aussi, Jean; mais, voyons, que faites-vous ici?»
«Simon», dit Jean, «par Dieu, *nécessité* fait *loi*.
Il lui *incombe* de se servir lui-même, celui qui *n'a pas* de *serviteur*,
Ou alors il est fou, comme disent les clercs.
Notre économe, *j'espère* qu'il va mourir,
Tellement ses molaires lui font mal dans la tête;
C'est pourquoi je *suis* venu, et aussi Alain,
Pour moudre notre grain et le ramener ensuite *à la maison*.
Je vous prie de nous laisser partir *d'ici* aussi vite que vous le pourrez.»

4027 *swayn* a ici le sens dialectal de 'serviteur' (ailleurs: 'chevalier').
4029 *hope* effet comique de l'emploi dialectal dans l'ancien sens de supposer, alors que pour les gens du sud, le verbe signife 'j'espère'; cf v. 4074.

"It shal be doon," quod Symkyn, "by my
    fay!   4034
What wol ye doon whil that it is in hande?"
   "By God, right by the hopur wil I stande,"
Quod John, "and se how that the corn gas in.
Yet saugh I nevere, by my fader kyn,
How that the hopur wagges til and fra."
   Aleyn answerde, "John, and wiltow swa?
Thanne wil I be bynethe, by my croun,   4041
And se how that the mele falles doun
Into the trough; that sal be my disport.
For John, yfaith, I may been of youre sort;
I is as ille a millere as ar ye."   4045
   This millere smyled of hir nycetee,
And thoghte, "Al this nys doon but for a wyle.
They wene that no man may hem bigyle,
But by my thrift, yet shal I blere hir eye,
For al the sleighte in hir philosophye.   4050
The moore queynte crekes that they make,
The moore wol I stele whan I take.
Instide of flour yet wol I yeve hem bren.
The gretteste clerkes been noght wisest men,
As whilom to the wolf thus spak the mare.   4055
Of al hir art ne counte I noght a tare."
   Out at the dore he gooth ful pryvely,
Whan that he saugh his tyme, softely.
He looketh up and doun til he hath founde
The clerkes hors, ther as it stood ybounde   4060
Bihynde the mille, under a lefesel,
And to the hors he goth hym faire and wel;
He strepeth of the brydel right anon.
And whan the hors was laus, he gynneth gon
Toward the fen ther wilde mares renne,   4065
And forth with "wehee," thurgh thikke and
    thurgh thenne.
   This millere gooth agayn, no word he seyde,

4041   *by my croun* exclamation pas nécessairement vide de sens ici, bien que souvent
comprise comme 'couronne' ou 'chef'. D'après l'*OED* le sens de 'tonsure' ne

«Ce sera fait», dit 'tit Simon, «par ma foi!
4035   Que ferez-vous pendant que ce sera en cours?»
    «Par Dieu, je me tiendrai tout près de la trémie»,
Dit Jean, «pour voir comment le grain y entre.
Par la race de mon père, je n'ai jamais vu,
Comment la trémie *va* et *vient*.»
    Alain répondit, «Jean, veux-tu qu'il en soit *ainsi*?
Alors je serai en-dessous, par ma tonsure,
Et je verrrai comment la farine *tomb*e
Dans l'auge; ce *sera* mon amusement.
Car Jean, ma foi, je suis de ta sorte,
4045   Je suis aussi *mauvais* meunier que *toi*.»
    Notre meunier sourit de leur ingenuité
Et pensa, «Tout ceci n'est fait que par ruse.
Ils pensent qu'aucun homme ne peut les rouler,
Mais, par ma fortune, ils n'y verront que du feu,
Malgré toute l'astuce de leur philosophie.
Plus ils me joueront des tours raffinés,
Plus je veux voler en prenant.
A la place de farine, je veux leur donner du son.
Les plus grands clercs ne sont pas toujours les hommes les plus sages,
4055   Comme la jument le disait autrefois au loup.
De tout leur art, je me soucie comme d'une guigne.»
    Il va dehors, très discrètement,
Quand il voit que le moment est venu, doucement.
Il regarde en haut et en bas, jusqu'à ce qu'il ait trouvé
Le cheval des clercs, là où il était attaché,
Derrière le moulin, sous une tonnelle;
Il s'en va bel et bien vers le cheval
Et lui enlève aussitôt sa bride.
Et quand le cheval fut lâché, il prit la direction
4065   Du Marais, où courent les juments sauvages,
Et il continua en hennissant, à travers taillis et trouées.
    Notre meunier s'en va et ne dit mot;

---

serait pas encore attesté chez Chaucer (il l'est toutefois dans Layamon's *Brut*).
Ce sens serait légitime chez les clercs.
4045   une des nombreuses allusions à un épisode du *Roman de Renart,* que
l'Angleterre a dû perdre.
4065   *fen* les plaines marécageuses du Norfolk.

But dooth his note and with the clerkes
    pleyde
Til that hir corn was faire and weel ygrounde.
And whan the mele is sakked and ybounde, 4070
This John goth out and fynt his hors away,
And gan to crie "Harrow!" and "Weylaway!
Oure hors is lorn, Alayn, for Goddes banes,
Step on thy feet! Com of, man, al at anes!
Allas, oure wardeyn has his palfrey lorn." 4075
This Aleyn al forgat bothe mele and corn;
Al was out of his mynde his housbondrie.
"What, whilk way is he gane?" he gan to crie.

    The wyf cam lepynge inward with a ren.
She seyde, "Allas! youre hors goth to the fen
With wilde mares, as faste as he may go. 4081
Unthank come on his hand that boond hym so,
And he that bettre sholde han knyt the reyne!"

    "Allas," quod John, "Aleyn, for Cristes
    peyne,
Lay doun thy swerd, and I wil myn alswa.
I is ful wight, God waat, as is a raa; 4086
By Goddes herte, he sal nat scape us bathe.
Why nadstow pit the capul in the lathe?
Il-hayl, by God, Alayn, thou is a fonne!"

    This sely clerkes han ful faste yronne 4090
Toward the fen, bothe Aleyn and eek John.

    And whan the millere saugh that they were
    gon,
He half a busshel of hir flour hath take
And bad his wyf go knede it in a cake.
He seyde, "I trowe the clerkes were aferd. 4095
Yet kan a millere make a clerkes berd
For al his art; now lat hem goon hir weye.
Lo, wher they goon! Ye, lat the children pleye.
They gete hym nat so lightly, by my croun."

    Thise sely clerkes rennen up and doun 4100

4074   *step on thy feet* autre expression provinciale à effet comique: littéralement
«saute sur tes pieds».

Il fait son ouvrage et s'amuse avec les clercs
Jusqu'à ce que le grain soit bel et bien moulu.
Et quand la farine est mise dans le sac et que celui-ci est noué,
Notre Jean sort et découvre que son cheval est parti;
Il se mit à crier «Au secours!» et «Hélas!»,
«Alain, notre cheval est perdu, par les *ossements* du Christ,
4075   Hélas! notre principal a perdu son palefroi.»
Notre Alain en oublia tout: farine et grain;
Toute sa gestion lui était sortie de l'esprit.
«Quoi? *Quel* chemin a-t-il *pris*?», se mit-il à crier.
    Sa femme se précipita à l'intérieur en courant.
Elle dit: «Hélas! votre cheval se rend au Marais
Retrouver les juments sauvages, aussi vite qu'il le peut;
Malheur à la main qui l'attacha ainsi
Et à celui qui aurait dû mieux nouer les rênes!»
    «Hélas!», dit Jean, «Alain, par les souffrances du Christ,
4085   Dépose ton épée, et je ferai *de même,*
Dieu le *sait,* je suis aussi rapide qu'un chevreuil;
Par le cœur de Dieu, il ne nous échappe*r*a pas à *tous les deux!*
Pourquoi n'as-tu pas *mis le canasson* dans la *grange*?
Malheur! par Dieu, Alain, tu *es* un *sot*!»
    Ces deux niais de clercs ont couru en toute hâte
Vers le Marais: le couple Alain-Jean.
    Et quand le Meunier vit qu'ils étaient partis,
Il prit un demi-boisseau de leur farine
Et demanda à sa femme de le pétrir en pain.
4095   Il dit: «Je crois que les clercs ont eu peur.
Un meunier peut bien faire la barbe de paille à un clerc
Malgré toute la science de ce dernier; maintenant laissons-les
aller leur chemin.
Regarde-les aller! oui, que les enfants jouent!
Ils ne l'auront pas si aisément, par ma tonsure!»
    Ces niais de clercs courent en tous sens,

4096   cf *TLF,* ce qui rend bien le sens de 'tromper'.
4099   *croun* référence ironique à celle des deux clercs: ici la tonsure est due à la
calvitie!

With "Keep! Keep! Stand! Stand! Jossa!
   Warderere!
Ga whistle thou, and I sal kepe hym heere!"
But shortly, til that it was verray nyght,
They koude nat, though they dide al hir myght,
Hir capul cacche, he ran alwey so faste,   4105
Til in a dych they caughte hym atte laste.
   Wery and weet, as beest is in the reyn,
Comth sely John, and with him comth Aleyn.
"Allas," quod John, "the day that I was born!
Now are we dryve til hethyng and til scorn.
Oure corn is stoln, men wil us fooles calle,   4111
Bathe the wardeyn and oure felawes alle,
And namely the millere, weylaway!"
   Thus pleyneth John as he gooth by the way
Toward the mille, and Bayard in his hond.
The millere sittynge by the fyr he fond,   4116
For it was nyght, and forther myghte they
      noght.
But for the love of God they hym bisoght
Of herberwe and of ese, as for hir peny.   4119
   The millere seyde agayn, "If ther be eny,
Swich as it is, yet shal ye have youre part.
Myn hous is streit, but ye han lerned art.
Ye konne by argumentes make a place
A myle brood of twenty foot of space.
Lat se now if this place may suffise,   4125
Or make it rowm with speche as is your gise."
   "Now, Symond," seyde John, "by Seint
      Cutberd,
Ay is thou myrie, and this is faire answered.
I have herd seyd, man sal taa of twa thynges
Slyk as he fyndes, or taa slyk as he brynges.
But specially I pray thee, hooste deere,   4131

4110   *dryve* ce sens est typiquement nordique (cf. Tolkien).
4115   l'intérêt de l'Intendant pour les chevaux l'amène à donner un nom au cheval
        de son conte, tout comme il en a donné un à son propre cheval (GP 616). Le
        choix d'un nom épique n'est pas fortuit.
4119   *ese: double entendre*: a aussi le sens de plaisir (cf vv. 4179 et 4186).

Criant «Attention! attention! ne bouge pas! ici en-dessous! derrière!
Toi, *va* siffler, moi je l'arrêter*ai* ici!»
Mais, en bref, jusqu'à la nuit noire,
Bien qu'ils y missent toutes leurs forces, ils ne purent,
4105   Attraper leur *canasson,* tant il courait vite.
Cela dura jusqu'à ce qu'ils l'attrapassent finalement dans un fossé.
    Epuisé et trempé, comme l'animal l'est dans la pluie,
Arrive ce niais de Jean, et avec lui arrive Alain.
«Maudit soit», dit Alain, «le jour où je suis né!
Nous voilà maintenant *livrés à la dérision* et *au* mépris.
Notre grain est volé, on se moquera de nous:
Le principal *et* tous nos camarades,
Et surtout le meunier, hélas!»
    Ainsi se lamentait Jean sur le chemin
4115   Du moulin, Bayard à la main.
Il trouva le meunier assis au coin du feu,
Car il faisait nuit, et il était impossible de reprendre la route;
Ils lui demandèrent, pour l'amour de Dieu,
Le gîte et le couvert, moyennant de l'argent.
    Le meunier leur répondit: «S'il y en a,
Tel que cela est, vous aurez votre part.
Ma maison est petite, mais vous avez appris la science;
Vous pourrez par des arguments faire une demeure
Large d'un mile hors d'un espace de vingt pieds.
4125   Voyons maintenant si cette demeure peut suffire,
Ou alors, rendez-la plus spacieuse par votre discours, à votre libre choix.»
    «Eh bien, Simon», dit Jean, «Par saint Cuthbert,
Tu *es* toujours gai, et c'est bien répondu.
J'ai entendu dire «Un homme *prendra* de *deux* choses l'une:
Celle qu'il *trouve,* ou *celle* qu'il *apporte.*»
Mais je t'en prie tout spécialement, cher hôte,

4127   saint Cuthbert est le patron de la Northumbrie, d'où sont issus les deux clercs. En même temps invocation ironique en fonction des événements qui vont suivre. En effet, saint Cuthbert est celui qui punissait les malfaiteurs, mais aussi celui qui avait nourri ceux qui avaient faim et abreuvé ceux qui avaient soif. On notera aussi les différentes allusions à la barbe en remarquant que, étymologiquement, Cuthbert signifie 'à la barbe coupée'.

Get us som mete and drynke and make us
    cheere,
And we wil payen trewely atte fulle.
With empty hand men may none haukes tulle.
Loo, heere oure silver, redy for to spende.''
    This millere into toun his doghter sende   4136
For ale and breed, and rosted hem a goos,
And boond hire hors, it sholde namoore go loos,
And in his owene chambre hem made a bed
With sheetes and with chalons faire yspred, 4140
Noght from his owene bed ten foot or twelve.
His doghter hadde a bed al by hirselve
Right in the same chambre by and by.
It myghte be no bet, and cause why?   4144
Ther was no roumer herberwe in the place.
They soupen and they speke, hem to solace,
And drynken evere strong ale atte beste.
Aboute mydnyght wente they to reste.
    Wel hath this millere vernysshed his heed;
Ful pale he was fordronken and nat reed.   4150
He yexeth and he speketh thurgh the nose
As he were on the quakke or on the pose.
To bedde he goth, and with hym goth his wyf.
As any jay she light was and jolyf,
So was hir joly whistle wel ywet.   4155
The cradel at hir beddes feet is set,
To rokken, and to yeve the child to sowke.
And whan that dronken al was in the crowke,
To bedde wente the doghter right anon.
To bedde gooth Aleyn and also John—   4160
Ther nas na moore; hem nedede no dwale.
This millere hath so wisly bibbed ale
That as an hors he fnorteth in his sleep,
Ne of his tayl bihynde he took no keep.
His wyf bar hym a burdon, a ful strong; 4165
Men myghte hir rowtyng heere two furlong;

4132   *make us cheere* l'expression anglaise trouve bien sa traduction dans l'expression française sur laquelle elle a été calquée: 'faire bon accueil', avec tout ce que cela comporte (cf *TLF* s.v. chère).

Apporte-nous à manger et à boire et donne-nous bonne
chère;
Nous te paierons bien le tout.
Les mains vides on ne peut attirer le faucon,
4135 Regarde, voici notre argent, prêt à être dépensé.»
      Notre meunier envoya sa fille à la ville
Chercher de la bière et du pain, et il leur rôtit une oie;
Il lia leur cheval: il ne se lâcherait plus;
Et dans sa propre chambre il leur fit un lit,
Joliment couvert de draps et de couvertures de Chalons,
A pas plus de dix ou douze pieds de son propre lit.
Sa fille avait un lit, à elle toute seule,
Dans la même chambre, tout à côté.
On ne pouvait mieux, pour la bonne raison
4145 Qu'il n'y avait pas de logement plus vaste dans cet endroit.
Ils soupent et bavardent, pour leur plaisir,
Et continuent à boire de la bière forte de la meilleure qualité.
Vers minuit, ils allèrent se reposer.
      Notre meunier est bien beurré;
Il était tout pâle d'avoir bu, et non tout rouge.
Il a le hoquet et parle du nez
Comme s'il était enroué ou enrhumé.
Il va au lit, et avec lui va se femme.
Elle était légère et joyeuse comme un geai,
4155 Tant elle s'était bien rincé la gueule.
Le berceau est déposé au pied de son lit,
Pour bercer l'enfant et le faire têter.
Et, quand tout ce qui était dans la cruche fut bu,
La fille alla tout de suite au lit;
Au lit va Alain, ainsi que Jean;
Il n'y avait plus rien, - pas besoin d'un somnifère!
Notre meunier s'est si sagement imbibé de bière
Que, comme un cheval, il ronfle dans son sommeil,
Et il ne s'occupe pas de sa queue derrière;
4165 Sa femme lui tenait un bourdon bien ferme;
On pouvait entendre son ronflement à deux furlongs;

4155   littéralement «tant son joyeux sifflet était bien imbibé».
4165   *burdon* cf GP 673.

The wenche rowteth eek, *par compaignye*.
    Aleyn the clerk, that herde this melodye,
He poked John, and seyde, "Slepestow?
Herdestow evere slyk a sang er now?   4170
Lo, whilk a complyn is ymel hem alle.
A wilde fyr upon thair bodyes falle!
Wha herkned evere slyk a ferly thyng?
Ye, they sal have the flour of il endyng.
This lange nyght ther tydes me na reste;   4175
But yet, na fors, al sal be for the beste.
For, John," seyde he, "als evere moot I thryve,
If that I may, yon wenche wil I swyve.
Som esement has lawe yshapen us,
For, John, ther is a lawe that says thus,   4180
That gif a man in a point be ygreved,
That in another he sal be releved.
Oure corn is stoln, sothly, it is na nay,
And we han had an il fit al this day,
And syn I sal have neen amendement   4185
Agayn my los, I wil have esement.
By Goddes saule, it sal neen other bee!"
    This John answerde, "Alayn, avyse thee.
The millere is a perilous man," he seyde,
"And gif that he out of his sleep abreyde,   4190
He myghte doon us bathe a vileynye."
    Aleyn answerde, "I counte hym nat a flye."
And up he rist, and by the wenche he crepte.
This wenche lay uprighte and faste slepte,
Til he so ny was er she myghte espie   4195
That it had been to late for to crie,
And shortly for to seyn, they were aton.
Now pley, Aleyn, for I wol speke of John.
    This John lith stille a furlong wey or two,
And to hymself he maketh routhe and wo.   4200

4167   *par compaignye* en français dans le texte. On remarquera l'ironie linguistique
        de ce passage.
4174   *flour* à la fois 'farine' et 'fleur', comme en français.
4179   en même temps notion de plaisir (cf 4119 et 4186).
4185 et 87   *neen* forme du Sud.

La jeune fille ronfle aussi, «*par compagnie*».
   Quand Alain, le clerc, entendit cette mélodie,
Il donna un coup de coude à Jean et dit: «dors-tu?
As-tu jamais entendu un *tel chant* auparavant?
Ma parole, *quelles* complies ils mènent *ensemble*,
Qu'un érysipèle leur tombe sur le corps!
Qui a jamais entendu chose *aussi étrange*?
Oui! Ils *auront* la fleur des *mauvaises* fins;

4175 Tout *au long* de cette nuit je *n'arrive pas* à dormir;
Mais cependant, *peu importe,* tout s*era* pour le mieux.
Car, Jean», dit-il, «aussi vrai que j'espère prospérer,
Si je le puis, je veux baiser *cette* fille.
La loi nous *met* à l'aise,
Car, Jean, il y a une loi qui dit ceci:
Si un homme est lésé sur un point
Il *devra* être dédommagé sur un autre.
Notre grain est volé, à coup sûr, on *ne* peut le nier,
Et tout *s'est mal passé* pendant toute cette journée;

4185 Et comme je n'aur*ai* pas d'amendement
A ma perte, je veux avoir mon plaisir.
Par l'*âme* de Dieu, il n'en sera pas autrement!»
   Notre Jean répondit, «Alain, réfléchis!
Le meunier est un homme dangereux», dit-il,
«Et *s*'il s'éveillait dans son sommeil,
Il pourrait *nous* faire quelque *vilain* tour.»
   Alain répondit: «Je m'en fiche *comme* d'une mouche.»
Et il se lève et se faufile près de la jeune fille.
La jeune fille était couchée sur le dos et dormait pro-
fondément;

4195 Sans qu'elle s'en rendît compte, (il se faufila), jusqu'à ce qu'il
fût si près
Qu'il aurait été trop tard pour crier,
Et, en bref, ils s'unirent.
Maintenant, prends ton plaisir, Alain, car je veux parler de
Jean.
   Notre Jean ne bouge pas pendant quelques minutes;
Il se fait lamentations et doléances à lui-même.

4191   *vilenye* au sens premier; cf *supra*.
4199   littéralement «la durée d'un chemin d'un ou de deux furlongs».

"Allas," quod he, "this is a wikked jape.
Now may I seyn that I is but an ape.
Yet has my felawe somwhat for his harm;
He has the milleris doghter in his arm.
He auntred hym, and has his nedes sped,   4205
And I lye as a draf-sek in my bed.
And when this jape is tald another day,
I sal been halde a daf, a cokenay.
I wil arise and auntre it, by my fayth.
Unhardy is unseely, thus men sayth."   4210
And up he roos, and softely he wente
Unto the cradel, and in his hand it hente,
And baar it softe unto his beddes feet.

Soone after this the wyf hir rowtyng leet,
And gan awake, and wente hire out to pisse, 4215
And cam agayn, and gan hir cradel mysse,
And groped heer and ther, but she foond noon.
"Allas," quod she, "I hadde almoost mysgoon.
I hadde almoost goon to the clerkes bed.
Ey, benedicite, thanne hadde J foule ysped."
And forth she gooth til she the cradel fond. 4221
She gropeth alwey forther with hir hond,
And foond the bed, and thoghte noght but
        good,
By cause that the cradel by it stood,
And nyste wher she was, for it was derk,   4225
But faire and wel she creep in to the clerk,
And lith ful stille, and wolde han caught a
        sleep.
Withinne a while this John the clerk up leep,
And on this goode wyf he leith on soore.
So myrie a fit ne hadde she nat ful yoore;   4230
He priketh harde and depe as he were mad.
This joly lyf han thise two clerkes lad
Til that the thridde cok bigan to synge.

4202   littéralement «singe».
4208   aussi tapette; littéralement «œuf de poule. C'est le même mot que celui qui
        désigne les personnes nées dans l'East End de Londres et la langue parlée par

Hélas!», dit-il, «c'est une sale blague;
Maintenant je peux dire que je ne suis qu'un âne.
Mon copain *a* au moins quelque chose pour sa peine;
Il *a* la fille du meunier dans ses bras.

4205   Il s'est *aventuré* et *a* ses besoins satisfaits,
Et moi je suis couché sur mon lit comme un *sac* de son,
Et, quand plus tard on *racontera* cette bonne blague,
On me *prendra* pour un *fou*, une poule mouillée.
Je veux me lever et m'*aventurer*, par ma foi!
La chance sourit aux audacieux, dit-on.»
Il se leva et se dirigea lentement
Vers le berceau, le prit en main
Et le porta doucement au pied de son lit.

     Peu après ceci, la femme arrêta son ronflement,

4215   Elle s'éveilla et sortit pour aller pisser;
Elle revint et ne trouva pas le berceau:
Elle tâtonna ci et là, mais ne le trouva point.
«Hélas!», dit-elle, «J'ai failli me tromper de chemin;
J'ai failli aller dans le lit de l'étudiant.
«Oh, Dieu soit béni! J'aurais été dans de beaux draps.»
Et elle avança jusqu'à ce qu'elle trouvât le berceau,
Et elle continua à tâtonner de la main;
Elle trouva le lit et ne pensa pas à mal,
Car le berceau était à côté,

4225   Et elle ne savait pas où elle était, car il faisait noir;
Mais elle se glissa bel et bien près de l'étudiant,
Elle resta bien tranquille et se serait rendormie;
Mais en peu de temps Jean, notre étudiant, se dressa
Et sauta sur notre bonne femme;
Elle n'avait plus connu d'aussi joyeux assauts depuis long-
temps.
Il pointe dur et profond, comme s'il était fou.
Nos deux jeunes étudiants mènent ainsi la joyeuse vie,
Jusqu'au troisième chant du coq.

---

eux. Le développement sémantique est le suivant: 'efféminé', 'habitant d'une
ville', 'habitant de ce quartier précis de Londres'.

4210   littéralement «celui qui n'est pas courageux n'a pas de chance».

4233   il est difficile de savoir si *cok* avait déjà le double sens de «pénis». Voir
Chaucer's Bawdy et Cl. Rudigoz, *op. cit.;* le lien avec GP 823 et surtout MT
3357 est toutefois fort déconcertant.

Aleyn wax wery in the dawenynge,
For he had swonken al the longe nyght,   4235
And seyde, "Fareweel, Malyne, sweete wight.
The day is come, I may no lenger byde;
But everemo, wherso I go or ryde,
I is thyn awen clerk, swa have I seel!"
    "Now, deere lemman," quod she, "go,
        fareweel.   4240
But er thow go, o thyng I wol thee telle:
Whan that thou wendest homward by the
        melle,
Right at the entree of the dore bihynde
Thou shalt a cake of half a busshel fynde
That was ymaked of thyn owene mele,   4245
Which that I heelp my fader for to stele.
And, goode lemman, God thee save and kepe."
And with that word almoost she gan to wepe.
    Aleyn up rist, and thoughte, "Er that it dawe,
I wol go crepen in by my felawe,"   4250
And fond the cradel with his hand anon.
"By God," thoughte he, "al wrang I have
        mysgon.
Myn heed is toty of my swynk tonyght;
That maketh me that I go nat aright.
I woot wel by the cradel I have mysgo;   4255
Heere lith the millere and his wyf also."
And forth he goth, a twenty devel way,
Unto the bed ther as the millere lay.
He wende have cropen by his felawe John,
And by the millere in he creep anon,   4260
And caughte hym by the nekke, and softe he
        spak.
He seyde, "Thou John, thou swynes-heed,
        awak,
For Cristes saule, and heer a noble game.
For by that lord that called is Seint Jame,
As I have thries in this shorte nyght   4265

4236   sv. parodie manifeste des chansons d'aube.
4236-48 recrudescence de formes du Sud; l'effet est très probablement voulu malgré ce
        qu'en dit Tolkien.

Alain était épuisé à l'aube,
4235 Car il avait baisé toute cette longue nuit;
Il dit «Adieu, Marie-Balais, douce créature!
Le jour est là, je ne puis m'attarder davantage;
Mais toujours, où que j'aille, où que je chevauche,
Je *serai* ton propre clerc, sur mon *salut*.»
«Eh bien, cher amant», dit-elle, «va, adieu!
Mais, avant que tu ne partes, je veux te dire une chose:
Quand tu t'en retourneras chez toi, le long du moulin,
Juste à l'entrée de la porte de derrière,
Tu trouveras un pain d'un demi-boisseau
4245 Qui a été fait de ta propre farine,
Que j'ai aidé mon père à voler.
Et, bon amant, Dieu te sauve et te garde!»
Et ce disant elle se mit presque à pleurer.
Alain se leva et pensa, «Avant que le jour ne se lève
Je veux me glisser près de mon copain»;
Et, de sa main, il trouva tout de suite le berceau.
«Mon Dieu», pensa-t-il, «Je me trompais,
J'ai la tête qui tourne d'avoir baisé la nuit,
Et c'est pour cela que je ne marche pas droit.
4255 Je sais bien que je me suis trompé près du berceau,
C'est ici qu'est le meunier avec sa femme.»
Et il continua, par tous les diables,
Vers le lit où était le meunier.
Il pensait s'être glissé près de son copain Jean,
Et il se glissa donc près du meunier;
Il le prit par le cou et lui parla doucement;
Il dit: «Dis, Jean, espèce de gros lard, éveille-toi,
Par l'*âme* du Christ, et écoute la bonne blague.
Par ce seigneur qui a nom saint Jacques,
4265 Je jure que par trois fois durant cette courte nuit

4236   *Malyne*: prénom fréquent chez les femmes du peuple à l'époque moyen-anglaise. En même temps, le substantif *malkin* signifie 'balais'.

Swyved the milleres doghter bolt upright,
Whil thow hast, as a coward, been agast."
  "Ye, false harlot," quod the millere, "hast?
A, false traitour, false clerk," quod he,
"Thow shalt be deed, by Goddes dignitee!   4270
Who dorste be so boold to disparage
My doghter, that is come of swich lynage?"
And by the throte-bolle he caughte Alayn,
And he hente hym despitously agayn,   4274
And on the nose he smoot hym with his fest;
Doun ran the blody streem upon his brest.
And in the floor, with nose and mouth tobroke,
They walwe as doon two pigges in a poke,
And up they goon, and doun agayn anon,
Til that the millere sporned at a stoon,   4280
And doun he fil bakward upon his wyf
That wiste nothyng of this nyce stryf—
For she was falle aslepe a lite wight
With John the clerk, that waked hadde al
        nyght—
And with the fal out of hir sleep she
        breyde.   4285
"Help, hooly croys of Bromeholm!" she seyde,
"*In manus tuas!* Lord, to thee I calle!
Awak, Symond, the feend is on us falle.
Myn herte is broken; help, I nam but deed!
Ther lyth oon upon my wombe and on myn
        heed.   4290
Help, Symkyn, for the false clerkes fighte!"
  This John stirte up as soone as ever he
        myghte,
And graspeth by the walles to and fro
To fynde a staf; and she stirte up also,
And knew the estres bet than dide this John,
And by the wal a staf she foond anon,   4296

4275   *fest* du Kent.
4285   *croys of Bromeholm* Bromeholm dans le Norfolk, comme beaucoup
d'endroits, croyait posséder un morceau de la vraie croix du Christ. Ce détail
(l'Intendant fait allusion à une croyance du Norfolk et pas d'ailleurs) montre

J'ai baisé la fille du meunier sur le dos,
Pendant que toi, tel un couillon, tu étais terrifié.»
   «Sale fils de putain», dit le meunier, «Tu as fait cela?
Ah! sale traître! sale étudiant!» dit-il,
«Tu mourras, par la dignité de Dieu!
Qui a eu l'audace de déshonorer ma fille,
Elle qui provient d'une telle lignée?»
Et il saisit Alain par la pomme d'Adam,
Il le saisit à nouveau avec cruauté
4275 Et lui donna un coup de poing sur le nez.
Un flot de sang coula sur sa poitrine;
Et, sur le sol, nez et bouche écrasés,
Ils se roulent tels deux chats dans un sac;
Ils se lèvent et retombent immédiatement,
Jusqu'à ce que le meunier trébuche contre une pierre;
Il retomba en arrière sur sa femme,
Qui n'était pas au courant de ce combat d'imbéciles,
Car elle était tombée endormie depuis peu
Avec Jean, l'étudiant, qui avait veillé toute la nuit.
4285 Cette chute la fit sortir brusquement de son sommeil.
«Au secours, sainte croix de Bromholm,» dit-elle,
«*In manus tuas*! seigneur, je t'invoque!
Eveille-toi, 'tit Simon! le diable est tombé sur nous.
Mon cœur est brisé; au secours! je suis comme morte!
Il y en a un sur mon ventre et sur ma tête;
Au secours, 'tit Simon, car ces sales étudiants se battent.»
   Notre Jean se redressa aussi vite qu'il le put,
Et il tâtonna en tous sens sur les murs
Pour trouver un bâton; elle aussi se redressa;
4295 Elle connaissait mieux la disposition des lieux que Jean,
Et elle trouva tout de suite un bâton près du mur,

---

encore une fois l'effort réalisé par Chaucer pour individualiser ses protagonistes.
4287 *In manus tuas* en latin dans le texte. Cf Luc XXIII, 46: commendatio animae,
sujet qui intéresse assez bien Chaucer (il l'utilisera ailleurs); cela fait en même
temps partie de la mentalité de prêcheur de l'Intendant (cf note au vers 3876).

And saugh a litel shymeryng of a light,
For at an hole in shoon the moone bright,
And by that light she saugh hem bothe two,
But sikerly she nyste who was who, 4300
But as she saugh a whit thyng in hir eye.
And whan she gan the white thyng espye,
She wende the clerk hadde wered a volupeer,
And with the staf she drow ay neer and neer,
And wende han hit this Aleyn at the fulle, 4305
And smoot the millere on the pyled skulle
That doun he gooth, and cride, "Harrow! I
    dye!"
Thise clerkes beete hym weel and lete hym lye,
And greythen hem, and tooke hir hors anon,
And eek hire mele, and on hir wey they gon,
And at the mille yet they tooke hir cake 4311
Of half a busshel flour ful wel ybake.

  Thus is the proude millere wel ybete,
And hath ylost the gryndynge of the whete,
And payed for the soper everideel 4315
Of Aleyn and of John, that bette hym weel.
His wyf is swyved, and his doghter als.
Lo, swich it is a millere to be fals!
And therfore this proverbe is seyd ful sooth:
Hym thar nat wene wel that yvele dooth.
A gylour shal hymself bigyled be. 4321
And God, that sitteth heighe in magestee,
Save al this compaignye, grete and smale.
Thus have I quyt the Millere in my tale. 4324

Heere is ended the Reves Tale.

Et elle vit une petite lueur de lumière,
Car la lune claire brillait à travers un trou:
Grâce à cette lumière, elle les vit tous les deux,
Mais, à vrai dire, elle ne pouvait les identifier,
Jusqu'à ce que son œil vît une chose blanche;
Et quand elle aperçut cette chose blanche,
Elle pensa que l'étudiant avait mis un bonnet de nuit,
Et, avec le bâton, elle s'approcha de plus en plus près;
4305 Et, pensant avoir cogné Alain de toutes ses forces,
Elle frappa le meunier sur son crâne pelé,
Si bien qu'il tombe et crie: «Au secours, je meurs!»
Nos deux étudiants le rossent de toutes leurs forces et le
laissent là;
Ils s'habilèrent et reprirent vite leur cheval
Ainsi que leur farine, et ils s'en vont leur chemin.
Ils s'arrêtèrent encore au moulin pour prendre leur pain
D'un demi-boisseau de farine, bien cuit.
    Ainsi le fier meunier est-il bien rossé,
Et il a perdu la mouture du froment,
4315 Et il a payé la totalité du souper
D'Alain et de Jean, qui l'ont bien rossé.
Sa femme est baisée, et sa fille aussi.
Voilà ce qu'il arrive à un meunier malhonnête!
Et c'est pourquoi ce proverbe est bien vrai:
Qu'il ne s'attende pas au bien, celui qui fait le mal;
Un trompeur sera lui-même trompé.
Et que Dieu qui est assis là-haut en majesté
Protège toute cette compagnie, grands et petits!
Ainsi ai-je rendu la monnaie de sa pièce au Meunier dans
mon conte.

Ici Finit le Conte de L'Intendant.

LE CONTE DU CUISINIER

Ce fabliau est inachevé. Le Prologue de l'Econome (IXème partie) semble indiquer que le Cuisiner est resté silencieux jusque là. Cette incohérence a trouvé toute une littérature d'explications. Pour certains, Chaucer a interrompu son conte parce qu'il avait l'intention de l'intercaler plus loin. Pour d'autres, chacun des pèlerins devant initialement raconter plusieurs contes, l'intervention de l'Econome est en fait une invitation à raconter un deuxième conte; pour d'autres encore, le Prologue de l'Econome devrait venir ici.

Ce troisième volet du triptyque commence comme les deux autres par une localisation précise (après Oxford et Trumpington, Londres) dans un passé lointain. Comme l'a souligne B. Rowland, il s'agit là d'une technique de distanciation fréquente dans ce genre littéraire.

En comparant les trois fabliaux, on constatera une gradation dans la présentation des situations, amoureuses, dans le cadre des actions, mais aussi dans les styles adoptés. Le plus vieux métier du monde est bien loin de la *Théséide*!

COOK'S TALE

PROLOGUE

The Prologe of the Cokes Tale.

The Cook of Londoun, whil the Reve spak,
For joye him thoughte he clawed him on the
    bak.
"Haha," quod he, "for Cristes passioun,
This millere hadde a sharp conclusioun
Upon his argument of herbergage!
Wel seyde Salomon in his langage,   4330
"Ne brynge nat every man into thyn hous";
For herberwynge by nyghte is perilous.
Wel oghte a man avysed for to be
Whom that he broghte into his pryvetee.
I pray to God so yeve me sorwe and care   4335
If evere, sitthe I highte Hogge of Ware,
Herde I a millere bettre yset a werk.
He hadde a jape of malice in the derk.
But God forbede that we stynte heere;
And therfore, if ye vouchesauf to heere   4340
A tale of me, that am a poure man,
I wol yow telle as wel as evere I kan
A litel jape that fil in oure citee."
    Oure Hoost answerde and seide, "I graunte
      it thee.
Now telle on, Roger, looke that it be good,
For many a pastee hastow laten blood,   4346

4327   sv. le Cuisinier utilise le même jargon que l'Intendant!
4430   les références aux Proverbes attribués à Salomon sont fréquentes dans la
        littérature médiévale; cette attribution est erronée; il s'agit de L'Ecclésiastique
        XI, 29.

LE CONTE DU CUISINIER

PROLOGUE

Le Prologue du Conte du Cuisinier ·

Pendant que l'Intendant parlait, le Cuisinier de Londres
Avait autant de plaisir que si on lui avait gratté le dos.
«Ha! ha!», dit-il, «par la passion du Christ,
Ce meunier a reçu une conclusion cuisante
A ses arguments sur l'hébergement!
4330 Salomon a bien dit dans son langage:
'N'introduis pas n'importe qui dans ta maison';
Car l'hébergement la nuit est dangereux.
Un homme devrait s'en aviser
Quand il introduit quelqu'un dans sa vie privée.
Je prie Dieu qu'il m'envoie peine et tourment
Si jamais, depuis que je m'appelle Roger de Ware,
J'ai entendu un meunier mieux remis à sa place.
Il a eu une bonne blague dans le noir.
Mais que Dieu interdise que nous en restions là;
4340 Aussi, si vous acceptez d'entendre
Un conte à moi, qui suis un pauvre homme,
Je vais vous raconter, aussi bien que je le puis,
Une petite blague qui s'est passée dans notre cité.»
    Notre Hôte répondit et dit: «Je te l'accorde.
Maintenant, raconte, Roger, veille à ce que cela soit bon;
Car tu as saigné plus d'un pâté

4334   *pryvetee* en même temps, allusion aux privautés.
4336   *Hogge of Ware* Hogge est le diminutif de Roger (forme qui sera utilisée plus loin. On a apparemment identifié le Cuisinier (ce qui expliquerait l'insistance à l'appeler par son nom).
4343   *oure citee* Londres.

And many a Jakke of Dovere hastow soold
That hath been twies hoot and twies coold.
Of many a pilgrym hastow Cristes curs
For of thy percely yet they fare the wors,   4350
That they han eten with thy stubbel goos,
For in thy shoppe is many a flye loos.
Now telle on, gentil Roger by thy name.
But yet I pray thee, be nat wroth for game:
A man may seye ful sooth in game and pley."
    "Thou seist ful sooth," quod Roger, "by my
        fey.   4356
But sooth pley, quaad pley, as the Flemyng
    seith.
And therfore, Herry Bailly, by thy feith,
Be thou nat wrooth, er we departen heer,
Though that my tale be of an hostileer.   4360
But nathelees I wol nat telle it yit,
But er we parte, ywis, thou'shalt be quit."
And therwithal he lough and made cheere,
And seyde his tale as ye shul after heere.

Heere bigynneth the Cookes Tale.

A prentys whilom dwelled in our citee,   4365
And of a craft of vitailliers was hee.

4347   *Jakke of Dovere* je suggère ici une construction et un sens fort différents de
ceux qui ont généralement été proposés. La critique essaie d'interpréter *Jakke
of Dovere* comme l'antécédent de *that...* et y voit le plus souvent une tarte
rassie. *Jakke* pourrait avoir le sens de paysan, homme de peuple (cf la
Jacquerie, peu antérieure). D'autre part, je traduis par Jacques plutôt que par
Jeannot, car, dans le français contemporain à Chaucer, *Jacques* a le même
sens de paysan (cf Godefroy X, s.v. *Jacquerie* et *Jacques;* cf aussi *OED* s.v.
Jack sb1); il faudrait alors revoir les premières attestations de Jack en anglais.
J'hésite à y voir le sens de pèlerin de saint Jacques (ce qui corresponderait bien
au cadre du récit et qui expliquerait le *pilgrym* du vers suivant). Je dois aussi
ajouter que je ne crois guère à l'interprétation de Magoun, qui y voit une
Dover Sole.

Et tu as vendu à plus d'un Jacques de Douvres
Ce qui a été deux fois chaud et deux fois froid.
Par le Christ, de plus d'un pèlerin tu es maudit:
4350 Ils se portent encore au plus mal à cause de ton persil
Qu'ils ont mangé avec ton oie engraissée au chaume;
Car dans ta boutique il y a beaucoup de mouches en liberté.
Maintenant raconte, noble Roger, puisque tel est ton nom.
Mais cependant, je t'en prie, ne sois pas fâché à cause d'une plaisanterie;
On peut très bien dire la vérité en plaisantant et par jeu.»
«Tu dis bien là la vérité», dit Roger, «par ma foi!
Mais il n'y a que la vérité qui blesse.
C'est pourquoi, Henry Bailly, par ta foi,
Ne sois pas en colère avant que nous ne quittions ces lieux,
4360 Bien que mon conte soit celui d'un hôtelier.
Pourtant, je ne veux pas le dire tout de suite,
Mais avant de nous séparer, pour sûr, nous serons quittes.»
Et, ce disant, il rit et était tout joyeux,
Et il dit son conte, comme vous allez l'entendre ensuite.

Ici Commence le Conte du Cuisinier.

4365 Un apprenti vivait jadis dans notre cité;
Il appartenait à la corporation des fournisseurs de victuailles.

4353   *gentil* amorce du ton burlesque du fabliau; l'Hôte en profite pour attaquer celui qui est son adversaire dans la vie privée (cf *infra*).

4357   *sooth pley, quaad pley* cf le néerlandais *kwaad* 'mauvais fâché'; malgré l'aide des Professeurs Moors et Vromans, de l'Université de Liège, que je tiens à remercier ici, je n'ai pu identifier ce proverbe en néerlandais. Cet essai avait déjà été fait par J. Grauls et Jan F. Vanderheijden (*RBPH* XIII, 748-49), qui, faute de mieux avaient conclu à la possibilité de l'influence de «Waar spel, kwaad spel» (jeu vrai, mauvais jeu). Cette allusion à un proverbe flamand n'est guère étonnante ici: on trouve d'autres allusions aux Flamands installés en Angleterre dans les *Contes de Cantorbéry*. Notons aussi que cette attribution aux Flamands est ironiquement parallèle à celle à Salomon un peu plus haut. Littéralement: «jeu vrai, mauvais jeu».

4358   *Herry Bailly* lui aussi semble avoir été identifié; la présence des deux noms dans ce passage renforce évidemment la théorie de leur existence réelle.

4359   sv. allusion au conflit entre les hôteliers et les cuisiniers sur le droit au ravitaillement des voyageurs.

Gaillard he was as goldfynch in the shawe,
Broun as a berye, a propre short felawe,
With lokkes blake, ykembd ful fetisly;
Dauncen he koude so wel and jolily   4370
That he was cleped Perkyn Revelour.
He was as ful of love and paramour
As is the hyve ful of hony sweete—
Wel was the wenche with hym myghte meete.
At every bridale wolde he synge and
          hoppe.   4375
He loved bet the taverne than the shoppe,
For whan ther any ridyng was in Chepe
Out of the shoppe thider wolde he lepe—
Til that he hadde al the sighte yseyn,
And daunced wel, he wolde nat come ayeyn—
And gadered hym a meynee of his sort   4381
To hoppe and synge and maken swich disport.
And ther they setten stevene for to meete
To pleyen at the dys in swich a streete.
For in the toun nas ther no prentys   4385
That fairer koude caste a paire of dys
Than Perkyn koude, and therto he was free
Of his dispense in place of pryvetee.
That fond his maister wel in his chaffare,
For often tyme he foond his box ful bare. 4390
For sikerly a prentys revelour
That haunteth dys, riot, or paramour,
His maister shal it in his shoppe abye,
Al have he no part of the mynstralcye.
For thefte and riot, they been convertible, 4395
Al konne he pleye on gyterne or ribible.
Revel and trouthe, as in a lowe degree,
They been ful wrothe al day, as men may see.
     This joly prentys with his maister bood

4377   *Chepe* Cheapside (cf GP 754): le principal quartier commercial de Londres à
        l'époque de Chaucer.
4388   *pryvetee* cf la connotation de 'privautés' *supra*.
4397   Cette réflexion peut être attribuée à Chaucer ou au Cuisinier, et très
        probablement aux deux à la fois. Il faut donc y voir une condamnation des

Il était gaillard comme un chardonneret dans le bois,
Brun comme une baie; c'était un gars bien trapu,
Avec des boucles brunes, peignées bien correctement.
Il dansait si bien et si joyeusement
Qu'on l'appelait Pierrot le Joyeux Drille.
Il débordait d'amour et des choses de l'amour,
Tout comme la ruche est remplie de doux miel:
La jeune fille qui pouvait le rencontrer s'en trouvait bien.

4375   A tous les mariages, il chantait et sautait;
Il préférait la taverne à la boutique.
En effet, quand il y avait un cortège à Cheapside,
Il quittait sa boutique en courant pour s'y rendre -
Tant qu'il n'avait pas vu tout le spectacle
Et bien dansé, il ne voulait pas retourner -
Et il rassemblait autour de lui ses adeptes
Pour sauter, chanter et se livrer à des amusements de ce genre;
Et là ils se donnaient rendez-vous pour se retrouver,
Afin de jouer aux dés dans telle ou telle rue.

4385   Car, de toute la ville il n'y avait apprenti
Qui pût mieux lancer une paire de dés
Que Pierrot, qui, en outre, était très large
Dans ses dépenses dans les endroits privés.
C'est ce dont s'aperçut son maître dans son affaire;
Car très souvent il trouva sa caisse toute vide.
Il est bien certain, en effet, que (si) un apprenti (est) gai luron
Et fréquente les dés, la débauche ou les autres choses de l'amour,
Son maître devra bien en faire les frais dans sa boutique,
Même si celui-ci ne prend pas part aux activités du ménestrel.

4395   Car le vol et la débauche sont synonymes,
Même si l'apprenti joue bien de la guitare ou du violon.
Comme on le dit, chez un être de basse condition,
Joyeux drille et vérité se querellent à longueur de journée.
    Ce joyeux apprenti resta chez son maître

---

mœurs de l'Apprenti et, à travers lui, du Cuisinier, mêlée d'une remarque aigre-douce sur le sort des gens du peuple qui doivent voler pour avoir le superflu.

Til he were ny out of his prentishood,   **4400**
Al were he snybbed bothe erly and late,
And somtyme lad with revel to Newegate.
But atte laste his maister hym bithoghte,
Upon a day, whan he his papir soghte,
Of a proverbe that seith this same word: **4405**
Wel bet is roten appul out of hoord
Than that it rotie al the remenaunt.
So fareth it by a riotous servaunt;
It is wel lasse harm to lete hym pace   **4409**
Than he shende alle the servantz in the place.
Therfore his maister yaf hym acquitance,
And bad hym go with sorwe and with
    meschance.
And thus this joly prentys hadde his
    leve.
Now lat hym riote al the nyght or leve.   **4414**
And for ther is no theef withoute a lowke
That helpeth hym to wasten and to
    sowke
Of that he brybe kan or borwe may,
Anon he sente his bed and his array
Unto a compier of his owene sort,
That lovede dys and revel and disport,   **4420**
And hadde a wyf that heeld for contenance
A shoppe, and swyved for hir sustenance . . .

4404   pour vérifier les termes du contrat d'apprentissage ou pour vérifier sa comptabilité?

4406   sv. jeu de mots *roten* / *rotie* / *riotous*?

4421-22   ces deux vers nous donnent quelques indications sur les mœurs londoniennes; le plus vieux métier du monde ne semble pas s'être pratiqué ouvertement.

Jusqu'à peu avant la fin de son contrat d'apprentissage,
Et pourtant, il était gourmandé tôt le matin et tard le soir,
Et on l'avait même parfois conduit à (la prison de) Newgate.
Mais finalement, un jour où il avait parcouru ses papiers,
Son maître repensa

4405 A un proverbe qui dit exactement ceci:
Mieux vaut retirer du tas une pomme pourrie
Que de la laisser pourrir tout le reste.
Il en va de même d'un serviteur débauché;
Il est bien moins grave de le laisser partir
Que de lui permettre d'abîmer tous les serviteurs de l'endroit.
C'est pourquoi son maître quittança le contrat
Et il lui souhaita d'aller dans la peine et dans la malchance!
Et c'est ainsi que fut congédié notre joyeux apprenti.
Maintenant, qu'il se livre à la débauche toute la nuit ou qu'il
s'arrête!

4415 Et, comme il n'y a pas de voleur sans complice
Qui l'aide à dépenser et à sucer
Tout ce qu'il peut voler ou emprunter,
Il envoya sur-le-champ son lit et ses affaires
Chez un compère du même acabit,
Qui aimait les dés, les fêtes et le plaisir,
Et qui avait un femme, qui tenait une boutique
Pour sauver les apparences, mais qui se prostituait pour
gagner sa vie...

LE CONTE DE L'HOMME DE LOI

Voici apparemment une bonne transition entre les diverses histoires d'amour de la première partie et les contes du «Marriage Group» que l'on trouvera dans la troisième partie. Et pourtant, rien ne nous prouve que c'est bien ce conte qui devait venir après celui du Cuisinier (dont on se souviendra qu'il est resté inachevé). Le problème est fort complexe. La plupart des manuscrits respectent cet ordre, mais comment réfuter l'hypothèse suivant laquelle «on» aurait remis les contes dans cet ordre parce qu'il était plus logique? Il est d'autre part évident que le Prologue ne semble pas convenir au Conte; la critique doit en effet se livrer à quelques pirouettes pour trouver des liens entre ces deux parties et, en outre, l'Homme de Loi annonce un conte en prose et dit un conte en vers (pour certains, le conte annoncé serait celui de Mellibée).

Il est tout aussi difficile de donner une étiquette au conte. Il contient un mélange d'éléments non chevaleresques qui rappellent les vies de saints et les contes pieux, mais en même temps il présente le schéma bien connu des romances dans lesquelles une reine innocente est accusée, envoyée en exil, puis réhabilitée. Ceci explique peut-être, avec le caractère un peu décousu et improbable de l'intrigue, pourquoi le Conte de l'Homme de Loi est souvent relégué à l'arrière-plan. On s'accorde cependant à souligner le caractère pathétique de certaines métaphores: ainsi, celle des vers 645-50 est un véritable extrait d'anthologie.

Sources

Innocent III, *De Contemptu Mundi*
Nicholas Trivet, *Chronique anglo-normande*
? Gower, *Confessio Amantis*

PART II

MAN OF LAW'S TALE

PROLOGUE

The wordes of the Hoost to the compaignye.

Oure Hooste saugh wel that the brighte sonne
The ark of his artificial day hath ronne
The ferthe part, and half an houre and moore,
And though he were nat depe ystert in loore,
He wiste it was the eightetethe day   5
Of Aprill, that is messager to May;
And saugh wel that the shadwe of every tree
Was as in lengthe the same quantitee
That was the body erect that caused it.
And therfore by the shadwe he took his wit   10
That Phebus, which that shoon so clere and
        brighte,
Degrees was fyve and fourty clombe on highte,
And for that day, as in that latitude,
It was ten at the clokke, he gan conclude;
And sodeynly he plighte his hors aboute.   15
    "Lordynges," quod he, "I warne yow, al this
        route,
The fourthe party of this day is gon.
Now, for the love of God and of Seint John,
Leseth no tyme as ferforth as ye may.
Lordynges, the tyme wasteth nyght and day,   20
And steleth from us, what pryvely slepynge,
And what thurgh necligence in oure wakynge,

---

2   le jour artificiel (par opposition au jour naturel): du lever au coucher du
soleil. D'après les calculs de Skeat, c'est le 18 avril 1386 à 9 heures 58.

IIᵉ PARTIE

LE CONTE DE L'HOMME DE LOI

PROLOGUE

Les paroles de l'Hôte à la Compagnie

Notre Hôte vit bien que le soleil brillant
Avait parcouru le quart de son jour artificiel,
Plus une demi-heure et un peu davantage,
Et, bien qu'il ne fût pas profondément engagé dans la science,
Il savait que c'était le dix-huitième jour
D'avril, qui est le messager de mai;
Et il vit bien que l'ombre de chaque arbre
Avait la même longueur
Que le corps droit qui en était la cause.
10 En voyant l'ombre, il calcula donc
Que Phébus, qui luisait si clairement et si brillamment,
Etait monté de quinze degrés en hauteur;
Etant donné la date -à en juger par la latitude-,
Il put conclure qu'il était dix heures;
Et, tout à coup, il retint son cheval.
«Messeigneurs», dit-il, «je préviens toute la troupe,
Le quart de cette journée est passé.
Maintenant, pour l'amour de Dieu et de saint Jean,
Perdez le moins de temps possible.
20 Messeigneurs, le temps se meurt, nuit et jour;
Il nous échappe en cachette pendant que nous dormons,
Et il profite de notre négligence lors de nos veilles;

As dooth the streem that turneth nevere agayn,
Descendynge fro the montaigne into playn.
Wel kan Senec and many a philosophre   25
Biwaillen tyme moore than gold in cofre,
For "los of catel may recovered be,
But los of tyme shendeth us," quod he.
It wol nat come agayn, withouten drede,
Namoore than wole Malkynes maydenhede,   30
Whan she hath lost it in hir wantownesse.
Lat us nat mowlen thus in ydelnesse.
   "Sire Man of Lawe," quod he, "so have ye
     blis,
Telle us as tale anon, as forward is.   34
Ye been submytted, thurgh youre free assent,
To stonden in this cas at my juggement.
Acquiteth yow now of youre biheeste;
Thanne have ye do youre devoir atte leeste."
   "Hooste," quod he, "depardieux, ich assente;
To breke forward is nat myn entente.   40
Biheste is dette, and I wole holde fayn
Al my biheste; I kan no bettre sayn.
For swich lawe as a man yeveth another wight,
He sholde hymselven usen it, by right;
Thus wole oure text. But nathelees, certeyn,   45
I kan right now no thrifty tale seyn
That Chaucer, thogh he kan but lewedly
On metres and on rymyng craftily,
Hath seyd hem in swich Englissh as he kan
Of olde tyme, as knoweth many a man.   50
And if he have noght seyd hem, leve brother,
In o book, he hath seyd hem in another.
For he hath toold of loveris up and doun
Mo than Ovide made of mencioun
In his *Episteles* that been ful olde.   55

---

34   sv. on remarquera le jargon employé par l'Hôte (éternel caméléon) et par
        l'Homme de Loi.
39   *depardieux* en français dans le texte.
55   *Episteles* il s'agit des *Héroïdes* (la correspondance amoureuse -en quinze
        livres- des couples de la légende épique).

Il fait comme le ruisseau, qui ne revient jamais,
Lorsqu'il descend de la montagne dans la plaine.
Sénèque et bien d'autres philosophes
Ont bien su déplorer (la fuite du) temps, plus que celle de l'or dans un coffre;
Car 'une perte d'argent peut être réparée,
Mais une perte de temps nous mine', dit-il.
Il est certain que le temps perdu ne reviendra jamais,
30 Pas plus que ne repoussera la virginité
Qu'a perdue Margot la dévergondée.
Ne moisissons donc pas dans l'oisiveté.
    «Monsieur l'Homme de Loi», dit-il, «par votre bonheur éternel,
Racontez-nous tout de suite un conte, puisque tel est notre contrat.
De votre plein gré vous avez accepté
De vous soumettre à mon jugement dans cette affaire.
Acquittez-vous maintenant de votre promesse;
Alors, vous aurez au moins fait votre devoir.»
    «Hôte», dit-il, «De par Dieu, je consens;
40 Il n'entre pas dans mes intentions de rompre le contrat.
Une promesse est une dette, et je veux tenir
Toutes mes promesses dans la joie; je ne puis dire mieux.
Car, quand un homme impose une loi à un autre être,
Il n'est que juste qu'il la respecte lui-même;
Ainsi le veut notre texte. Mais néanmoins, à coup sûr,
Je ne vois maintenant aucun conte qui puisse convenir
Qui ne fasse partie de ceux que Chaucer -bien qu'il ne connaisse que fort peu
De choses dans la métrique et dans l'art des rimes habiles-
A racontés dans l'anglais qu'il pouvait
50 Il y a longtemps, comme beaucoup le savent;
Et s'il ne les a pas racontés dans un livre,
Cher frère, il les a racontés dans un autre.
Il a raconté dans tous les détails plus d'histoires d'amants
Qu'Ovide n'en mentionne
Dans ses *Epîtres,* qui sont bien anciennes.

57   dans le *Livre de la Duchesse* (1369).

48

What sholde I tellen hem, syn they ben tolde?
"In youthe he made of Ceys and Alcione,
And sitthen hath he spoken of everichone
Thise noble wyves and thise loveris eke.
Whoso that wole his large volume seke   60
Cleped the Seintes Legende of Cupide,
Ther may he seen the large woundes wyde
Of Lucresse, and of Babilan Tesbee;
The swerd of Dido for the false Enee;
The tree of Phillis for hire Demophon;   65
The pleinte of Dianire and of Hermyon,
Of Adriane, and of Isiphilee—
The bareyne yle stondynge in the see—
The dreynte Leandre for his Erro;
The teeris of Eleyne, and eek the wo   70
Of Brixseyde, and the, Ladomya;
The crueltee of the, queene Medea,
Thy litel children hangynge by the hals,
For thy Jason, that was in love so fals!
O Ypermystra, Penelopee, Alceste,   75
Youre wifhede he comendeth with the
            beste.

"But certeinly no word ne writeth he
Of thilke wikke ensample of Canacee,
That loved hir owene brother synfully—
Of swiche cursed stories I sey fy!   80
Or ellis of Tyro Appollonius,
How that the cursed kyng Antiochus
Birafte his doghter of hir maydenhede.
That is so horrible a tale for to rede—
Whan he hir threw upon the pavement.   85
And therfore he, of ful avysement,
Nolde nevere write in none of his sermons

61   il s'agit de *La Légende des Femmes Exemplaires* (1385 ou 86).
66   *Dianire,* cf WB 725.
67   *Isiphilee,* c'est-à-dire Hypsipyle, trompée par Jason.
66-67   voir les *Héroïdes.*
68   il s'agit de Naxos, où Ariane fut abandonnée par Thésée après l'avoir aidé à
        sortir du Labyrinthe à l'aide de son fameux fil.

Pourquoi les conterais-je, puisqu'elles ont déjà été contées?
    «Dans sa jeunesse il a composé l'histoire de Ceys et d'Alcyone,
Et depuis il a parlé
De toutes ces nobles femmes et aussi de ces amants.
60 Quiconque voudrait parcourir ce gros volume
Intitulé La Légende des Saintes de Cupidon
Pourra y voir les blessures larges et profondes
De Lucrèce, et de Thisbé la Babylonienne;
L'épée de Didon pour Enée l'imposteur;
L'arbre de Phyllis pour son Démophon;
La Plainte de Déjanire et celle d'Hermione,
Celle d'Ariane et celle d'Isiphile -
L'île stérile au milieu de la mer -,
Léandre noyé par Héro, sa maîtresse;
70 Les larmes d'Hélène, et aussi la douleur
De Briséis, et les tiennes, Ladomée;
La cruauté qui fut tienne, reine Médée,
Tes petits enfants pendus par le cou
A cause de ton Jason, qui fut si faux en amour!
Oh, Hypermnestre, Pénélope, Alceste,
Il loue votre amour de femme (tout en vous citant) parmi les
meilleures!
    «Mais, à coup sûr, il n'écrit pas un mot
Sur l'exemple pervers donné par Canacée,
Qui aimait son propre frère dans le péché;
80 Je fais fi de telles histoires maudites.
Il n'a rien écrit non plus sur Apollon de Tyre,
Sur la façon dont le maudit roi Antiochus
Arracha la virginité à sa fille;
C'est une histoire bien horrible à lire,
Quand il la culbuta sur le pavé.
Et c'est pourquoi lui, après mûre réflexion,
N'a jamais voulu faire dans ses sermons

---

69   Néro allumait un signal pour que son amant puisse traverser l'Hellespont à la
        nage; une nuit, le signal fut éteint par le vent et Léandre se noya.
71   Briséis, qui deviendra Crisède chez Boccace et Chaucer. Ladomée: il s'agit de
        Laodamie.
78 et 81 ces deux histoires sont racontées par Gower dans sa Confessio Amantis.

Of swiche unkynde abhomynacions,
Ne I wol noon reherce, if that I may.
   "But of my tale how shal I doon this day?   90
Me were looth be likned, doutelees,
To muses that men clepe Pierides—
Methamorphosios woot what I mene;
But nathelees, I recche noght a bene
Though I come after hym with hawebake.   95
I speke in prose, and lat him rymes make."
And with that word he, with a sobre cheere,
Bigan his tale, as ye shal after heere.

The Prologe of the Mannes Tale of Lawe.

   O hateful harm, condicion of poverte,
With thurst, with coold, with hunger so
     confounded!   100
To asken help thee shameth in thyn herte;
If thou noon aske, so soore artow ywounded
That verray nede unwrappeth al thy wounde
     hid.
Maugree thyn heed, thou most for indigence
Or stele, or begge, or borwe thy despence.   105

Thow blamest Crist and seist ful bitterly
He mysdeparteth richesse temporal,
Thy neighebore thou wytest synfully
And seist thou hast to lite and he hath al.
"Parfay," seistow, "somtyme he rekene shal, 110
Whan that his tayl shal brennen in the gleede,
For he noght helpeth needfulle in hir neede."

   Herke what is the sentence of the wise:
Bet is to dyen than have indigence;

---

92   les neuf filles de Pieros furent changées en pies parce qu'elles avaient osé défier
        les Muses.
93   *Métamorphoses* V, 302.

Le récit d'aucune de ces abominations contre nature;
Et, si je puis l'éviter, je ne souhaite pas les répéter.
90   «Mais, en ce qui concerne mon conte, comment vais-je faire aujourd'hui?
Je ne voudrais absolument pas être comparé
A ces muses que l'on appelle les Piérides:
Le livre des *Métamorphoses* sait ce que je veux dire;
Et pourtant, je me fiche éperdument de savoir
Que je ne fais pas le poids après lui.
Je parle en prose, qu'il fasse des rimes.»
Et sur ces mots, le visage sombre,
Il commença son conte, comme vous allez l'entendre.

Le Prologue du Conte de l'Homme de Loi.

O mal détestable qu'est la condition de pauvreté!
100   Si intimement mêlée à la soif, au froid, à la faim!
Ton cœur a honte de demander de l'aide;
Si tu n'en demandes pas, tu es tellement blessé
Que le vrai besoin découvre toute ta blessure cachée!
Malgré toi tu dois, par indigence,
Ou voler, ou mendier, ou emprunter ce qui t'est nécessaire!

Tu blâmes le Christ, et tu dis bien amèrement
Qu'il répartit mal la richesse temporelle;
Tu reproches à ton voisin -et en cela tu pêches-
Que tu as trop peu et que lui a tout.
110   «Ma foi», dis-tu, «un jour il devra rendre compte,
Quand sa queue brûlera dans les charbons ardents,
Car il n'aide pas le nécessiteux dans le besoin.»

Ecoute les propos du sage:
Mieux vaut mourir que de connaître l'indigence;

94-95   littéralement: «je me fiche comme d'une fève (de savoir) que je viens après lui comme un plat de cenelles».
99   il s'agit d'une paraphrase du *De Contemptu Mundi* d'Innocent III.
113   sv. ces proverbes sont tirés du Livre des Proverbes, mais sont probablement également inspirés par toute la littérature parémiologique de l'époque, par exemple par *Les Proverbes de Hendyng*.

Thy selve neighebor wol thee despise.   115
If thou be poure, farwel thy reverence.
Yet of the wise man take this sentence:
Alle the dayes of poure men been wikke.
Bewar, therfore, er thou come to that prikke!

If thou be poure, thy brother hateth thee,   120
And alle thy freendes fleen from thee, allas.
O riche marchauntz, ful of wele been yee;
O noble, O prudent folk, as in this cas,
Youre bagges been nat fild with ambes as
But with sys cynk that renneth for youre
        chaunce.   125
At Cristemasse myrie may ye daunce!

Ye seken lond and see for yowre wynnynges;
As wise folk ye known al th'estaat
Of regnes; ye been fadres of tidynges
And tales bothe of pees and of debaat.   130
I were right now of tales desolaat
Nere that a marchant, goon is many a
        yeere,
Me taughte a tale which that ye shal
        heere.

Heere bigynneth the Man of Lawe his Tale.

In Surrye whilom dwelte a compaignye
Of chapmen riche, and therto sadde and trewe,
That wyde-where senten hir spicerye,   136
Clothes of gold, and satyns riche of hewe.
Hir chaffare was so thrifty and so newe
That every wight hath deyntee to chaffare
With hem, and eek to sellen hem hire ware.

Now fil it that the maistres of that sort   141
Han shapen hem to Rome for to wende,
Were it for chapmanhode or for disport.
Noon oother message wolde they thider sende,
But comen hemself to Rome, this is the ende,

Ton propre voisin te méprisera,
Si tu es pauvre, adieu ta dignité!
Retiens aussi ces propos du sage:
Tous les jours des pauvres sont mauvais.
Attention donc de ne pas en arriver là!

120   Si tu es pauvre, ton frère te hait,
Et tous tes ennemis te fuient, hélas!
O, riches marchands, vous êtes en pleine prospérité;
O, gens nobles, o, gens prudents, dans cette affaire
Vos sacs ne sont pas remplis de doubles as,
Mais de six-cinq, qui font votre fortune;
A Noël vous pouvez danser joyeusement!

Vous parcourez les terres en quête de profit;
En gens sages vous connaissez toute la situation
Des royaumes; vous êtes les pères des nouvelles
130   Et des contes, de paix comme de guerre.
Je serais précisément en manque de conte,
S'il ne se faisait que, il y a des années, un marchand
M'enseigna un conte que vous allez entendre.

Ici, l'Homme de Loi commence son Conte.

   En Syrie vivait jadis une compagnie
De riches marchands, qui étaient, en outre, sérieux et loyaux;
Ils envoyaient aux quatre coins du monde leurs épices,
Des draps d'or et des satins aux riches couleurs.
Leur marchandise était si attirante et si nouvelle
Que tout le monde avait plaisir à négocier
140   Avec eux, et aussi à troquer leurs denrées.

Or il advint que les maîtres de cette compagnie
Décidèrent de se rendre à Rome;
Que ce fût pour leur négoce ou pour leur plaisir,
Ils ne voulurent y envoyer aucun autre messager,
Mais, pour aller directement au but, ils arrivèrent eux-mêmes
à Rome,

And in swich place as thoughte hem avantage
For hire entente, they take hir herbergage.   147

Sojourned han thise marchantz in that toun
A certein tyme, as fil to hire plesance.
And so bifel that th'excellent renoun   150
Of the Emperoures doghter, dame Custance,
Reported was with every circumstance
Unto thise Surryen marchantz in swich wyse,
Fro day to day, as I shal yow devyse.   154

This was the commune voys of every man:
"Oure Emperour of Rome—God hym see—
A doghter hath that syn the world bigan,
To rekene as wel hir goodnesse as beautee,
Nas nevere swich another as is shee.
I prey to God in honour hire susteene,   160
And wolde she were of al Europe the queene.

"In hire is heigh beautee withoute pride,
Yowthe withoute grenehede or folye;
To alle hire werkes vertu is hir gyde;
Humblesse hath slayn in hire al tirannye;   165
She is mirour of alle curteisye;
Hir herte is verray chambre of hoolynesse;
Hir hand, ministre of fredam for almesse."

And al this voys was sooth, as God is trewe.
But now to purpos lat us turne agayn.   170
Thise marchantz han doon fraught hir shippes
          newe,
And whan they han this blisful mayden sayn,
Hoom to Surrye been they went ful fayn,
And doon hir nedes as they han doon yoore,
And lyven in wele; I kan sey yow namoore. 175

Now fil it that thise marchantz stode in
          grace
Of hym that was the Sowdan of Surrye,
For whan they cam from any strange place

Et ils prirent hébergement dans un endroit qui leur parut
propice
A leur dessein.

    Ces marchands séjournèrent un certain temps dans cette
ville,
Parce que cela correspondait à leur plaisir.
150 C'est ainsi qu'il advint que l'excellente renommée
De la fille de l'Empereur, Dame Constance,
Fut rapportée de jour en jour dans tous les détails
A ces marchands syriens,
Et cela, de la manière dont je vais vous parler.

    On disait d'une voix unanime:
«Notre Empereur de Rome -que Dieu le garde!-
A une fille à nulle autre pareille,
Que l'on tienne compte de sa bonté ou de sa beauté,
Et cela aussi haut que l'on remonte.
160 Je prie Dieu de lui conserver son honneur,
Et je souhaiterais qu'elle soit la reine de toute l'Europe.

    «Elle est de grande beauté, sans être orgueilleuse;
Elle est jeune, sans immaturité ou folie;
La vertu est son guide dans toutes ses actions;
L'humilité a tué en elle toute tyrannie.
Elle est le miroir de la courtoisie;
Son cœur est une vraie chambre de sainteté,
Sa main, le ministre de la libéralité dans les aumônes.»

Et cette voix était celle de la vérité, tout comme Dieu est vrai.
170 Mais revenons-en maintenant à notre propos.
Nos marchands ont rechargé leurs navires,
Et, quand ils eurent vu cette heureuse vierge,
Ils s'en retournèrent joyeusement en Syrie
Et s'occupèrent de leurs affaires, tout comme avant,
Et ils vécurent dans la richesse, je ne puis vous en dire
davantage.

    Or il se faisait que nos marchands étaient dans les bonnes
grâces
De celui qui était le Sultan de Syrie;
En effet, quand il arrivait des personnes de l'étranger,

He wolde, of his benigne curteisye,
Make hem good chiere, and bisily espye   180
Tidynges of sondry regnes for to leere
The wondres that they myghte seen or heere.

Amonges othere thynges, specially,
Thise marchantz han hym toold of dame
    Custance
So greet noblesse, in ernest, ceriously,   185
That this Sowdan hath caught so greet
    plesance
To han hir figure in his remembrance
That al his lust and al his bisy cure
Was for to love hire whil his lyf may dure.

Paraventure in thilke large book   190
Which that men clipe the hevene ywriten
    was
With sterres, whan that he his birthe took,
That he for love sholde han his deeth, allas!
For in the sterres, clerer than is glas,
Is writen, God woot, whoso koude it rede,   195
The deeth of every man, withouten drede.

In sterres many a wynter therbiforn
Was writen the deeth of Ector, Achilles,
Of Pompei, Julius, er they were born;
The strif of Thebes; and of Ercules,   200
Of Sampson, Turnus, and of Socrates
The deeth; but mennes wittes ben so dulle
That no wight kan wel rede it atte fulle.

This Sowdan for his privee conseil sente,
And, shortly of this matiere for to pace,   205
He hath to hem declared his entente,
And seyde hem, certein, but he myghte have
    grace
To han Custance withinne a litel space
He nas but deed; and charged hem in hye
To shapen for his lyf som remedye.   210

Dans sa bienveillante courtoisie, il voulait,
180 Leur faire bon accueil et s'enquérir avidement
Des nouvelles des différents royaumes,
Pour apprendre les merveilles qu'ils avaient pu voir ou
entendre.
Et, parmi d'autres choses,
Nos marchands avaient plus spécialement parlé
De la si grande noblesse de Dame Constance; ils l'avaient fait
avec tellement
De sérieux et de détails que notre Sultan prit un tel plaisir
A conserver son visage dans sa mémoire
Que tout son désir et l'objet de toutes ses démarches
Furent de l'aimer tant que sa vie durerait.

190 Or il se faisait que, dans ce grand livre
Que l'on appelle le ciel, il était écrit
- A cause des étoiles qui présidèrent à sa naissance -
Qu'il mourrait, hélas!, à cause de l'amour.
Car la mort de chaque homme est écrite dans les étoiles
Plus clairement que dans le verre, pour qui peut la lire;
Dieu le sait, et cela est indubitable.

Beaucoup d'années auparavant était écrite dans les étoiles
La mort d'Hector, d'Achille,
De Pompée, de Jules César, et cela avant leur naissance;
200 De même, la guerre de Thèbes, la mort d'Hercule,
De Samson, de Turnus et de Socrate;
Mais les esprits des hommes sont si limités
Que personne ne peut les lire entièrement.

Notre Sultan convoqua son conseil privé,
Et, pour passer rapidement sur cet épisode,
Il leur a déclaré son intention,
Et il les assura de ce qu'il mourrait
S'il n'avait la grâce de posséder Constance sous peu;
Il les chargea alors en toute hâte
210 De trouver quelque remède pour lui sauver la vie.

Diverse men diverse thynges seyden.
They argumenten, casten up and doun.
Many a subtil resoun forth they leyden.
They speken of magyk and abusioun.
But finally, as in conclusioun,   215
They kan nat seen in that noon avantage,
Ne in noon oother wey, save mariage.

Thanne sawe they therinne swich difficultee
By wey of reson, for to speke al playn,
By cause that ther was swich diversitee   220
Bitwene hir bothe lawes, that they sayn
They trowe, "that no Cristen prince wolde
        fayn
Wedden his child under oure lawes sweete
That us were taught by Mahoun, oure
        prophete."

And he answerde, "Rather than I lese   225
Custance, I wol be cristned, doutelees.
I moot been hires, I may noon oother chese.
I prey yow hoold youre argumentz in pees.
Saveth my lyf, and beth noght recchelees
To geten hire that hath my lyf in cure;   230
For in this wo I may nat longe endure."

What nedeth gretter dilatacioun?
I seye, by tretys and embassadrie,
And by the popes mediacioun,
And al the chirche, and al the chivalrie,   235
That in destruccioun of maumettrie,
And in encrees of Cristes lawe deere,
They been acorded, so as ye shal heere:

How that the Sowdan and his baronage
And alle his liges sholde ycristned be,   240
And he shal han Custance in mariage,
And certein gold, I noot what quantitee;
And heer-to founden sufficient suretee.

Diverses personnes lui dirent des choses diverses;
Elles argumentèrent, retournèrent le problème en tous sens;
Elles avancèrent un grand nombre de raisons subtiles;
Elles parlèrent de magie et de tromperie.
Mais, finalement, pour conclure,
Elles ne trouvèrent aucune solution plus avantageuse
Ni aucune autre issue: il devait se marier.

Mais elles virent tellement de difficultés
-Sur le plan matériel, pour dire les choses platement-,
220   Il y avait en effet une telle différence
Entre leurs deux (systèmes de) lois, qu'elles dirent
Qu'elles pensaient qu'aucun prince chrétien n'accepterait de plein gré
De marier son enfant sous les douces lois
Qui nous furent enseignées par notre prophète Mahomet.»

Et il répondit: «Plutôt que de perdre
Constance, je n'hésite pas, je veux être baptisé,
Je dois être à elle; je ne puis en choisir aucune autre.
Je vous prie de laisser là vos arguments;
Sauvez ma vie, mettez tout en œuvre
230   Pour obtenir celle qui a ma vie entre ses mains;
Car je ne puis endurer plus longtemps ce tourment.»

A quoi serviraient de plus amples développements?
Je dis que, par traité et par ambassade,
Et par la médiation du Pape,
De toute l'Eglise et de toute la chevalerie
Ils trouvèrent un accord, comme vous allez l'entendre,
Pour la destruction du mahométanisme
Et le développement de la chère loi du Christ.

Le Sultan et tous ses barons,
240   Ainsi que tous ses hommes liges, devaient être baptisés;
Et il aurait Constance en mariage,
Ainsi qu'une quantité d'or que j'ignore;
Ils fournirent aussi des garanties suffisantes.

This same accord was sworn on eyther syde.
Now, faire Custance, almyghty God thee gyde!

Now wolde som men waiten, as I gesse,   246
That I sholde tellen al the purveiance
That th'Emperour, of his grete noblesse,
Hath shapen for his doghter, dame Custance.
Wel may men knowen that so greet ordinance
May no man tellen in a litel clause   251
As was arrayed for so heigh a cause.

Bisshopes been shapen with hire for to wende,
Lordes, ladies, knyghtes of renoun,
And oother folk ynogh, this is th'ende;   255
And notified is thurghout the toun
That every wight, with greet devocioun,
Sholde preyen Crist that he this mariage
Receyve in gree, and spede this viage.

The day is comen of hir departynge—   260
I seye, the woful day fatal is come,
That ther may be no lenger tariynge,
But forthward they hem dressen, alle and
        some.
Custance, that was with sorwe al overcome,
Ful pale arist, and dresseth hire to wende;   265
For wel she seeth ther is noon oother ende.

Allas, what wonder is it thogh she wepte,
That shal be sent to strange nacioun
Fro freendes that so tendrely hire kepte,
And to be bounden under subjeccioun   270
Of oon she knoweth nat his condicioun?
Housbondes been alle goode, and han ben
        yoore.
That knowen wyves—I dar sey yow na moore.

273-87   ces deux strophes ne sont pas dans Trivet.

Le même accord fut juré des deux côtés;
Maintenant, belle Constance, que le Dieu tout-puissant te
guide!

   J'imagine que certains s'attendraient maintenant
A ce que je raconte toutes les dispositions
Que l'Empereur, dans sa grande noblesse,
A prises pour sa fille, Dame Constance.
250   On peut bien savoir que de tels préparatifs,
Ceux qui furent organisés pour une cause aussi élevée-
Ne peuvent être racontés en une petite phrase.

Pour l'accompagner, on choisit des évêques,
Des seigneurs, des dames, des chevaliers de renom
Et beaucoup d'autres personnes: voilà, c'est fini;
On fit savoir à travers la ville
Que chacun devait prier le Christ
Avec grande dévotion d'accepter
Ce mariage de bon gré et de favoriser le voyage.

260   Le jour de son départ est arrivé;
Je veux dire que le triste jour fatal est arrivé,
Celui que l'on ne peut plus reporter.
Ils se préparent à partir: tous et un chacun.
Constance, qui était terrassée par le chagrin,
Se lève toute pâle et se prépare à partir;
Car elle ne voit pas d'autre issue.

Hélas! quoi d'étonnant qu'elle pleure?
Elle qui va être envoyée dans une nation étrangère,
Loin des amis qui s'occupaient d'elle si tendrement,
270   Et cela, pour dépendre d'un homme
Dont elle ne connaît pas la nature.
Les maris sont tous bons et l'ont toujours été;
Cela, les épouses le savent, je n'ose dire plus.

    "Fader," she seyde, "thy wrecched child
      Custance,
Thy yonge doghter fostred up so softe,   275
And ye, my mooder, my soverayn plesance
Over alle thyng, out-taken Crist on-lofte,
Custance youre child hire recomandeth ofte
Unto youre grace, for I shal to Surrye,
Ne shal I nevere seen yow moore with eye.   280

"Allas, unto the Barbre nacioun
I moste goon, syn that it is youre wille;
But Crist, that starf for our savacioun
So yeve me grace his heestes to fulfille!
I, wrecche womman, no fors though I spille! 285
Wommen are born to thraldom and penance,
And to been under mannes governance."

    I trowe at Troye, whan Pirrus brak the wal,
Or Ilion brende, at Thebes the citee,
N'at Rome, for the harm thurgh Hanybal   290
That Romayns hath venquysshed tymes thre,
Nas herd swich tendre wepyng for pitee
As in the chambre was for hire departynge;
But forth she moot, wher so she wepe or synge.

    O firste moevyng, crueel firmament,   295
With thy diurnal sweigh that crowdest ay
And hurlest al from est til occident
That naturelly wolde holde another way,
Thy crowdyng set the hevene in swich array
At the bigynnyng of this fiers viage   300
That cruel Mars hath slayn this mariage.

Infortunat ascendent tortuous,
Of which the lord is helplees falle, allas,
Out of his angle into the derkeste hous!
O Mars, o atazir, as in this cas!   305

295-315   ces trois strophes ne sont pas dans Trivet.
295   *firste moevyng* d'après cette conception de l'univers, la terre était immobile et

«Père,», dit-elle, «ta malheureuse enfant Constance,
Ta petite fille que tu as si délicatement élevée,
Et vous, ma mère, mon plaisir souverain,
Par-dessus tout, mis à part le Christ là-haut,
Constance, votre enfant, se recommande vivement
A votre grâce, car je dois aller en Syrie,
280   Et mes yeux ne vous verront jamais plus.

«Hélas! pour la nation barbare je dois partir,
Puisque telle est votre volonté;
Mais que le Christ, qui mourut pour notre rédemption,
Me donne la grâce d'accomplir ses ordres!
Cela n'a pas d'importance si je meurs, moi pauvre femme;
Les femmes sont nées pour l'esclavage et pour la pénitence,
Et pour être sous la domination de l'homme.»

Je crois qu'à Troie -quand Pyrrhus brisa le mur,
Ou lorsqu'Ilion brûla -, ou dans la cité de Thèbes,
290   Ou encore à Rome -avec tout le mal causé par Annibal,
Qui, par trois fois a vaincu les Romains-,
On n'entendit d'aussi tendres pleurs de pitié
Qu'il n'y en eut dans la chambre pour son départ,
Mais elle devait partir, qu'elle pleure ou qu'elle chante.

O premier mobile! cruel firmament!
De ton mouvement diurne tu presses toujours
Et tu précipites de l'est à l'occident
Tout ce qui aurait naturellement suivi un autre chemin.
Ta pression mit le ciel dans un tel arroi
300   Au début de ce dangereux voyage,
Que Mars le cruel a frappé de mort ce mariage.

Infortuné ascendant oblique
Dont le seigneur est tombé impuissant, hélas!
De son angle dans la maison la plus sombre!
O Mars, quelle influence néfaste ici!

autour d'elle se mouvaient neuf sphères. La première allait chaque jour d'est
en ouest et entraînait tout avec elle; c'est elle qui est responsable du
changement de position de Mars, qui a été détourné de son ascendant au
moment du mariage.
305   *Atazir* ou Al Tazir, influence néfaste.

O fieble moone, unhappy been thy paas.
Thou knyttest thee ther thou art nat receyved;
Ther thou were weel, fro thennes artow weyved.

Inprudent Emperour of Rome, allas,
Was ther no philosophre in al thy toun?　　310
Is no tyme bet than oother in swich cas?
Of viage is ther noon eleccioun,
Namely to folk of heigh condicioun?
Noght whan a roote is of a burthe yknowe?
Allas, we been to lewed or to slowe!　　315

　To ship is brought this woful faire mayde
Solempnely, with every circumstance.
"Now Jhesu Crist be with yow alle!" she sayde.
Ther nys namoore but "Farewel, faire Cus-
　　tance!"
She peyneth hire to make good contenance;
And forth I lete hire saille in this manere,　　321
And turne I wole agayn to my matere.

　The mooder of the Sowdan, welle of vices,
Espied hath hir sones pleyn entente,
How he wol lete his olde sacrifices;　　325
And right anon she for hir conseil sente,
And they been come to knowe what she mente.
And whan assembled was this folk in-feere,
She sette hire doun, and seyde as ye shal heere.

　"Lordes," she said, "ye knowen everichon,
How that my sone in point is for to lete　　331
The hooly lawes of oure Alkaron,
Yeven by Goddes message Makomete.
But oon avow to grete God I heete:
The lyf shall rather out of my body sterte　　335
Than Makometes lawe out of myn herte.

　"What sholde us tyden of this newe lawe

306　　la lune se trouvait probablement elle aussi en position néfaste.

O faible lune, ton cours est malchanceux!
Tu te conjugues avec ce qui ne te reçoit pas,
Et tu te trouves poussée d'où tu étais bien.

Imprudent Empereur de Rome, hélas!
310   N'il y avait-il pas de philosophe dans toute la ville?
Un moment n'est-il pas plus propice qu'un autre dans cette
affaire?
Pour un voyage ne peut-on choisir un moment adéquat,
Surtout lorsqu'il s'agit de gens de condition élevée
Et quand leur date de naissance est connue?
Hélas! nous sommes trop ignorants ou trop lents!

   Cette jolie vierge, bien malheureuse,
Fut conduite au bateau solennellement et en grande pompe.
«Voilà, que Jésus-Christ soit avec vous tous!», dit-elle;
On n'entend plus que «Adieu, belle Constance!».
320   Elle s'efforce de faire bonne contenance;
Je la laisse ainsi voguer au loin,
Car je veux en revenir à mon propos.

   La mère du Sultan, un puits de vices,
A découvert l'intention précise de son fils
De vouloir abandonner ses anciens sacrifices;
Sur-le-champ elle mande son conseil,
Et ils arrivent pour connaître ses intentions.
Quand tous ses gens furent assemblés,
Elle s'assit et dit, comme vous allez l'entendre.

330   «Messieurs», dit-elle, «vous savez tous
Que mon fils est sur le point d'abandonner
Les saintes lois de notre Coran,
Données par Mahomet, le messager de Dieu.
Mais, je fais ce vœu devant le grand Dieu:
Que la vie sorte plutôt de mon corps
Que la loi de Mahomet de mon cœur!

«Que pourrait-il nous arriver avec cette nouvelle loi,

But thraldom to oure bodies and penance,
And afterward in helle to be drawe
For we reneyed Mahoun oure creance?   340
But, lordes, wol ye maken assurance,
As I shal seyn, assentynge to my loore,
And I shal make us sauf for everemoore?"

    They sworen and assenten, every man,
To lyve with hire and dye, and by hire stonde,
And everich, in the beste wise he kan,   346
To strengthen hire shal alle his frendes fonde.
And she hath this emprise ytake on honde
Which ye shal heren that I shal devyse,
And to hem alle she spak right in this wyse: 350

    "We shul first feyne us Cristendom to take—
Coold water shal nat greve us but a lite!
And I shal swich a feeste and revel make
That, as I trowe, I shal the Sowdan quite.
For thogh his wyf be cristned never so white, 355
She shal have nede to wasshe awey the rede,
Thogh she a font-ful water with hire lede."

    O Sowdanesse, roote of iniquitee!
Virago, thou Semyrame the secounde!
O serpent under femynynytee,   360
Lik to the serpent depe in helle ybounde!
O feyned womman, al that may confounde
Vertu and innocence, thurgh thy malice,
Is bred in thee, as nest of every vice.

O Sathan, envious syn thilke day   365
That thou were chaced from oure heritage,
Wel knowestow to wommen the olde way.
Thou madest Eva brynge us in servage;
Thou wolt fordoon this Cristen mariage.   369
Thyn instrument so—weylawey the while—
Makestow of wommen, whan thou wolt bigile.

---

352   cette présentation ironique du baptême n'est pas dans la source de Chaucer.

Sinon l'esclavage de nos corps et la pénitence
Et d'être ensuite traînés en enfer
340   Pour avoir renié Mahomet, notre foi?
Mais, Messieurs, si vous voulez me donner l'assurance
D'être d'accord avec moi sur ce que je vous dirai,
Je vous sauverai à tout jamais.»

Ils jurèrent et furent tous d'accord
De vivre et de mourir avec elle, et de rester à ses côtés;
Et chacun le mieux qu'il le pourra
Incitera tous ses amis à renforcer sa position;
Elle prit donc cette affaire en main
-Vous allez m'en entendre parler-,
350   Et à tous ses gens elle dit exactement ceci:

«Nous allons d'abord feindre d'accepter le christianisme
- De l'eau froide ne nous fera que peu de mal! -
Et j'organiserai une fête et de telles festivités
Que, à mon avis, je rendrai la monnaie de sa pièce au Sultan.
Car, bien que sa femme soit toute blanche du baptême,
Elle aura besoin (d'eau) pour laver le rouge,
Même si elle apportait avec elle des fonts baptismaux pleins
d'eau.»

O Sultane, racine d'iniquité!
Virago, toi la deuxième Sémiramis!
360   O serpent aux traits de femme,
Profondément attachée à l'enfer comme le serpent!
O imitation de femme! par ta malice,
Tout ce qui peut confondre la vertu et l'innocence
Est élevé dans ton sein, ce nids de tous les vices!

O Satan, envieux depuis ce jour
Où tu fus chassé de notre héritage,
Tu connais bien la vieille manière de procéder avec les
femmes!
Tu fis qu'Eve nous conduisit à la servitude;
Tu veux détruire ce mariage chrétien.
370   Ainsi fais-tu, hélas!, ton instrument des femmes
Lorsque tu veux tromper.

This Sowdanesse, whom I thus blame and
    warye,
Leet prively hire conseil goon hire way.
What sholde I in this tale lenger tarye?
She rydeth to the Sowdan on a day   375
And seyde hym that she wolde reneye hir lay,
And Cristendom of preestes handes fonge,
Repentynge hire she hethen was so longe;

Bisechynge hym to doon hire that honour
That she moste han the Cristen folk to feeste—
"To plesen hem I wol do my labour."   381
The Sowdan seith, "I wol doon at youre heeste,"
And knelynge thanketh hire of that requeste.
So glad he was he nyste what to seye.
She kiste hir sone, and hoom she gooth hir
    weye.   385

Explicit prima pars. Sequitur pars secunda.

Arryved been this Cristen folk to londe
In Surrye, with a greet solempne route,
And hastifliche this Sowdan sente his sonde
First to his mooder, and al the regne aboute,
And seyde his wyf was comen, out of doute, 390
And preyde hire for to ryde agayn the queene,
The honour of his regne to susteene.

Greet was the prees and riche was th'array
Of Surryens and Romayns met yfeere.
The mooder of the Sowdan, riche and gay, 395
Receyveth hire with also glad a cheere
As any mooder myghte hir doghter deere,
And to the nexte citee ther bisyde
A softe paas solempnely they ryde.

Noght trowe I the triumphe of Julius,   400
Of which that Lucan maketh swich a boost,

401   cette allusion à la Pharsale III 79 est probablement d'origine française.

Notre Sultane, que je blâme et que je maudis,
Laissa partir les gens de son conseil en secret.
Pourquoi m'attarderais-je davantage à cette histoire?
Un jour elle se rendit à cheval chez le Sultan
Et elle lui dit qu'elle voulait renier sa loi
Et recevoir le christianisme des mains d'un prêtre,
Car elle se repentait d'être restée aussi longtemps païenne;

Elle lui demandait de lui faire l'honneur
380 De recevoir les chrétiens pour une fête:
«Je veux m'efforcer de leur plaire», dit-elle.
Le Sultan dit, «Je veux accomplir vos volontés»;
Et, se mettant à genoux, il la remercie de cette requête.
Il était si heureux qu'il ne savait que dire.
Elle embrassa son fils et retourna chez elle.

Explicit prima pars. Sequitur pars secunda.

Les chrétiens ont mis pied sur le sol
De Syrie; leur délégation est grande et solennelle.
En toute hâte notre Sultan envoya son messager,
D'abord auprès de sa mère, et aussi à travers tout le royaume,
390 Et il fit dire que sa femme était bel et bien arrivée,
Et qu'il priait sa mère de venir à la rencontre de la reine
Pour renforcer l'honneur de son royaume.

Grande était la foule, et riche était l'arroi
Des Syriens et des Romains ainsi rassemblés;
La mère du Sultan, riche et épanouie,
La reçoit d'une mine réjouie,
Comme une mère qui reçoit sa fille chérie,
Et ils partent solennellement, d'un pas léger,
Vers la ville voisine, qui était située juste à côté.

400 Je ne crois pas que le triomphe de Jules César,
Dont Lucain est si fier,

Was roialler or moore curius
Than was th'assemblee of this blisful hoost.
But this scorpioun, this wikked goost,
The Sowdanesse, for al hire flaterynge   405
Caste under this ful mortally to stynge.

The Sowdan comth hymself soone after this
So roially that wonder is to telle,
And welcometh hire with alle joye and blis.
And thus in murthe and joye I lete hem dwelle;
The fruyt of this matiere is that I telle.   411
Whan tyme cam, men thoughte it for the
     beste;
The revel stynte and men goon to hir reste.

The tyme cam this olde Sowdanesse
Ordeyned hath this feeste of which I tolde,   415
And to the feeste Cristen folk hem dresse
In general, ye, bothe yonge and olde.
Heere may men feeste and roialtee biholde,
And deyntees mo than I kan yow devyse;
But al to deere they boghte it er they ryse.   420

O sodeyn wo, that evere art successour
To worldly blisse, spreynd with bitternesse,
The ende of the joye of oure worldly labour!
Wo occupieth the fyn of oure gladnesse.
Herke this conseil for thy sikernesse: 425
Upon thy glade day have in thy mynde
The unwar wo or harm that comth bihynde.

For shortly for to tellen, at o word,
The Sowdan and the Cristen everichone
Been al tohewe and stiked at the bord,   430
But it were oonly dame Custance allone.
This olde Sowdanesse, cursed krone,
Hath with hir freendes doon this cursed dede,
For she hirself wolde al the contree lede.

421-27   une autre paraphrase du *De Contemptu Mundi* (cf v.99).

Ne fut plus royal ni plus recherché
Que l'assemblée de cette foule heureuse.
Mais, malgré toutes ses flatteries,
Ce scorpion, cet esprit malin, la Sultane,
Avait choisi ces dehors pour se préparer à piquer mortelle-
ment.

Peu après arrive le Sultan en personne;
Il est si royal que c'est une merveille à raconter,
Et il l'accueille avec grande joie et bonheur.
410   Je les laisse ainsi vivre dans les rires et la joie;
C'est le fruit de cette affaire que je raconte.
Le moment venu, les gens pensèrent que tout était pour le
mieux;
On arrêta les festivités et ils allèrent se reposer.

Vint le moment décidé par cette vieille Sultane
Pour la fête dont je vous ai parlé.
En général tous les chrétiens, jeunes ou vieux,
Se rendent à la fête.
On peut y festoyer et contempler la splendeur royale;
Il y a plus de mets et de boissons que je ne puis vous le dire;
420   Mais ils les payèrent bien trop cher avant de se lever de table.

O malheur soudain, toi qui es toujours le successeur
Du bonheur sur cette terre, lui qui est saupoudré d'amertume!
La fin de la joie de notre labeur terrestre!
Le malheur est au confin de notre joie.
Ecoute ce conseil pour ta sécurité:
Au jour de joie, aie à l'esprit
Le malheur ou la peine qui suivent.

Car, pour le raconter brièvement, en un mot,
Le Sultan et tous les chrétiens
430   Sont tous mis en pièces et poignardés à la table du banquet:
Tous sauf la seule Dame Constance.
Cette vieille Sultane, cette maudite créature,
A accompli cet acte maudit avec ses amis
Parce qu'elle voulait diriger tout le pays elle-même.

Ne was ther Surryen noon that was converted,
That of the conseil of the Sowdan woot,   436
That he nas al tohewe er he asterted.
And Custance han they take anon, foot-hoot,
And in a ship al steerelees, God woot,
They han hir set, and bidde hire lerne saille 440
Out of Surrye agaynward to Ytaille.

A certein tresor that she with hire ladde,
And, sooth to seyn, vitaille greet plentee
They han hire yeven, and clothes eek she
    hadde,
And forth she sailleth in the salte see.   445
O my Custance, ful of benignytee,
O Emperoures yonge doghter deere,
He that is Lord of Fortune be thy steere!

She blesseth hire, and with ful pitous voys
Unto the croys of Crist thus seyde she,   450
"O cleere, o welful auter, hooly croys,
Reed of the Lambes blood ful of pitee,
That wessh the world fro the olde iniquitee,
Me fro the feend and fro his clawes kepe,
That day that I shal drenchen in the depe.   455

Victorious tree, proteccioun of trewe,
That oonly worthy were for to bere
The Kyng of Hevene with his woundes newe,
The white Lamb, that hurt was with a spere,
Flemere of feendes out of hym and here   460
On which thy lymes feithfully extenden,
Me helpe, and yif me myght my lyf
    t'amenden."

   Yeres and dayes fleet this creature
Thurghout the See of Grece unto the Strayte
Of Marrok, as it was hire aventure;   465

449-62   cette invocation à la Croix ne se trouve pas chez Trivet.

Tous les Syriens qui s'étaient convertis
Après avoir appris ce qui s'était passé au conseil du Sultan,
Furent mis en pièces avant de pouvoir s'échapper.
On s'empara de Constance sur-le-champ,
On la mit dans un bateau sans gouvernail, Dieu m'est témoin,
440   Et on lui dit d'apprendre à faire voile
Pour quitter la Syrie et se rendre en Italie.

On lui donna un certain trésor qu'elle avait apporté,
Ainsi que -pour tout dire- une grande quantité de victuailles;
Elle avait également des vêtements,
Et la voilà qui fait voile sur la mer salée!
O ma Constance, pleine de bonté,
O jeune fille chérie de l'Empereur,
Que celui qui est le Seigneur de la Fortune soit ton gouver-
nail!

Elle se signe et, d'une voix toute pitoyable,
450   Elle dit ceci à la croix du Christ:
«O autel étincelant et bienfaisant, o sainte croix,
Rouge du sang de l'Agneau plein de pitié,
Qui lava le monde de la vieille iniquité,
Garde-moi du démon et de ses griffes
Le jour où je serai noyée dans la mer profonde.

Arbre victorieux, protection des fidèles,
Qui fut seul digne de porter
Le Roi du Ciel avec ses blessures toutes fraîches,
L'Agneau blanc qui fut blessé d'une lance,
460   Toi qui chasses les démons de celui ou de celle
Sur qui s'ouvrent fidèlement tes bras,
Aide-moi et donne-moi la force d'amender ma vie.»

Cette pauvre créature vogua pendant des jours et des
années
A travers la mer de Grèce jusqu'au Détroit
Du Maroc, suivant son destin.

On many a sory meel now may she bayte;
After hir deeth ful often may she wayte,
Er that the wilde wawes wol hire dryve
Unto the place ther she shal arryve.   469

Men myghten asken why she was nat slayn
Eek at the feeste, who myghte hir body save?
And I answere to that demande agayn,
Who saved Danyel in the horrible cave
Ther every wight save he, maister and knave,
Was with the leon frete er he asterte?   475
No wight but God, that he bar in his herte.

God liste to shewe his wonderful myracle
In hire, for we sholde seen his myghty werkis.
Crist, which that is to every harm triacle,
By certeine meenes ofte, as knowen clerkis,   480
Dooth thyng for certein ende that ful derk is
To mannes wit, that for oure ignorance
Ne konne noght knowe his prudent
          purveiance.

Now sith she was nat at the feeste yslawe,
Who kepte hire fro the drenchyng in the see?
Who kepte Jonas in the fisshes mawe   486
Til he was spouted up at Nynyvee?
Wel may men knowe it was no wight but he
That kepte the peple Ebrayk from hir
          drenchynge,
With drye feet thurghout the see passynge.   490

Who bad the foure spirites of tempest
That power han t'anoyen lond and see,
Bothe north and south and also west and est,
"Anoyeth, neither see, ne land, ne tree"?

470-504 pas dans Trivet; les allusions à David et à Jonas ainsi que, plus loin, à Marie
l'Egyptienne, à l'épisode de la multiplication des pains, à l'histoire de Suzanne
et des vieillards, etc... sont des thèmes bien connus des crédos épiques. Ce qui
est original ici, c'est leur présentation. On trouvera une forte documentation

Elle dut manger de bien tristes repas;
Elle dut bien souvent espérer la mort
Avant que les vagues sauvages n'acceptassent de la mener
A l'endroit où elle va arriver.

470 On pourrait se demander pourquoi elle ne fut pas tuée
Elle aussi lors de la fête. Qui put sauver son corps?
Je répondrai à cette question:
Qui sauva Daniel dans l'horrible grotte
Où chaque être, maître ou valet,
Fut dévoré par le lion avant de (pouvoir) s'enfuir, tandis que lui pas?
Personne, sinon Dieu qu'il portait dans son cœur.

Il plut à Dieu de montrer son merveilleux miracle
En elle, pour nous faire voir ses puissantes œuvres;
Le Christ, qui est le remède à tout mal,
480 Exécute souvent par certains moyens - comme le savent les hommes de lettres-
Des choses dont les fins sont obscures
A l'esprit humain qui, à cause de notre ignorance,
Ne peut reconnaître sa prudente providence.

 Mais, comme elle ne fut pas tuée pendant le fête,
Qui la protégea de la noyade dans la mer?
Qui protégea Jonas dans le ventre du poisson
Jusqu'à ce qu'il fût recraché à Ninive?
On peut bien savoir que ce n'était nul autre que celui
Qui protégea le peuple hébreu de la noyade,
490 Lors du passage de la mer à pied sec.

 Qui donna cet ordre aux quatre esprits de la tempête
Qui ont pouvoir de perturber terre et mer,
Au nord comme au sud, et aussi à l'ouest et à l'est:
«Ne perturbez ni mer, ni terre, ni arbre»?

bibliographique sur le sujet dans Jacques De Caluwé, «La 'prière épique' dans les plus anciennes chansons de geste françaises», *Marche Romane, Mediaevalia 76*, Liège, 1976, pp. 97-114. J'espère me pencher ailleurs sur le problème de l'utilisation faite par Chaucer.

Soothly, the comandour of that was he   495
That fro the tempest ay this womman kepte
As wel whan she wook as whan she slepte.

  Where myghte this womman mete and
     drynke have
Thre yeer and moore? How lasteth hire vitaille?
Who fedde the Egipcien Marie in the cave,   500
Or in desert? No wight but Crist, sanz faille.
Fyve thousand folk it was as greet mervaille
With loves fyve and fisshes two to feede.
God sente his foyson at hir grete neede.

  She dryveth forth into oure occian   505
Thurghout oure wilde see, til atte laste
Under an hoold that nempnen I ne kan
Fer in Northhumberlond the wawe hire caste,
And in the sond hir ship stiked so faste
That thennes wolde it noght of al a tyde;   510
The wyl of Crist was that she sholde abyde.

  The constable of the castel doun is fare
To seen this wrak, and al the ship he soghte,
And foond this wery womman ful of care;
He foond also the tresor that she broghte.   515
In hir langage mercy she bisoghte,
The lyf out of hire body for to twynne,
Hire to delivere of wo that she was inne.

  A maner Latyn corrupt was hir speche,
But algates therby was she understonde.   520
The constable, whan hym lyst no lenger seche,
This woful womman broghte he to the londe.
She kneleth doun and thanketh Goddes sonde;
But what she was she wolde no man seye,
For foul ne fair, thogh that she sholde deye. 525

She seyde she was so mazed in the see

En vérité, celui qui donna cet ordre était celui
Qui protégea toujours cette femme de la tempête,
Quand elle veillait comme quand elle dormait.

Où put cette femme trouver à manger et à boire
Pendant trois ans et plus? Comment ses victuailles durerèrent-
elles?
500 Qui nourrit Marie l'Egyptienne dans sa grotte
Ou dans le désert? Personne d'autre que le Christ, bien sûr.
Ce fut une aussi grande merveille de nourrir cinq mille
personnes
Avec cinq pains et deux poissons.
Dieu répondit à leur grand besoin en envoyant une foison (de
nourriture).

Elle pénétra dans notre océan
A travers notre mer sauvage, jusqu'à ce que enfin,
La vague la jetât aux pieds d'une forteresse que je ne puis
nommer,
Loin en Northumbrie.
Son bateau s'enlisa si profondément dans le sable
510 Qu'il ne put en repartir, même à marée haute;
La volonté du Christ était qu'elle restât là.

Le connétable du château est descendu
Voir cette épave; il fouilla le bateau de fond en comble
Et découvrit notre femme épuisée et dans le plus grand des
tourments;
Il découvrit également le trésor qu'elle apportait.
Dans sa langue, elle implora sa pitié:
Qu'il sépare la vie de son corps
Pour la délivrer du malheur dans lequel elle était.

Sa langue était une sorte de latin corrompu,
520 Mais néanmoins c'est ainsi qu'elle se fit comprendre.
Quand le connétable ne souhaita plus fouiller davantage,
Il amena cette malheureuse femme à terre.
Elle se mit à genoux et remercia ce messager de Dieu;
Mais elle ne voulut dire à personne ce qu'elle était,
Que ce fût par belle ou par laide: elle méprisait la mort.

Elle dit qu'elle s'était tellement trouvée hébétée en mer

That she forgat hir mynde, by hir trouthe.
The constable hath of hire so greet pitee,
And eek his wyf, that they wepen for routhe.
She was so diligent, withouten slouthe,   530
To serve and plesen everich in that place
That alle hir loven that looken in hir face.

   This constable and dame Hermengyld, his
     wyf,
Were payens, and that contree everywhere;
But Hermengyld loved hire right as hir lyf,   535
And Custance hath so longe sojourned there,
In orisons, with many a bitter teere,
Til Jhesu hath converted thurgh his grace
Dame Hermengyld, constablesse of that place.

In al that lond no Cristen dorste route;   540
Alle Cristen folk been fled fro that contree
Thurgh payens that conquereden al aboute
The plages of the north by land and see.
To Walys fledde the Cristyanytee
Of olde Britons dwellynge in this ile;   545
Ther was hir refut for the meene while.

But yet nere Cristene Britons so exiled
That ther nere somme that in hir privetee
Honoured Crist and hethen folk bigiled,
And ny the castel swiche ther dwelten three. 550
That oon of hem was blynd and myghte nat see,
But it were with thilke eyen of his mynde
With whiche men seen, whan that they ben
     blynde.

   Bright was the sonne as in that someres day,
For which the constable and his wyf also   555
And Custance han ytake the righte way
Toward the see a furlong wey or two,
To pleyen and to romen to and fro.

557   un furlong = 220 yards.

Qu'elle en avait perdu la mémoire; elle en donna sa parole.
Le connétable et son épouse eurent tellement pitié d'elle
Qu'ils pleurèrent de compassion.
530   Elle était si empressée -tellement peu paresseuse-
Pour servir et plaire à tout le monde en ce lieu
Que tous ceux qui regardaient son visage l'aimaient.

    Notre connétable et sa femme, Dame Hermengilde,
Etaient païens; il en était de même de la contrée.
Mais Hermengilde l'aimait comme sa propre vie,
Et Constance passa là-bas tellement de temps
En oraisons, avec maintes larmes amères,
Que Jésus, par sa grâce, finit par convertir
Dame Hermengilde, la femme du connétable de l'endroit.

540   Dans tout ce pays les chrétiens n'osaient s'assembler;
Ils avaient tous fui la région
A cause des païens qui avaient conquis
Toutes les plages du nord, par terre et par mer.
Au Pays de Galles s'était enfuie le communauté chrétienne
Des anciens Bretons qui habitaient dans cette île;
C'est là qu'ils avaient trouvé refuge pendant ce temps.

Mais cependant, tous les Bretons chrétiens n'étaient pas en
exil:
Il en restait quelques-uns qui en secret
Honoraient le Christ en trompant le peuple païen,
550   Et trois de ces personnes vivaient près du château.
L'un d'eux était aveugle et ne pouvait voir
Que par les yeux de son esprit,
Par lesquels voient les hommes qui sont aveugles.

    Le soleil brillait par ce jour d'été,
C'est pourquoi le connétable, sa femme
Et Constance prirent le chemin qui menait directement
A la mer -à une distance d'un furlong ou deux -
Pour folâtrer et vagabonder;

And in hir walk this blynde man they mette,
Croked and oold, with eyen faste yshette.   560

"In name of Crist," cride this blinde Britoun,
"Dame Hermengyld, yif me my sighte agayn!"
This lady weex affrayed of the soun,
Lest that hir housbonde, shortly for to sayn,
Wolde hire for Jhesu Cristes love han slayn, 565
Til Custance made hire boold, and bad hire
    wirche
The wyl of Crist, as doghter of his chirche.

   The constable weex abasshed of that sight,
And seyde, "What amounteth al this fare?"
Custance answerde, "Sire, it is Cristes myght,
That helpeth folk out of the feendes snare."   571
And so ferforth she gan oure lay declare
That she the constable, er that it was eve,
Converteth, and on Crist maketh hym bileve.

This constable was nothyng lord of this place
Of which I speke, ther he Custance fond,   576
But kepte it strongly many wyntres space
Under Alla, kyng of al Northhumbrelond,
That was ful wys and worthy of his hond
Agayn the Scottes, as men may wel heere.   580
But turne I wole agayn to my mateere.

   Sathan, that evere us waiteth to bigile,
Saugh of Custance al hire perfeccioun,
And caste anon how he myghte quite hir while,
And made a yong knyght that dwelte in that
    toun   585
Love hire so hoote of foul affeccioun
That verraily hym thoughte he sholde spille
But he of hire myghte ones have his wille.

He woweth hire, but it availleth noght;

578   Alla, roi du Deira (Northumbrie) au VIème siècle.

Pendant leur promenade ils rencontrèrent cet aveugle,
560   Voûté et vieux, les yeux fermement clos.

«Par le nom du Christ», cria ce Breton aveugle,
«Dame Hermengilde, rends-moi la vue!»
A ces mots, la femme fut effrayée;
Pour le dire brièvement, elle avait peur que son mari
Ne voulût la tuer parce qu'elle aimait le Christ.
(Cela dura) jusqu'à ce que Constance la rendît téméraire;
Elle lui ordonna de faire la volonté de Dieu puisqu'elle était
fille de son Eglise.

Le connétable fut tout décontenancé de voir cela;
Il dit: «A quoi rime tout ceci?»
570   Constance répondit: «Seigneur, c'est la puissance du Christ,
Qui aide les hommes à sortir du piège du malin.»
Et elle continua à faire une si belle déclaration de notre loi
Qu'avant le soir elle convertit le connétable
Et elle lui fit croire au Christ.

Notre connétable n'était pas du tout le seigneur de l'endroit
Dont je vous parle: celui où on avait trouvé Constance;
Mais, depuis maintes années, il le défendait avec fermeté,
Sous le règne d'Alla, roi de Northumbrie,
Qui était très sage, et dont le bras avait été digne
580   (Dans les combats) contre les Ecossais, suivant les récits qui
en sont faits.
Mais je veux m'en retourner à mon sujet.

Satan, qui est toujours à l'affût pour nous tromper,
Vit toute la perfection de Constance
Et organisa sa vengeance sur-le-champ.
Il la fit aimer d'un jeune chevalier qui habitait la ville;
Son amour débordait tellement de passion impure
Qu'il pensait vraiment qu'il mourrait
S'il ne pouvait une fois faire d'elle ce qu'il voulait.

Il la courtise, mais cela ne sert à rien;

She wolde do no synne, by no weye. 590
And for despit he compassed in his thoght
To maken hire on shameful deeth to deye.
He wayteth whan the constable was aweye,
And pryvely upon a nyght he crepte
In Hermengyldes chambre, whil she slepte. 595

Wery, forwaked in hire orisouns,
Slepeth Custance and Hermengyld also.
This knyght, thurgh Sathanas temptaciouns,
Al softely is to the bed ygo,
And kitte the throte of Hermengyld atwo, 600
And leyde the blody knyf by dame Custance,
And wente his wey, ther God yeve hym
      meschance!

Soone after cometh this constable hoom
      agayn,
And eek Alla, that kyng was of that lond,
And saugh his wyf despitously yslayn, 605
For which ful ofte he weep and wroong his hond.
And in the bed the blody knyf he fond
By dame Custance. Allas, what myghte she
      seye?
For verray wo hir wit was al aweye.

To Kyng Alla was toold al this meschance, 610
And eek the tyme, and where, and in what wise
That in a ship was founden dame Custance,
As heerbiforn that ye han herd devyse.
The kynges herte of pitee gan agryse
Whan he saugh so benigne a creature 615
Falle in disese and in mysaventure.

For as the lomb toward his deeth is broght,
So stant this innocent bifore the kyng.
This false knyght, that hath this tresoun wroght,
Berth hire on hond that she hath doon thys
      thyng. 620

590   Elle ne voulait commettre aucun péché, et d'aucune façon.
De dépit, il fit le projet, dans son esprit,
De la faire mourir de mort honteuse.
Il attendit que le connétable fût parti,
Et en cachette, une nuit, il s'introduisit
Dans la chambre d'Hermengilde pendant qu'elle dormait.

   Lasses, tombées endormies après leurs oraisons,
Constance et Hermengilde dorment.
Sous la tentation de Satan, le chevalier
Alla doucement vers le lit,
600   Coupa la gorge d'Hermengilde en deux,
Laissa le couteau ensanglanté près de Dame Constance,
Et alla ensuite son chemin; la male chance de Dieu l'y
accompagne!

   Peu après notre connétable revint à la maison
Avec Alla, qui était roi du pays,
Et il vit sa femme cruellement tuée;
Il en pleura violemment et se tordit les mains.
Il trouva dans le lit le couteau ensanglanté
Près de Dame Constance. Hélas! que pouvait-il dire?
Son esprit était tout égaré de vraie détresse.

610   Toute cette male chance fut racontée au roi Alla,
Ainsi que le moment, le lieu et la manière
Dont Constance avait été trouvée dans un bateau,
Comme vous venez de l'entendre raconter.
Le cœur du roi fut tout ému de pitié
Lorsqu'il vit une aussi douce créature
Tomber dans ces souffrances, le destin s'acharnant sur elle.

Car cette innocente se tenait devant le roi
Comme l'agneau qui est conduit à la mort.
Le chevalier fourbe, auteur de cette trahison,
620   L'accuse d'avoir fait cette chose.

But nathelees, ther was greet moornyng
Among the peple, and seyn they kan nat gesse
That she had doon so greet a wikkednesse,

For they han seyn hire evere so vertuous,
And lovynge Hermengyld right as hir lyf.   625
Of this baar witnesse everich in that hous,
Save he that Hermengyld slow with his knyf.
This gentil kyng hath caught a greet motyf
Of this witnesse, and thoghte he wolde enquere
Depper in this, a trouthe for to lere.   630

   Allas, Custance, thou hast no champioun,
Ne fighte kanstow noght, so weylaway!
But he that starf for oure redempcioun,
And boond Sathan—and yet lith ther he
     lay—
So be thy stronge champion this day.   635
For, but if Crist open myracle kithe,
Withouten gilt thou shalt be slayn as swithe.

She sette hire doun on knees, and thus she sayde,
"Immortal God, that savedest Susanne
Fro false blame, and thou, merciful mayde,   640
Marie I meene, doghter of Seint Anne,
Bifore whos child angeles synge Osanne,
If I be giltlees of this felonye,
My socour be, for ellis shal I dye!"

   Have ye nat seyn somtyme a pale face   645
Among a prees, of hym that hath be lad
Toward his deeth, wher as hym gat no grace,
And swich a colour in his face hath had,
Men myghte knowe his face that was bistad
Amonges alle the faces in that route?   650
So stant Custance, and looketh hire aboute.

   O queenes, lyvynge in prosperitee,
Duchesses, and ye ladyes everichone,
Haveth som routhe on hire adversitee!

Pourtant, les gens menaient grand deuil
Et disaient qu'ils ne pouvaient croire
Qu'elle avait commis une telle vilenie.

Car ils l'avaient toujours vue si vertueuse,
Et (ils savaient qu'elle) aimait Hermengilde comme elle-même.
Tous les gens de la maison en portèrent témoignage,
Sauf celui qui avait tué Hermengilde de son couteau.
Notre noble roi fut fortement ébranlé
Par ce témoignage; il pensa qu'il devait mener son enquête
630   Sur cette affaire afin d'apprendre la vérité.

Hélas! Constance, tu n'as pas de champion,
Et tu ne peux pas combattre; quel malheur!
Mais que celui qui mourut pour notre rédemption
Et qui lia Satan (qui gît toujours là où il gisait)
Soit en ce jour ton puissant champion!
Car, à moins que le Christ ne fasse un miracle évident,
Tu seras mise à mort sur-le-champ, bien que tu ne sois pas
coupable.

Elle se mit à genoux et dit ces mots:
«Dieu immortel, qui sauvas Suzanne
640   Du blâme injuste, et toi, vierge pleine de pitié,
Je veux dire Marie, fille de sainte Anne,
Devant l'enfant de qui les anges chantent hosanna,
Si je suis innocente de cette félonie,
Sois mon secours, car autrement je devrai mourir!»

N'avez-vous jamais vu parmi la foule
Le visage pâle de celui que l'on conduit à la mort
Parce qu'il n'a pas obtenu la grâce?
Son visage a une telle couleur
Que l'on pourrait désigner son visage déclaré coupable
650   Parmi tous les visages du cortège.
Voilà comment était Constance, et elle regardait autour d'elle.

O vous reines, qui vivez dans la prospérité,
Et vous, duchesses, et vous toutes les gentes dames,
Ayez quelque pitié pour son adversité!

An Emperoures doghter stant allone;   655
She hath no wight to whom to make hire mone.
O blood roial, that stondest in this drede,
Fer been thy freendes at thy grete nede!

   This Alla kyng hath swich compassioun,
As gentil herte is fulfild of pitee,   660
That from his eyen ran the water doun.
"Now hastily do fecche a book," quod he,
"And if this knyght wol sweren how that she
This womman slow, yet wol we us avyse
Whom that we wole that shal been oure
      justise."   665

A Britoun book written with Evaungiles
Was fet, and on this book he swoor anoon
She gilty was. And in the meene whiles,
An hand hym smoot upon the nekke-boon,
That doun he fil atones as a stoon,   670
And bothe his eyen broste out of his face
In sighte of everybody in that place.

   A voys was herd in general audience,
And seyde, "Thou hast desclaundred, giltelees,
The doghter of hooly chirche in heigh presence;
Thus hastou doon, and yet holde I my pees?"   676
Of this mervaille agast was al the prees;
As mazed folk they stoden everichone
For drede of wreche, save Custance allone.

   Greet was the drede and eek the repentance
Of hem that hadden wrong suspecioun   681
Upon this sely innocent, Custance.
And for this miracle, in conclusioun,
And by Custances mediacioun,
The kyng, and many another in that place,   685
Converted was, thanked be Cristes grace!

   This false kynght was slayn for his untrouthe
By juggement of Alla hastifly;

Une fille d'empereur est là seule;
Elle n'a personne à qui adresser sa plainte;
O sang royal qui se trouve dans cette terreur,
Loin sont tes amis au moment où tu en as grand besoin!

660   Le roi Alla a tellement de commisération,
- Un noble cœur déborde de pitié -
Que de ses yeux coulaient des larmes.
«Allez vite chercher un livre», dit-il,
«Et si ce chevalier veut jurer que c'est bien elle
Qui a tué cette femme, alors nous aviserons
(Pour dire) qui nous désignerons comme juge.»

On s'en fut quérir un livre breton qui contenait les Evangiles,
Et sur ce livre il jura immédiatement
Qu'elle était coupable; à l'instant même,
Une main le frappa sur la nuque,
670 Il tomba comme une pierre, sur-le-champ,
Et ses deux yeux jaillirent de son visage
Devant tous les gens qui étaient en cet endroit.

Une voix se fit entendre dans toute l'assemblée;
Elle disait: «Tu as calomnié, alors qu'elle était innocente,
La fille de la sainte Eglise, en haute présence;
Voilà ce que tu as fait, et est-ce que je me tais?»
Toute la foule était atterrée par ce miracle;
Tous étaient frappés de stupeur;
Tous, sauf Constance, étaient effrayés à l'idée de la vengeance.

680   Grande fut la peur et aussi le repentir
De ceux qui avaient émis des soupçons non fondés
Sur Constance, cette sainte innocente.
En conclusion, à cause de ce miracle
Et grâce à la médiation de Constance,
Le roi -et beaucoup d'autres personnes de cet endroit-
Fut converti; que la grâce du Christ en soit remerciée!

Le chevalier fourbe fut mis à mort pour son mensonge,
Après un jugement hâtif d'Alla;

And yet Custance hadde of his deeth greet
    routhe.
And after this Jhesus, of his mercy,   690
Made Alla wedden ful solempnely
This hooly mayden, that is so bright and sheene;
And thus hath Crist ymaad Custance a queene.

But who was woful, if I shal nat lye,
Of this weddyng but Donegild, and namo,   695
The kynges mooder, ful of tirannye?
Hir thoughte hir cursed herte brast atwo.
She wolde noght hir sone had do so;
Hir thoughte a despit that he sholde take
So strange a creature unto his make.   700

   Me list nat of the chaf, ne of the stree,
Maken so long a tale as of the corn.
What sholde I tellen of the roialtee
At mariage; or which cours goth biforn;
Who bloweth in a trumpe or in an horn?   705
The fruyt of every tale is for to seye
They ete, and drynke, and daunce, and synge,
    and pleye.

They goon to bedde, as it was skile and right;
For thogh that wyves be ful hooly thynges,
They moste take in pacience at nyght   710
Swiche manere necessaries as been plesynges
To folk that han ywedded hem with rynges,
And leye a lite hir hoolynesse aside,
As for the tyme—it may no bet bitide.

On hire he gat a knave child anon,   715
And to a bisshop and his constable eke
He took his wyf to kepe, whan he is gon
To Scotlond-ward, his foomen for to seke.
Now faire Custance, that is so humble and
    meke,
So longe is goon with childe til that stille   720
She halt hire chambre, abidyng Cristes wille.

Et cependant Constance eut beaucoup de peine de sa mort.
690 Et après ceci, Jésus, dans sa miséricorde,
Fit qu'Alla épousa en grande pompe
Cette sainte vierge, qui était si brillante et si étincelante;
Et c'est ainsi que le Christ fit une reine de Constance.

Mais, pour ne pas mentir, qui fut triste
De ce mariage? Donegilde et personne d'autre:
C'était la mère du roi et elle était très tyrannique.
Il lui sembla que son cœur maudit se déchirait.
Elle ne voulait pas voir son fils agir de la sorte.
Elle trouvait dégradant qu'il eût pris pour épouse
700 Une créature aussi étrange.

Je n'ai pas envie de faire de la balle ou de la paille
Un conte aussi long que du grain lui-même.
Pourquoi irais-je conter la splendeur royale
Lors de ce mariage, ou encore, pourquoi parlerais-je du
cortège qui précédait?
Qui sonne de la trompette ou du cor?
C'est le fruit de chaque conte qu'il faut dire:
Ils mangent, boivent, dansent, chantent et jouent.

Ils vont au lit, comme cela était normal et juste;
Car bien que les femmes soient de très saintes choses,
710 La nuit venue, elles doivent accepter avec patience
Toutes les choses nécessaires au bon plaisir
Des hommes qui les ont épousées en leur mettant la bague au
doigt,
Et elles doivent un peu oublier leur sainteté à ce moment,
On ne peut mieux faire.

D'elle il eut tout de suite un enfant de sexe masculin;
C'est à un évêque et à son connétable
Qu'il alla confier sa femme lorsqu'il partit
Pour l'Ecosse à la rencontre de ses ennemis.
La jolie Constance, qui est si humble et si douce,
720 Est enceinte depuis si longtemps qu'elle garde
Constamment la chambre, attendant la volonté de Dieu.

The tyme is come a knave child she beer;
Mauricius at the font-stoon they hym calle.
This constable dooth forth come a messageer,
And wroot unto his kyng, that cleped was
   Alle,
How that this blisful tidyng is bifalle,   726
And othere tidynges spedeful for to seye.
He taketh the lettre, and forth he gooth his
   weye.

This messager, to doon his avantage,
Unto the kynges mooder rideth swithe,   730
And salueth hire ful faire in his langage.
"Madame," quod he, "ye may be glad and
   blithe,
And thanketh God an hundred thousand sithe.
My lady queene hath child, withouten doute,
To joye and blisse to al this regne aboute.   735

"Lo, heere the lettres seled of this thyng,
That I moot bere with al the haste I may.
If ye wol aught unto youre sone the kyng,
I am youre servant, bothe nyght and day."
Donegild answerde, "As now at this tyme, nay;
But heere al nyght I wol thou take thy reste. 741
Tomorwe wol I seye thee what me leste."

This messager drank sadly ale and wyn,
And stolen were his lettres pryvely
Out of his box, whil he sleep as a swyn;   745
And countrefeted was ful subtilly
Another lettre, wroght ful synfully,
Unto the kyng direct, of this mateere,
Fro his constable, as ye shal after heere.

The lettre spak the queene delivered was   750

743   *sadly* doit avoir le sens que je lui attribue dans ma traduction, et non celui
donné par Fisher. Chaucer veut souligner les méfaits de l'alcoolisme, qui
seront développés vv. 771-77.

Son temps est arrivé et elle met au monde un enfant de sexe
masculin;
On l'appelle Maurice sur les fonts baptismaux.
Le connétable fait venir un messager,
Et écrit au roi, qui s'appelait Alla,
Que l'heureux événement est arrivé;
Il y ajoute quelques nouvelles utiles à communiquer.
Le messager prend la lettre et se met en route.

    Le messager, qui y voyait son profit,
730 Part au galop chez la mère du roi
Et la salue très élégamment dans sa langue:
«Madame», dit-il, «vous pouvez être contente et heureuse,
Et remercier Dieu cent mille fois!
Madame la reine vient de mettre un enfant au monde, c'est
certain,
Pour la joie et le bonheur de tout le royaume à l'alentour.

Voyez, voici les lettres scellées qui racontent cet événement;
Je dois les porter avec la plus grande hâte possible.
Si vous pensez à quelque chose pour le roi votre fils,
Je suis votre serviteur, nuit et jour.»
740 Donegilde répondit: «non, pas maintenant,
Mais je veux que tu te reposes ici cette nuit.
Je te dirai demain ce qu'il me plaît (que tu fasses).»

    Notre messager but quantité de bière et de vin, c'était un
triste spectacle.
Et, pendant qu'il dormait comme un porc, ses lettres furent
dérobées
De sa boite en cachette.
Une autre lettre fut très habilement contrefaite.
Elaborée dans le péché,
Elle était adressée au roi par son connétable;
Elle lui rapportait cette affaire dans les termes que vous allez
entendre.

750 La lettre disait que la reine avait mis au monde

Of so horrible a feendly creature
That in the castel noon so hardy was
That any while dorste ther endure.
The mooder was an elf, by aventure
Ycomen—by charmes or by sorcerie—   755
And everich wight hateth hir compaignye.

Wo was this kyng whan he this lettre had
    sayn,
But to no wight he tolde his sorwes soore,
But of his owene hand he wroot agayn,
"Welcome the sonde of Crist for everemoore
To me that am now lerned in his loore.   761
Lord, welcome be thy lust and thy plesaunce;
My lust I putte al in thyn ordinaunce.

"Kepeth this child, al be it foul or feir,
And eek my wyf, unto myn hoom-comynge.
Crist, whan hym list, may sende me an heir 766
Moore agreable than this to my likynge."
This lettre he seleth, pryvely wepynge,
Which to the messager was take soone,
And forth he gooth; ther is na moore to doone.

O messager, fulfild of dronkenesse,   771
Strong is thy breeth, thy lymes faltren ay,
And thou biwreyest alle secreenesse.
Thy mynde is lorn, thou janglest as a jay,
Thy face is turned in a newe array.   775
Ther dronkenesse regneth in any route,
Ther is no conseil hyd, withouten doute.

O Donegild, I ne have noon Englissh digne
Unto thy malice and thy tirannye!
And therfore to the feend I thee resigne; 780
Lat hym enditen of thy traitorie!
Fy, mannysh, fy!—O nay, by God, I lye—
Fy, feendlych spirit, for I dar wel telle

771-77   cette strophe est empruntée au *De Contemptu Mundi*.

Une créature monstrueuse et si horrible
Que personne au château n'avait eu le courage
D'endurer le spectacle.
Il se faisait que la mère était une fée,
Arrivée là par les charmes de la sorcellerie,
Et tout le monde détestait sa compagnie.

Quand il lut cette lettre, le roi fut désespéré;
Il ne raconta ses amères tourments à personne,
Mais, de sa propre main il répondit:
760 «Que ce qui m'est envoyé par le Christ soit toujours
Accepté par moi qui suis maintenant informé de sa doctrine!
Seigneur, que ta volonté et ton plaisir soient les bienvenus;
Je mets toute ma volonté sous tes ordres.

«Gardez cet enfant, qu'il soit hideux ou beau,
Ainsi que ma femme, jusqu'à mon retour à la maison.
Quand cela plaira au Christ, il m'enverra un héritier
Plus agréable à mon goût que celui-ci».
Il scelle la lettre en pleurant en secret;
Elle fut bientôt portée au messager,
770 Qui s'en va; il n'y a rien d'autre à faire.

O messager rempli d'ivresse,
Forte est ton haleine, tes membres sont toujours tremblants,
Et tu trahis tous les secrets.
Ton esprit est égaré, tu jases comme une pie,
Ton visage est tout transformé.
Quand l'ivresse règne dans une société,
Il est certain qu'aucun secret ne reste caché.

O Donegilde, mon anglais n'est pas digne
De ta malice et de ta tyrannie!
780 Aussi je t'abandonne au démon;
Qu'il raconte ta traîtrise!
Fi, femme hommasse, fi! -O non, par Dieu, je mens-
Fi, esprit malin: j'ose le dire,

Thogh thou heere walke thy spirit is in helle.

This messager comth fro the kyng agayn, 785
And at the kynges moodres court he lighte,
And she was of this messager ful fayn,
And plesed hym in al that ever she myghte.
He drank and wel his girdel underpighte;
He slepeth and he fnorteth in his gyse 790
Al nyght, til the sonne gan aryse.

Eft were his lettres stolen everychon,
And countrefeted lettres in this wyse:
"The king comandeth his constable anon,
Up peyne of hangyng, and on heigh juyse, 795
That he ne sholde suffren in no wyse
Custance in-with his reawme for t'abyde
Thre dayes and o quarter of a tyde.

"But in the same ship as he hire fond,
Hire, and hir yonge sone, and al hir geere, 800
He sholde putte, and croude hire fro the lond,
And chargen hire that she never eft coome
      theere."
O my Custance, wel may thy goost have feere,
And slepynge, in thy dreem, been in penance,
Whan Donegild cast al this ordinance. 805

This messager on morwe whan he wook
Unto the castel halt the nexte way,
And to the constable he the lettre took.
And whan that he this pitous lettre say,
Ful ofte he seyde "allas" and "weylaway." 810
"Lord Crist," quod he, "how may this world
      endure,
So ful of synne is many a creature?

"O myghty God, if that it be thy wille,

804   le thème des rêves prémonitoires est très fréquent chez Chaucer; on se
souviendra du NPT.

Bien que tu sois sur terre, ton esprit est en enfer!

    Le messager revint de chez le roi
Et il s'arrêta à la cour de la reine mère;
Elle fut très contente de (revoir) le messager,
Et fit tout son possible pour lui plaire;
Il but, et dut détacher sa ceinture;
790   Puis il dormit et ronfla à son aise
Toute la nuit, jusqu'au lever du soleil.

Toutes ses lettres furent à nouveau volées;
Elles furent contrefaites de la manière suivante:
«Le roi intima l'ordre à son connétable
De n'accepter sous aucun prétexte
Que Constance séjournât dans son royaume
Plus de trois jours et un quart de marée,
Et cela sous peine d'être pendu par justice souveraine.

«Il devait les mettre, elle, son jeune fils et tous ses biens,
800   Dans le bateau où il l'avait trouvée,
La pousser loin de la terre,
Et lui ordonner de ne jamais plus y revenir.»
O ma Constance, je ne m'étonne pas que ton âme soit inquiète,
Et que, quand tu dors, tu fasses de mauvais rêves,
Puisque Donegilde a donné tous ces ordres.

    Quand il s'éveilla le matin, le messager
Prit le plus proche chemin du château,
Et remit la lettre au connétable;
Quand celui-ci vit cette lettre lamentable,
810   Il répéta bon nombre de fois: «Hélas! malheur!,
Seigneur Christ», dit-il, «comment le monde peut-il continuer à exister
Alors que tant de créatures sont pleines de péchés?

    «O Dieu puissant, si telle est ta volonté,

813-26   pas dans Trivet.

Sith thou art rightful juge, how may it be
That thou wolt suffren innocentz to spille,   815
And wikked folk regnen in prosperitee?
O goode Custance, allas, so wo is me
That I moot be thy tormentour or deye
On shames deeth; ther is noon oother weye."

Wepen bothe yonge and olde in al that
    place
Whan that the kyng this cursed lettre sente, 821
And Custance, with a deedly pale face,
The ferthe day toward hir ship she wente.
But nathelees she taketh in good entente   824
The wyl of Crist, and knelynge on the stronde
She seyde, "Lord, ay welcome be thy sonde!

"He that me kepte fro the false blame
While I was on the lond amonges yow,
He kan me kepe from harm and eek fro shame
In salte see, althogh I se noght how.   830
As strong as evere he was, he is yet now.
In hym triste I, and in his mooder deere,
That is to me my seyl and eek my steere."

Hir litel child lay wepyng in hir arm,
And knelynge, pitously to hym she seyde, 835
"Pees, litel sone, I wol do thee noon harm."
With that hir coverchief of hir heed she
    breyde,
And over his litel eyen she it leyde,
And in hir arm she lulleth it ful faste,
And into hevene hire eyen up she caste.   840

"Mooder," quod she, "and mayde bright,
    Marie,
Sooth is that thurgh wommanes eggement
Mankynde was lorn, and dampned ay to dye,

835-75   *idem.*

Puisque tu es un juge juste, comment se peut-il
Que tu supportes que des innocents meurent
Et que des gens pervers règnent dans la prospérité?
O bonne Constance, hélas! j'ai tant de chagrin
De devoir être ton bourreau, ou de mourir
De mort honteuse; je n'ai pas d'autre solution.»

820   Jeunes et vieux, tous pleurent dans ce lieu
A la réception de cette lettre damnée envoyée par le roi;
Et le quatrième jour Constance se rendit au bateau;
Son visage était d'une pâleur mortelle,
Mais néanmoins elle accepte
La volonté de Dieu, et, agenouillée sur la plage,
Elle dit, «Seigneur, que ton messager soit toujours le bienvenu!

Que celui qui m'a protégée de la fausse accusation
Lorsque j'étais parmi vous dans ce pays,
Me protège du mal et aussi de la honte
830   Sur la mer salée, bien que je ne voie pas comment.
Il est toujours aussi fort qu'il était alors;
J'ai confiance en lui ainsi qu'en sa chère mère;
Il est ma voile et mon gouvernail.»

Son petit enfant pleurait dans ses bras,
Et, se mettant à genoux, elle lui dit d'un ton pitoyable:
«Calme-toi, mon petit chéri, je ne te ferai aucun mal.»
Et, ce disant, elle enleva son couvrechef de sa tête
Et le déposa sur ses petits yeux,
Et elle le berça très rapidement dans ses bras,
840   En levant les yeux vers le ciel.

«Mère», dit-elle, «Marie, vierge étincelante,
Il est vrai que c'est à l'instigation de la femme
Que l'humanité fut perdue et condamnée à mourir,

For which thy child was on a croys yrent.
Thy blisful eyen sawe al his torment.   845
Thanne is ther no comparison bitwene
Thy wo and any wo man may sustene.

"Thow sawe thy child yslayn bifore thyne
    eyen,
And yet now lyveth my litel child, parfay.   849
Now, lady bright, to whom alle woful cryen,
Thow glorie of wommanhede, thow faire may,
Thow haven of refut, brighte sterre of day,
Rewe on my child, that of thy gentillesse
Rewest on every reweful in distresse.

  "O litel child, allas, what is thy gilt,   855
That nevere wroghtest synne as yet, pardee?
Why wil thyn harde fader han thee spilt?
O mercy, deere constable," quod she,
"As lat my litel child dwelle heer with thee;
And if thou darst nat saven hym, for blame, 860
Yet kys hym ones in his fadres name."

Therwith she looked bakward to the londe,
And seyde, "Farewel, housbonde routhelees!"
And up she rist, and walketh down the stronde
Toward the ship—hir folweth al the prees.   865
And evere she preyeth hire child to holde his
    pees;
And taketh hir leve, and with an hooly entente
She blissed hire, and into ship she wente.

Vitailled was the ship, it is no drede,
Habundantly for hire ful longe space,   870
And othere necessaries that sholde nede
She hadde ynogh, heryed be Goddes grace.
For wynd and weder, almyghty God purchace,
And brynge hire hoom! I kan no bettre seye,
But in the see she dryveth forth hir weye.   875

Ce pour quoi ton enfant fut déchiré sur une croix.
Tes yeux bienheureux ont vu tout son tourment;
Il n'y a aucune comparaison entre
Ta peine et celle qu'un homme peut endurer.

«Tu as vu ton enfant tué sous tes yeux,
Alors que moi, mon petit enfant vit, par ma foi!
850   Maintenant, dame étincelante, vers qui se tournent ceux qui
souffrent,
Toi, gloire de la condition féminine, toi belle vierge,
Toi, havre et refuge, étincelante étoile du jour,
Aie pitié de mon enfant, toi qui, dans ta grande bonté,
As pitié de tous ceux qui ont besoin de pitié dans leur
détresse.

«O petit enfant, hélas! quelle est ta faute?
Mon Dieu, tu n'as pas encore commis de péché,
Pourquoi ton cruel père veut-il te tuer?
O pitié, cher connétable», dit-elle,
«Laisse mon petit enfant vivre ici avec toi;
860   Et si tu n'oses pas le sauver par peur du blâme,
Embrasse-le une fois au nom de son père!»

Et, ce disant, elle se retourna vers le pays,
Et dit, «Adieu, mari sans pitié!»
Puis elle se lève et descend la plage
En direction du bateau -toute la foule la suit-;
Elle continue à demander à son enfant de se calmer;
Elle prend congé, et, le cœur rempli de saintes dispositions,
Elle se signe et entre dans le bateau.

Le bateau était incontestablement rempli de victuailles,
870   Elle en avait en abondance et pour longtemps.
Elle avait aussi en suffisance les autres choses dont elle
pourrait avoir besoin;
Que grâce soit rendue à Dieu!
Que Dieu lui fasse bon vent et qu'il lui donne bon temps,
Et qu'il la ramène chez elle! Je ne puis dire mieux;
Elle continua donc son chemin sur la mer.

Explicit secunda pars. Sequitur pars tercia.

Alla the kyng comth hoom soone after this
Unto his castle, of the which I tolde,
And asketh where his wyf and his child is.
The constable gan aboute his herte colde,
And pleynly al the manere he hym tolde   880
As ye han herd—I kan telle it no bettre—
And sheweth the kyng his seel and eek his lettre,

And seyde, "Lord, as ye comanded me
Up peyne of deeth, so have I doon, certein."
This messager tormented was til he   885
Moste biknowe and tellen, plat and pleyn,
Fro nyght to nyght, in what place he had leyn.
And thus, by wit and sotil enquerynge,
Ymagined was by whom this harm gan sprynge.

The hand was knowe that the lettre wroot,
And al the venym of this cursed dede,   891
But in what wise, certeinly, I noot.
Th'effect is this, that Alla, out of drede,
His mooder slow—that may men pleynly rede—
For that she traitoure was to hire ligeance.   895
Thus endeth olde Donegild, with meschance.

The sorwe that this Alla nyght and day
Maketh for his wyf, and for his child also,
Ther is no tonge that it telle may.
But now wol I unto Custance go,   900
That fleteth in the see, in peyne and wo,
Fyve yeer and moore, as liked Cristes sonde,
Er that hir ship approched unto the londe.

Under an hethen castel, atte laste,   904
Of which the name in my text noght I fynde,
Custance, and eek hir child, the see up caste.
Almyghty God, that saved al mankynde,

894 ces détails se trouvent dans Trivet; Chaucer est un compilateur conscient.

Explicit secunda pars. Sequitur pars tercia.

Peu après ceci, le roi Alla s'en revint
A son château -celui dont je viens de vous parler-;
Il demande où sont sa femme et son enfant.
Les sangs du connétable se glacèrent,
880   Et il lui raconta franchement toute l'histoire,
Comme vous venez de l'entendre -je ne puis mieux la conter-,
Et il montra au roi son sceau et sa lettre,

En disant: «Seigneur, j'ai agi comme vous me l'avez commandé,
En me menaçant de mort si je ne m'exécutais pas.»
Le messager fut torturé
Et il finit par bien devoir avouer et raconter sans détour,
Nuit par nuit en quels endroits il avait couché,
Et ainsi, par déductions et un interrogatoire subtil,
On trouva l'origine de ce malheur.

890   On reconnut la main qui avait écrit la lettre,
Et tout le venin de cet acte damné,
Mais, à vrai dire, je ne puis dire comment
Le résultat fut indubitablement le suivant:
Alla tua sa mère -cela, on peut le lire en détail ailleurs-
Parce qu'elle avait trahi son serment d'allégeance.
Ainsi finit la vieille Donegilde, que le malheur l'accompagne!

Aucune langue ne pourrait raconter
Dans quel état se mit Alla, nuit et jour,
Pour sa femme et son enfant.
900   Mais maintenant, j'en reviens à Constance
Qui, suivant la décision du Christ, vogue sur la mer,
Dans la peine et la douleur, pendant plus de cinq ans
Avant que son bateau ne s'approche d'une terre.

Et finalement, la mer rejeta Constance et son enfant
Aux pieds d'un château païen
Dont je ne trouve pas le nom dans mon texte.
Dieu tout-puissant, toi qui sauvas tout le genre humain,

Have on Custance and on hir child som mynde,
That fallen is in hethen hand eftsoone,
In point to spille, as I shal telle yow soone.　910

Doun fro the castle comth ther many a wight
To gauren on this ship and on Custance.
But shortly, from the castle, on a nyght,
The lordes styward—God yeve hym
　　meschance—
A theef that hadde reneyed oure creance,　915
Cam into the ship allone, and seyde he sholde
Hir lemman be, wher so she wolde or nolde.

Wo was this wrecched womman tho bigon;
Hir child cride, and she cride pitously.
But blisful Marie heelp hire right anon,　920
For with hir struglyng wel and myghtily
The theef fil overbord al sodeynly,
And in the see he dreynte for vengeance.
And thus hath Crist unwemmed kept Custance.

O foule lust of luxurie, lo, thyn ende!　925
Nat oonly that thou feyntest mannes mynde,
But verraily thou wolt his body shende.
Th'ende of thy werk, or of thy lustes blynde,
Is compleynyng. Hou many oon may men
　　fynde
That noght for werk somtyme, but for
　　th'entente　930
To doon this synne, been outher slayn or shente!

How may this wayke womman han this
　　strengthe
Hire to defende agayn this renegat?
O Golias, unmesurable of lengthe,
Hou myghte David make thee so maat,　935
So yong and of armure so desolaat?
Hou dorste he looke upon thy dredful face?
Wel may men seen, it nas but Goddes grace.

Accorde quelque attention à Constance et à son enfant:
Elle est retombée dans les mains des païens,
910 Et elle est en danger de mort, comme je vais bientôt vous le
raconter.

Beaucoup de gens descendent du château
Pour regarder le bateau et Constance.
Mais, en bref, une nuit
L'intendant du seigneur -que Dieu le couvre de malheurs!-
Un voleur qui avait renié notre foi,
Vint tout seul du château au bateau et dit qu'il serait
Son amant, qu'elle le veuille ou pas.

Cette malheureuse fut alors terrassée par la douleur;
Son enfant pleurait, et elle pleurait pitoyablement.
920 Mais la bienheureuse Marie l'aida immédiatement;
Car, pendant qu'elle se débattait de toutes ses forces,
Le voleur tomba soudain par-dessus bord,
Et elle fut vengée, car il se noya dans la mer,
Et c'est ainsi que le Christ a gardé Constance intacte.

O désir pourri de la luxure, voici ta fin!
Non seulement tu affaiblis l'esprit de l'homme,
Mais en vérité, tu détruis son corps.
La fin de ton œuvre, ou de tes désires aveugles,
C'est la lamentation. Combien n'il y a-t-il pas d'hommes
930 Qui ont été tués ou détruits
Parfois pas pour l'acte mais pour l'intention de le commettre?

Comment cette faible femme eut-elle la force
De se défendre contre ce renégat?
O Goliath, toi dont la taille était démesurée,
Comment David a-t-il pu te faire mat,
Lui si jeune et si dépouillé d'armure?
Comment a-t-il osé regarder ton visage effrayant?
On peut bien voir que ce ne fut que par la seule grâce de
Dieu.

Who yaf Judith corage or hardynesse
To sleen hym Oloferne in his tente,   940
And to deliveren out of wrecchednesse
The peple of God? I seye, for this entente,
That right as God spirit of vigour sente
To hem, and saved hem out of meschance,
So sente he myght and vigour to Custance.   945

Forth gooth hir ship thurghout the narwe
    mouth
Of Jubaltare and Septe, dryvynge ay
Somtyme west and somtyme north and south
And somtyme est, ful many a wery day,
Til Cristes mooder—blessed be she ay—   950
Hath shapen, thurgh hir endelees goodnesse,
To make an ende of al hir hevynesse.

Now lat us stynte of Custance but a throwe,
And speke we of the Romayn Emperour,
That out of Surrye hath by lettres knowe   955
The slaughtre of Cristen folk, and dishonour
Doon to his doghter by a fals traytour,
I mene the cursed wikked Sowdanesse
That at the feeste leet sleen both moore and
    lesse.

For which this Emperour hath sent anon   960
His senatour, with roial ordinance,
And othere lordes, God woot, many oon,
On Surryens to taken heigh vengeance.
They brennen, sleen, and brynge hem to
    meschance
Ful many a day; but shortly, this is th'ende, 965
Homward to Rome they shapen hem to
    wende.

This senatour repaireth with victorie
To Rome-ward, saillynge ful roially,
And mette the ship dryvynge, as seith the storie,
In which Custance sit ful pitously.   970

Qui donna à Judith le courage et l'audace
940 De tuer Holopherne dans sa tente,
Et de délivrer le peuple de Dieu de la misère?
Je dis à ce propos
Que Dieu envoya la puissance et la vigueur à Constance
Tout comme il leur avait envoyé l'esprit de vigueur
Et les avait sauvés du malheur.

Son bateau continua à travers le détroit
De Gibraltar et de Ceuta; il allait à la dérive,
Parfois vers l'ouest, parfois vers le nord ou le sud,
Et parfois vers l'est; cela dura d'épuisantes journées,
950 Jusqu'à ce que la mère du Christ -Qu'elle soit bénie à tout jamais!-
Décidât, dans son infinie bonté,
De mettre fin à toute sa misère.

Mais abandonnons Constance pendant quelques instants,
Et parlons de l'Empereur romain,
Qui vient d'apprendre par des lettres venues de Syrie
Le massacre des chrétiens et le déshonneur
Fait à sa fille par un traître fourbe:
Il s'agit de la maudite Sultane perverse,
Qui fit tuer grands et petits lors de la fête.

960 A la lecture de ces lettres, par ordre royal,
L'Empereur fit immédiatement mander
Ses sénateurs et les autres seigneurs,
(Dieu sait s'il y en avait beaucoup), pour bien se venger des Syriens.
Ils mirent à feu, tuèrent et leur apportèrent le malheur
Pendant de nombreuses journées; mais en bref,
Ils décidèrent de retourner chez eux à Rome.

Ce Sénateur retournait victorieusement vers sa patrie,
Il rentrait à Rome d'une voile royale,
Quand il rencontra, comme le raconte l'histoire,
970 Le bateau qui s'en allait à la dérive dans lequel se trouvait la pitoyable Constance.

Nothyng knew he what she was, ne why
She was in swich array, ne she nyl seye
Of hire estaat, althogh she sholde deye.

He bryngeth hire to Rome, and to his wyf
He yaf hire and hir yonge sone also;   975
And with the senatour she ladde hir lyf.
Thus kan Oure Lady bryngen out of wo
Woful Custance, and many another mo.
And longe tyme dwelled she in that place,
In hooly werkes evere, as was hir grace.   980

The senatoures wyf hir aunte was,
But for al that she knew hire never the
        moore.
I wol no lenger tarien in this cas,
But to Kyng Alla, which I spak of yoore,
That wepeth for his wyf and siketh soore,   985
I wol retourne, and lete I wol Custance
Under the senatoures governance.

Kyng Alla, which that hadde his mooder
        slayn,
Upon a day fil in swich repentance
That, if I shortly tellen shal and playn,   990
To Rome he comth to receyven his penance,
And putte hym in the Popes ordinance
In heigh and logh, and Jhesu Crist bisoghte
Foryeve his wikked werkes that he wroghte.

The fame anon thurghout the toun is born,
How Alla kyng shal comen in pilgrymage,   996
By herbergeours that wenten hym biforn;
For which the senatour, as was usage,
Rood hym agayns, and many of his lynage,
As wel to shewen his heighe magnificence   1000
As to doon any kyng a reverence.

Greet cheere dooth this noble senatour
To Kyng Alla, and he to hym also;

Il ne savait rien de qui elle était, ni de pourquoi
Elle était dans une telle situation; et, au mépris de la mort,
Elle refusa de dire quoi que ce soit sur son rang.

Il l'amena à Rome et la confia à sa femme
Avec son petit garçon;
Et elle vécut chez le Sénateur.
Notre-Dame peut donc tirer du malheur
La malheureuse Constance, et bien d'autres.
Elle vécut longtemps dans cet endroit,
980   Toujours occupée à de saintes œuvres, car telle était sa grâce.

La femme du Sénateur était sa tante,
Mais elle ne l'en reconnut pas pour autant.
Je ne veux pas m'attarder davantage sur ceci,
Mais je veux en revenir au roi Alla, dont j'ai parlé aupara-
vant.
Il pleure sa femme et soupire amèrement;
Je vais donc laisser Constance
Sous la protection du Sénateur.

    Après avoir tué sa mère, le roi Alla
Fut un jour pris d'un tel repentir
990   Que, pour le dire brièvement et simplement,
Il vint à Rome pour recevoir sa pénitence;
Il se mit entièrement aux ordres du Pape,
Et implora Jésus-Christ
De lui pardonner les actes pervers qu'il avait accomplis.

    Les avant-gardes qui le précédaient
Firent bien vite courir le bruit à Rome
Que le roi Alla allait venir en pèlerinage.
Aussi, suivant l'usage, le Sénateur partit-il
A sa rencontre avec beaucoup de gens de sa lignée,
1000   Tant pour faire montre de sa haute magnificence
Que pour manifester sa haute estime à un roi.

Ce noble Sénateur fit bon accueil
Au roi Alla, et lui en fit de même;

Everich of hem dooth oother greet honour.
And so bifel that inwith a day or two   1005
This senatøur is to Kyng Alla go
To feste, and shortly, if I shal nat lye,
Custances sone wente in his compaignye.

Som men wolde seyn at requeste of Custance
This senatour hath lad this child to feeste;   1010
I may nat tellen every circumstance:
Be as be may, ther was he at the leeste.
But sooth is this, that at his moodres heeste
Biforn Alla, durynge the metes space,   1014
The child stood, lookyng in the kynges face.

This Alla kyng hath of this child greet wonder,
And to the senatour he seyde anon,
"Whos is that faire child that stondeth yonder?"
"I noot," quod he, "by God, and by Seint John.
A mooder he hath, but fader hath he noon   1020
That I of woot"; but and shortly, in a stounde,
He tolde Alla how that this child was founde.

"But God woot," quod this senatour also,
"So vertuous a lyvere in my lyf
Ne saugh I nevere as she, ne herde of mo,   1025
Of worldly wommen, mayde, ne of wyf.
I dar wel seyn hir hadde levere a knyf
Thurghout hir brest than ben a womman
     wikke;
There is no man koude brynge hire to that
     prikke."

Now was this child as lyk unto Custance   1030
As possible is a creature to be.
This Alla hath the face in remembrance
Of dame Custance, and ther on mused he
If that the childes mooder were aught she
That is his wyf, and pryvely he sighte,   1035
And spedde hym fro the table that he myghte.

Chacun d'eux fit grand honneur à l'autre.
Et il advint ainsi qu'après un jour ou deux
Le Sénateur se rendit chez le roi Alla
Pour festoyer et, en bref, pour dire toute la vérité,
Le fils de Constance l'accompagna.

Certains diront que ce fut à la requête de Constance
1010   Que le Sénateur amena l'enfant à la fête;
Je ne puis entrer dans le détail,
Mais, quoi qu'il en soit, le fait est qu'il y était.
Et, il est vrai que, sur l'ordre de sa mère,
L'enfant se tint devant Alla en regardant le roi droit dans les yeux
Pendant toute la durée du repas.

Notre roi Alla est fort impressionné par cet enfant,
Et il demanda tout de suite au Sénateur:
«A qui est ce bel enfant là-bas?»
«Je ne sais pas», dit-il, «par Dieu et par saint Jean!
1020   Il a une mère, mais il n'a pas de père,
Que je sache»; et rapidement, en peu de mots,
Il raconta à Alla comment on avait trouvé cet enfant.

«Mais Dieu sait», dit aussi le Sénateur,
«Que de ma vie je n'ai jamais vu ou entendu parler
D'une femme aussi vertueuse:
Que ce soit les femmes du monde, les vierges ou les épouses.
Je crois qu'elle préférerait qu'un couteau
Lui tansperçât la poitrine plutôt que d'être une mauvaise femme;
Aucun homme ne pourrait l'amener à cela.»

1030   Or cet enfant ressemblait à Constance
Autant que cela est possible à une créature.
Notre Alla avait en mémoire le visage
De Dame Constance et il se demandait
Si la mère de l'enfant n'était pas celle
Qui était sa femme, et il soupirait en cachette;
Il quitta la table dès qu'il le put.

"Parfay," thoghte he, "fantome is in myn heed.
I oghte deme, of skilful juggement,
That in the salte see my wyf is deed."
And afterward he made his argument: 1040
"What woot I if that Crist have hyder ysent
My wyf by see, as wel as he hire sente
To my contree fro thennes that she wente?"

And after noon, hoom with the senatour
Goth Alla, for to seen this wonder chaunce. 1045
This senatour dooth Alla greet honour,
And hastifly he sente after Custaunce.
But trusteth weel, hire liste nat to daunce
Whan that she wiste wherfore was that sonde;
Unnethe upon hir feet she myghte stonde.   1050

Whan Alla saugh his wyf, faire he hire grette,
And weep that it was routhe for to see;
For at the firste look he on hire sette,
He knew wel verraily that it was she.
And she, for sorwe, as doumb stant as a tree,
So was hir herte shet in hir distresse,   1056
Whan she remembred his unkyndenesse.

Twyes she swowned in his owene sighte.
He weep, and hym excuseth pitously.
"Now God," quod he, "and alle his halwes
       brighte   1060
So wisly on my soule as have mercy,
That of youre harm as giltelees am I
As is Maurice my sone, so lyk youre face;
Elles the feend me fecche out of this place!"

Long was the sobbyng and the bitter peyne,
Er that hir woful hertes myghte cesse;   1066
Greet was the pitee for to heere hem pleyne,
Thurgh whiche pleintes gan hir wo encresse.
I pray yow alle my labour to relesse;

1055   littéralement «sourde comme un arbre».

«Par ma foi», pensait-il, «j'ai un fantôme dans la tête!
Je devrais penser, dans un sain raisonnement,
Que ma femme a péri dans la mer salée.»
1040   Et ensuite il se posa la question suivante:
«Comment pourrais-je savoir si le Christ n'a pas envoyé ici
Ma femme par la mer, tout comme il l'avait envoyée
Dans mon pays, d'où elle est partie?»

Et l'après-midi, Alla va à la maison du Sénateur
Pour envisager cette merveilleuse possibilité.
Le Sénateur fait grand honneur à Alla
Et mande rapidement Constance.
Mais pensez bien qu'elle n'avait guère envie de danser
Quand elle comprit pourquoi on l'envoyait chercher;
1050   Elle pouvait à peine tenir sur ses jambes.

Quand Alla vit sa femme, il la salua courtoisement,
Et il pleura: il faisait peine à voir.
En effet, dès le premier regard qu'il posa sur elle,
Il sut avec certitude que c'était elle.
Et elle, de peine, était muette comme une pierre,
Tant son cœur était rempli de détresse
Au souvenir de la méchanceté de son mari.

Par deux fois elle s'évanouit sous ses yeux;
Il pleura et s'excusa à en faire pitié.
1060   «Que Dieu», dit-il, «et tous ses saint éblouissants
Aient aussi sincèrement pitié de mon âme
Que je suis aussi innocent de vos maux
Que l'est mon fils Maurice, au visage semblable au vôtre;
Autrement, que le démon vienne me chercher ici!»

Longs furent les sanglots et la peine amère
Avant que leurs cœurs malheureux ne puissent y mettre un terme;
C'était grande pitié de les entendre se plaindre,
Et leur malheur s'accroissait de ces plaintes.
Je vous prie de me libérer de mon labeur;

I may nat telle hir wo until tomorwe,   1070
I am so wery for to speke of sorwe.

But finally, whan that the sothe is wist
That Alla giltelees was of hir wo,
I trowe an hundred tymes been they kist,
And swich a blisse is ther bitwix hem two   1075
That, save the joye that lasteth everemo,
Ther is noon lyk that any creature
Hath seyn or shal, whil that the world may dure.

Tho preyde she hir housbonde mekely,
In relief of hir longe, pitous pyne,   1080
That he wolde preye hir fader specially
That of his magestee he wolde enclyne
To vouchesauf som day with hym to dyne.
She preyde hym eek he sholde by no weye
Unto hir fader no word of hire seye.   1085

  Som men wolde seyn how that the child
      Maurice
Dooth this message unto this Emperour;
But, as I guesse, Alla was nat so nyce
To hym that was of so sovereyn honour
As he that is of Cristen folk the flour,   1090
Sente any child, but it is bet to deeme
He wente hymself, and so it may wel seeme.

  This Emperour hath graunted gentilly
To come to dyner, as he hym bisoughte;
And wel rede I he looked bisily   1095
Upon this child, and on his doghter thoghte.
Alla goth to his in, and as hym oghte,
Arrayed for this feste in every wise
As ferforth as his konnyng may suffise.   1099

  The morwe cam, and Alla gan hym dresse,
And eek his wyf, this Emperour to meete.
And forth they ryde in joye and in gladnesse.
And whan she saugh hir fader in the strete,

1070 Je ne puis continuer à raconter leur malheur jusqu'à demain,
   Je suis si las de parler de tristesse.

   Mais finalement, lorsque la vérité fut connue,
   (Et que l'on sut) qu'Alla était innocent du malheur de son
   épouse,
   Je crois qu'ils s'embrassèrent une centaine de fois,
   Et il y eut un tel bonheur entre ces deux êtres
   Qu'aucune créature n'en a vu ou n'en verra
   De pareille tant que le monde existera,
   A part la joie éternelle.

   Alors elle pria humblement son mari,
1080 En compensation de sa longue et pitoyable peine,
   De demander tout spécialement à son père
   De bien vouloir consentir, dans sa majesté,
   A venir dîner avec lui un jour.
   Elle le pria également de ne rien dire du tout
   A son père.

   Certains diront que le petit Maurice
   Fit ce message à l'Empereur;
   Mais, à mon avis, Alla était trop intelligent
   Pour envoyer un enfant à un être de souveraine dignité,
1090 A cet homme qui était la fleur de la chrétienté.
   Il vaut mieux penser
   Qu'il y alla lui-même, comme cela est fort plausible.

   L'Empereur accepta fort courtoisement
   De venir dîner comme il le lui demandait;
   Je gage qu'il regarda intensément
   L'enfant et qu'il pensa à sa fille.
   Alla rentra chez lui, et, comme il se devait de le faire,
   Il prépara tous les détails de la fête,
   Dans toute la mesure de ses capacités.

1100 Le matin vint, et Alla et sa femme se mirent à se vêtir
   Pour rencontrer l'Empereur.
   Ils partirent ensuite à cheval dans la joie et le bonheur.
   Quand elle vit son père dans la rue,

114

She lighte doun and falleth hym to feete.
"Fader," quod she, "youre yonge child Custance   1105
Is now ful clene out of youre remembrance.

"I am youre doghter Custance," quod she,
"That whilom ye han sent unto Surrye.
It am I, fader, that in the salte see
Was put allone and dampned for to dye.   1110
Now, goode fader, mercy I yow crye!
Sende me namoore unto noon hethenesse,
But thonketh my lord heere of his kyndenesse."

    Who kan the pitous joye tellen al
Bitwixe hem thre, syn they been thus ymette?
But of my tale make an ende I shal;   1116
The day goth faste, I wol no lenger lette.
This glade folk to dyner they hem sette;
In joye and blisse at mete I lete hem dwelle
A thousand foold wel moore than I kan telle.

    This child Maurice was sithen Emperour 1121
Maad by the Pope, and lyved cristenly.
To Cristes chirche he dide greet honour.
But I lete al his storie passen by;
Of Custance is my tale specially.   1125
In the olde Romayn geestes may men fynde
Maurices lyf; I bere it noght in mynde.

    This Kyng Alla, whan he his tyme say,
With his Custance, his hooly wyf so sweete,
To Engelond been they come the righte way,
Wher as they lyve in joye and in quiete.   1131
But litel while it lasteth, I yow heete,
Joye of this world, for tyme wol nat abyde.
Fro day to nyght it changeth as the tyde.

1121   il s'agit de Maurice de Capadoce -personnage historique-, dont on trouve
        également le récit dans Trivet.

Elle descendit de cheval et tomba à ses pieds.
«Père», dit-elle, «Votre jeune enfant Constance
Est tout effacée de votre mémoire.

Je suis votre fille Constance», dit-elle,
«Que vous avez envoyée jadis en Syrie.
C'est moi, père, qui ai été abandonnée sur la mer salée,
1110   Condamnée à mourir.
Maintenant, bon père, je vous en prie,
Ne m'envoyez plus chez les païens,
Mais remerciez mon seigneur ici présent de sa bonté.»

   Qui peut dire toute la joie mêlée de pitié
Qui unit ces trois personnes depuis qu'elles se sont ainsi rencontrées?
Mais je vais composer une fin à mon conte;
Le jour avance vite, je ne veux pas m'attarder davantage.
Ces gens heureux se mettent à table pour dîner;
Je les laisse à leur repas dans une joie et un bonheur
1120   Mille fois plus grands que je ne puis le dire.

Plus tard, le petit Maurice fut fait empereur
Par le Pape; il vécut chrétiennement
Et fit grand honneur à l'Eglise du Christ.
Mais, je l'abandonne à sa propre histoire,
Mon conte se limite à l'histoire de Constance.
Dans les vieilles gestes romaines on peut trouver
La vie de Maurice; je ne l'ai pas en mémoire.

   Quand il en vit le moment venu, le roi Alla
Rentra en Angleterre par le plus court chemin
1130   Avec Constance, sa sainte femme, qui était si douce;
Ils y vécurent dans la joie et la quiétude.
Mais, je vous assure que
La joie de ce monde dure bien peu; le temps ne veut pas attendre;
Du jour à la nuit, elle change comme la marée.

1132-38 ces considérations sont empruntées au *De Contemptu Mundi*.

Who lyved evere in swich delit o day   1135
That hym ne moeved outher conscience,
Or ire, or talent, or somkynnes affray,
Envye, or pride, or passion, or offence?
I ne seye but for this ende this sentence.
That litel while in joye or in plesance   1140
Lasteth the blisse of Alla with Custance.

For deeth, that taketh of heigh and logh his
        rente,
Whan passed was a yeer, evene as I gesse,
Out of this world this Kyng Alla he hente,
For whom Custance hath ful greet hevynesse.
Now lat us praye to God his soule blesse.   1146
And dame Custance, finally to seye,
Toward the toun of Rome goth hire weye.

  To Rome is come this hooly creature,
And fyndeth hire freendes hoole and sounde.
Now is she scaped al hire aventure.   1151
And whan that she hir fader hath yfounde,
Doun on hir knees falleth she to grounde;
Wepynge for tendrenesse in herte blithe,
She heryeth God an hundred thousand sithe.

  In vertu and in hooly almus-dede   1156
They lyven alle, and nevere asonder wende;
Til deeth departed hem, this lyf they lede.
And fareth now weel, my tale is at an ende.
Now Jhesu Crist, that of his myght may sende
Joy after wo, governe us in his grace,   1161
And kepe us alle that been in this place!

                                        Amen.

Heere endeth the Tale of the Man of Lawe.

Qui vécut jamais un grand plaisir pendant un jour
Sans être perturbé par sa conscience,
Ou par la colère, l'ambition, quelque effroi,
L'envie, l'orgueil, la passion, ou une blessure?
Je ne tiens ces propos qu'afin (d'expliquer)
1140   Que le bonheur d'Alla et de Constance
Ne dura que peu de temps dans la joie et le plaisir.

Car, si je comprends bien, après une année,
La mort, qui vient chercher son dû chez les grands et les petits,
Faucha le roi Alla et lui fit quitter ce monde;
Constance en eut une bien grande peine.
Maintenant, prions Dieu de bénir son âme!
Et, pour en finir, Dame Constance
S'en retourna à Rome.

    Cette sainte créature arriva à Rome,
1150   Et elle trouva ses amis sains et saufs;
Maintenant, elle a échappé à toutes ses aventures.
En retrouvant son père,
Elle tomba à genoux sur le sol;
Son cœur heureux pleurait de tendresse;
Et ensuite, elle loua Dieu une centaine de milliers de fois.

    C'est dans la vertu et en faisant l'aumône
Qu'ils vécurent; ils ne se quittèrent plus,
Et ils menèrent cette vie jusqu'à ce que le mort les séparât.
Adieu! mon conte est fini.
1160   Que Jésus-Christ, qui a le pouvoir d'envoyer
La joie après la peine, nous gouverne tous dans sa grâce,
Et nous garde tous, nous qui sommes ici! Amen.

Ici finit le Conte de l'Homme de Loi.

[EPILOGUE]

Owre Hoost upon his stiropes stood anon,
And seyde, "Goode men, herkeneth everych on!
This was a thrifty tale for the nones!   1165
Sir Parisshe Prest," quod he, "for Goddes
     bones,
Telle us a tale, as was thi forward yore.
I se wel that ye lerned men in lore
Can moche good, by Goddes dignite!"
    The Parson him answerde, "Benedicite!   1170
What eyleth the man, so synfully to swere?"
Oure Host answerde, "O Jankin, be ye there?
I smelle a Lollere in the wynd," quod he.
"Now, goode men," quod oure Host,
     "herkeneth me;
Abydeth, for Goddes digne passioun,   1175
For we schal han a predicacioun;
This Lollere heer wil prechen us somwhat."
    "Nay, by my fader soule, that schal he nat!"
Seyde the Wif of Bath; "he schal nat preche;
He schal no gospel glosen here ne teche.   1180
We leven alle in the grete God," quod she;
"He wolde sowen som difficulte,
Or springen cokkel in our clene corn.
And therfore, Hoost, I warne thee biforn,
My joly body schal a tale telle,   1185
And I schal clynken you so mery a belle,
That I schal waken al this compaignie.
But it schal not ben of philosophie,
Ne phislyas, ne termes queinte of lawe.
Ther is but litel Latyn in my mawe!"   1190

1170   en latin dans le texte.
1172   Jankin est le diminutif de John (Jean), qui est un nom de prêtre traditionnel
       (cf NPT 2810).
1173   *Lollere* les Lollards, diciples de Wycliff, interdisaient de jurer.
1189   *phislyas* ce mot, manifestement déformé, a fait couler beaucoup d'encre. Ici,

Epilogue

Notre Hôte se dressa tout de suite sur ses étriers.
Et dit, «Braves gens, écoutez tous!
C'était un conte habile sur cette affaire!
Monsieur le Prêtre de Paroisse», dit-il, «Par les os du Christ,
Raconte-nous un conte, comme tu en as convenu.
Je vois bien que vous les gens versés dans le savoir,
Vous connaissez beaucoup de bonnes choses, par la dignité de
Dieu!»
1170   Le Curé lui dit: «*Benedicite*!
Qu'est-ce qui pousse l'homme à pécher en jurant ainsi?»
Notre Hôte répondit: «O Jeannot, êtes-vous là!?
Cela sent le Lollard», dit-il.
«Voyons! bonnes gens», dit notre Hôte, «écoutez-moi;
Attendez, par la digne passion du Christ,
Car nous allons avoir une prédication;
Ce Lollard va nous prêcher quelque chose.»
    «Non, par l'âme de mon père, il ne le fera pas!»
Dit la Femme de Bath; «il ne prêchera pas;
1180   Il ne glosera pas sur l'Evangile et ne l'enseignera pas ici.
Nous croyons tous en Dieu tout-puissant», dit-il
«Il voudrait semer quelque difficulté,
Ou faire pousser de l'ivraie dans notre beau blé.
Aussi, Hôte, je te préviens d'avance:
Mon agréable personne va raconter un conte
Et je vous ferai sonner les cloches si joyeusement
Que j'éveillerai toute cette compagnie.
Mais mon conte ne traitera ni de philosophie
Ni de phliasse, ni d'étranges termes de loi.
1190   Il n'y a que peu de latin dans ma panse!»

comme ailleurs dans cet épilogue, tout dépend de qui parle à qui. Dans notre hypothèse, la Femme de Bath s'adresse à l'Homme de Loi; Chaucer a très bien pu lui faire employer des termes de jargon qu'elle ne connaît pas, d'où ce subtil mélange de *physique* (par exemple) et de *liasse*.

LE CONTE DE LA FEMME DE BATH

Ce conte est le premier de ce qu'il est convenu d'appeler le «Marriage Group»: un groupe de contes présentant différents aspects du mariage.

Le Prologue de la Femme de Bath est en fait un long monologue sur les expériences conjugales de la narratrice. A l'autorité des écrits religieux (notamment saint Paul, saint Jérôme et Théophraste), elle va opposer ses propres arguments pragmatiques, son expérience, son intuition, voire même des proverbes populaires. Lorsqu'elle s'attaque aux traités qui prêchent la virginité et condamnent le remariage d'une veuve, c'est la femme marquée à la fois par Vénus et par Mars qui parle et qui exprime son double besoin d'amour et de domination. Domination des autorités religieuses, mais aussi de ses différents maris, car le récit de ses cinq mariages est un habile pintagone sur les manières d'être le maître dans le couple. Elle a mené à bon port sa barque conjugale (même si l'une de ses expériences lui a valu la surdité!) en se laissant guider par son intuition, qui lui a permis de dominer chacun de ses maris. Les méthodes ont varié en fonction des différentes situations (notamment les âges et les situations financières: ils vont croissant pour elle et décroissant pour ses époux...).

Les liens ou l'hiatus entre le Prologue et le Conte ont fait couler beaucoup d'encre. On ne s'entendra probablement jamais sur leur dialectique; on ne s'entend déjà guère sur les raisons qui ont modifié le projet initial, qui attribuait à la Femme le Conte du Marin...

Il est vrai qu'après plus de huits cents vers de plaidoyer féministe haut en couleurs, qui nous campe une femme qui est un vrai type littéraire, on est déçu de trouver un conte hétérogène et anormalement court. Le mélange de roman arthurien, du motif folklorique de la femme répugnante ('Loathly Lady') et d'une digression sur la *gentillesse* (c'est-à-dire la vraie noblesse, la courtoisie) est pour le moins déconcertant. Tout en considérant que la charnière entre le Prologue et le Conte est probablement le *Ce qui plaît aux Dames* de Voltaire, le besoin de dominer, je ne puis m'empêcher de déplorer le caractère non fini du conte, même s'il est achevé formellement.

Sources

Très nombreuses. Signalons surtout :

L'Epitre de Saint Jérôme contre Jovinien
Théophraste, *Liber de Nuptiis*
Le Roman de la Rose de Jean de Meung
Gautier Map, *Dissuasio Valerii ad Rufinum ne uxorem ducat*
Eustache Deschamps, *Miroir de Mariage*
Virginité Sacrée (*Hali Meiđhad*)
Lamentationes Matteoli
Les *Evangiles,* et plus particulièrement la Première Epître aux Corin-
tiens

PART III

WIFE OF BATH'S TALE

PROLOGUE

The Prologe of the Wyves Tale of Bathe.

Experience though noon auctoritee
Were in this world is right ynogh for me
To speke of wo that is in mariage.
For, lordynges, sith I twelve yeer was of age,
Thonked be God that is eterne on lyve,   5
Housbondes at chirche dore I have had fyve—
If I so ofte myghte have ywedded bee—
And alle were worthy men in hir degree.
But me was toold, certeyn, nat longe agoon is,
That sith that Crist ne wente nevere but onis
To weddyng in the Cane of Galilee,   11
That by the same ensample taughte he me
That I ne sholde wedded be but ones.
Herkne eek, which a sharp word for the nones:
Biside a welle, Jhesus, God and man,   15
Spak in repreeve of the Samaritan,
"Thou hast yhad fyve housbondes," quod he,
"And that man the which that hath now thee
Is noght thyn housbonde." Thus seyde he
        certeyn.
What that he mente therby, I kan nat seyn,   20

---

1   *auctoritee* cf *infra*. Comme le signale Fisher, ce vers exprime très bien le passage de la première et de la deuxième partie à la troisième: le passage de l'expérience (MT et RT) et de l'autorité (MLT) à un Prologue qui concrétise la tension entre ces deux idéaux.

6   cf GP 460. Le mariage se célébrait sur le parvis de l'église, sauf chez les couples de haut rang; c'est même temps une indication de la classe sociale à lequelle appartient la Femme.

IIIᵉ PARTIE

LE CONTE DE LA FEMME DE BATH

PROLOGUE

Le prologue du Conte de la femme de Bath.

Même si aucun écrit faisant autorité
N'existait sur le sujet, l'expérience m'est bien suffisante
Pour parler du malheur inhérent au mariage;
Car, Messeigneurs, depuis l'âge de douze ans,
Grâce soit rendue à Dieu qui est la vie éternelle,
J'ai eu cinq maris à la porte de l'église, -
Si toutefois je puis avoir été mariée autant de fois, -
Et tous étaient des hommes dignes, chacun selon son rang.
Mais on m'a assuré, il n'y a pas longtemps,
10 Que puisque le Christ n'est allé qu'une seule fois
A un mariage, à Cana, en Galilée,
Par cet exemple même il m'a enseigné
Que je ne devais me marier qu'une seule fois.
Ecoutez aussi avec quelles paroles sévères
Répliqua près d'un puits Jésus, Dieu et homme,
En adressant des reproches à la Samaritaine:
«Tu as eu cinq maris», dit-il,
«Et cet homme qui te possède maintenant
N'est pas ton mari», ainsi parla-t-il, assurément.
20 Ce qu'il entendait par là, je ne puis le dire;

7   cf ce qui va suivre et toute la polémique sur la légalité des mariages en deuxièmes noces.
11   la référence aux noces de Cana n'est évidemment pas un argument, mais -et ceci fait partie du ridicule- a été utilisée comme telle par saint Jérôme.
16   Jean IV, 5 et sv; le texte de l'Evangile ne correspond toutefois pas exactement: IV, 18 «car tu as eu cinq maris et celui que tu as maintenant n'est pas ton mari»; la différence doit être significative étant donné le contexte.

But that I axe why that the fifthe man
Was noon housbonde to the Samaritan?
How manye myghte she have in mariage?
Yet herde I nevere tellen in myn age
Upon this nombre diffinicioun.   25
Men may devyne and glosen up and doun,
But wel I woot, expres, withoute lye,
God bad us for to wexe and multiplye;
That gentil text kan I wel understonde.
Eek wel I woot, he seyde myn housbonde   30
Sholde lete fader and mooder and take to me.
But of no nombre mencioun made he,
Of bigamye or of octogamye.
Why sholde men speke of it vileynye?
    Lo, heere the wise kyng, daun Salomon,   35
I trowe he hadde wyves mo than oon.
As wolde God it were leveful unto me
To be refresshed half so ofte as he.
Which yifte of God hadde he for alle his wyvys!
No man hath swich that in this world alyve is.
God woot, this noble kyng, as to my wit,   41
The firste nyght had many a myrie fit
With ech of hem, so wel was hym on lyve.
Yblessed be God that I have wedded fyve,
Of whiche I have pyked out the beste,   44a
Bothe of here nether purs and of here cheste.
Diverse scoles maken parfyt clerkes,
And diverse practyk in many sondry werkes
Maketh the werkman parfit sekirly;
Of fyve husbondes scoleiyng am I.   44f
Welcome the sixte, whan that evere he shal.
For sothe, I wol nat kepe me chaast in al.   46
Whan myn housbonde is fro the world ygon,
Som Cristen man shal wedde me anon,
For thanne th'apostle seith that I am free

29   *gentil* amorce du débat sur la nature de la *gentillesse* que l'on trouvera dans le Conte.
33   *octogamye* littéralement, le fait de se marier huit fois; le terme est de saint Jérôme.
38   *refresshed* cf 146.

Mais je me demande pourquoi le cinquième homme
N'était pas le mari de la Samaritaine.
Combien pouvait-elle en avoir dans le mariage?
Et cependant, de toute ma vie je n'ai jamais entendu parler
D'une définition de ce nombre.
On peut spéculer et gloser en tous sens,
Mais moi je sais bien, sans mentir,
Que Dieu nous a tout spécialement demandé de croître et de
nous multiplier;
Je puis très bien compendre ce noble texte,
30   Et je sais aussi très bien qu'il a dit à mon mari
Qu'il devait quitter son père et sa mère et me prendre.
Mais il n'a fait aucune mention de nombre,
De bigamie ou d'octogamie;
Pourquoi alors en dire que c'est une vilenie?
    Prenez le sage roi, dom Salomon,
Je crois bien qu'il a eu plus d'une femme.
Plût à Dieu que cela me fût autorisé
D'être rafraîchie la moitié de ce qu'il a été!
Quel don de Dieu il a eu avec toutes ses femmes!
40   Aucun homme en vie dans ce monde n'en a de tel.
Dieu le sait, à mon avis, la première nuit,
Ce noble roi a eu un joyeux combat
Avec chacune d'elles, tant il était bien en vie.
Dieu soit béni que j'en aie épousé cinq,
44 a Et j'ai pompé le meilleur
   b De leur bourse du bas et de leur coffre.
   c Diverses écoles font des clercs parfaits,
   d Et une pratique diversifiée dans beaucoup de travaux dif-
     férents
   e Rend l'artisan parfait, à coup sûr;
   f De cinq maris je suis l'écolière,
45   Vivement le sixième, dès qu'il le voudra!
Car, en vérité, je ne veux absolument pas me garder chaste.
Dès que mon mari a quitté ce monde,
Un chrétien doit tout de suite m'épouser,
Car l'apôtre dit qu'alors je suis libre

44a   l'ambiguité des termes français rend assez bien la *double entendre* des propos
de la Femme.

To wedde, a Goddes half, where it liketh me.
He seith that to be wedded is no synne;　51
Bet is to be wedded than to brynne.
What rekketh me, thogh folk seye vileynye
Of shrewed Lameth and his bigamye?
I woot wel Abraham was an hooly man,　55
And Jacob eek, as ferforth as I kan,
And ech of hem hadde wyves mo than two,
And many another holy man also.
Wher can ye seye, in any manere age,
That hye God defended mariage　60
By expres word? I pray yow, telleth me.
Or where comanded he virginitee?
I woot as wel as ye, it is no drede,
Th'apostel, whan he speketh of maydenhede,
He seyde that precept therof hadde he noon.　65
Men may conseille a womman to been oon,
But conseillyng is nat comandement.
He putte it in oure owene juggement;
For hadde God comanded maydenhede,
Thanne hadde he dampned weddyng with the
　　　dede.　70
And certain, if ther were no seed ysowe,
Virginitee wherof thanne sholde it growe?
Poul dorste nat comanden, atte leeste,
A thyng of which his maister yaf noon heeste.
The dart is set up for virginitee:　75
Cacche whoso may; who renneth best lat see.
　　But this word is nat taken of every wight,
But ther as God lust gyve it of his myght.
I woot wel that th'apostel was a mayde,　79
But nathelees, thogh that he wroot and sayde
He wolde that every wight were swich as he,
Al nys but conseil to virginitee.
And for to been a wyf he yaf me leve

50　I Cor. VII, 39
52　I Cor. VII, 9.
54　Genèse IV, 19.
65　I Cor. VII, 25.

50   De me marier devant Dieu avec qui me plaît.
      Il dit qu'être marié n'est pas un péché;
      Mieux vaut être marié que de brûler.
      Peu m'importe si on dit vilenie
      De Lamech le pervers et de sa bigamie.

      Je sais bien qu'Abraham était un saint,
      Et Jacob aussi, pour autant que je sache;
      Et chacun d'eux a eu plus de deux femmes,
      Et c'est le cas de bien d'autres saints.
      Où pouvez-vous voir qu'à une époque quelconque
60   Le Dieu puissant a expressément interdit le mariage?
      Je vous en prie, dites-le moi.
      Ou bien, alors, où a-t-il prescrit la virginité?
      Je sais aussi bien que vous, c'est clair,
      Que quand l'apôtre parle de la virginité
      Il dit qu'il n'en a pas reçu l'ordre divin.
      On peut conseiller à une femme de rester seule,
      Mais conseiller ce n'est pas ordonner.
      Il s'en est remis à notre propre jugement;
      Car, si Dieu avait ordonné la virginité,
70   Alors, de ce fait il aurait condamné le mariage.
      Et certes, d'où pousserait alors la virginité
      Si aucune graine n'était semée?
      (Saint) Paul en tout cas n'a pas osé prescrire
      Une chose dont son maître ne lui avait pas donné l'ordre.
      On a sorti le dard, prix de la virginité,
      L'attrape celui qui pourra, voyons qui court le mieux.
        Mais cet ordre n'est pas donné à tous,
      Seulement à ceux auxquels Dieu, dans sa puissance, a envie de
      le donner.
      Je sais bien que l'apôtre était vierge;
80   Mais cependant, bien qu'il ait écrit et dit
      Qu'il voulait que chacun fût comme lui,
      Il n'a fait que conseiller la virginité,
      Et il m'a donné la permission d'être une épouse

75-76   allusion à I Cor. IX, 24-27, mais en même temps ambiguïté des termes; voir
        notamment *Chaucer's Bawdy* s.v. *dart*.

Of indulgence; so it is no repreve
To wedde me if that my make dye,   85
Withoute excepcioun of bigamye.
Al were it good no womman for to touche—
He mente as in his bed or in his couche—
For peril is bothe fyr and tow t'assemble—
Ye knowe what this ensample may resemble. 90
This is al and som: he heeld virginitee
Moore parfit than weddyng in freletee.
Freletee clepe I, but if that he and she
Wolde leden al hir lyf in chastitee.

    I graunte it wel, I have noon envie,   95
Thogh maydenhede preferre bigamye.
Hem liketh to be clene, body and goost.
Of myn estaat I nyl nat make no boost,
For wel ye knowe, a lord in his houshold
He nath nat every vessel al of gold;   100
Somme been of tree, and doon hir lord servyse.
God clepeth folk to hym in sondry wyse,
And everich hath of God a propre yifte,
Som this, som that, as hym liketh shifte.

    Virginitee is greet perfeccioun,   105
And continence eek with devocioun,
But Crist, that of perfeccioun is welle,
Bad nat every wight he sholde go selle
Al that he hadde and gyve it to the poore,
And in swich wise folwe hym and his foore. 110
He spak to hem that wolde lyve parfitly;
And lordynges, by youre leve, that am nat I.
I wol bistowe the flour of al myn age
In the actes and in fruyt of mariage.

    Telle me also, to what conclusioun   115

---

84   I Cor. VII, 6; je traduis *indulgence,* manifestement calqué sur le latin
indulgentiam, par concession, conformément à la traduction française.

86-90 je modifie la ponctuation: celle de Winny me paraît plus logique. Ceci
implique que je considère que *ensample* fait allusion à *fyr and tow* plutôt
qu'aux enseignements de saint Paul; cette possibilité n'est toutefois pas exclue,
et il est d'ailleurs probable que l'ambiguité soit voulue.

87   I Cor. VII, 1.

91   littéralement: le feu et le lin non tissé.

Par concession; on ne peut pas me faire de reproche
Si je me marie à la mort de mon compagnon;
On ne pourra pas m'accuser de bigamie,
Même s'il est bon (pour l'homme) de ne pas toucher de femme, -
Il voulait dire dans son lit ou sa couche,
Car il est périlleux d'assembler l'huile et le feu:

90 Vous savez à quoi fait penser ce proverbe!
Somme toute, il considérait la virginité
Comme plus parfaite que le mariage résultant de la fragilité.
J'appelle cela de la fragilité, à moins que lui et elle
Ne veuillent mener toute leur vie dans la chasteté.

Je conçois bien, sans en avoir envie,
Que certains préfèrent la continence à la bigamie.
Il plaît à ces gens d'être purs de corps et d'esprit;
Je ne veux pas me vanter de mon état,
Car, vous le savez bien, un seigneur dans sa demeure

100 N'a pas seulement de la vaisselle d'or;
Certaines pièces sont en bois et rendent service à leur seigneur.
Dieu appelle les hommes vers lui selon différentes voies,
Et chacun reçoit son propre don de Dieu,
Qui ceci, qui cela, suivant la manière dont il lui plaît de les distribuer.

La virginité est une grande perfection,
Ainsi que la continence pour vaquer à la prière;
Mais le Christ, qui est un puits de perfection,
N'a pas demandé à tous d'aller vendre
Tout ce qu'ils possédaient, de le donner aux pauvres,

110 Et, ce faisant, de le suivre et de suivre ses pas.
Il s'adressait à ceux qui voulaient vivre dans la perfection;
Mais, Messeigneurs, avec votre permission, je ne suis pas de ceux-là.
Je veux consacrer ma fleur de l'âge
Aux actes et aux fruits du mariage.

Dites-moi aussi à quelle fin

---

92   I Cor. VII, 9.
93-94 I Cor. VII, 5.
104-105 ici encore I Cor. VII, 7.
106   *idem*, VII, 5, ce qui permet de clarifier *devocioun*.

Were membres ymaad of generacioun,
And of so parfit wys a wight ywroght?
Trusteth right wel, they were nat maad for
    noght.
Glose whoso wole and seye bothe up and doun
That they were maked for purgacioun   120
Of uryne, and oure bothe thynges smale
Were eek to knowe a femele from a male,
And for noon oother cause—say ye no?
The experience woot wel it is noght so.
So that the clerkes be nat with me wrothe,   125
I sey this, that they beth maked for bothe,
This is to seye, for office and for ese
Of engendrure, ther we nat God displese.
Why sholde men elles in hir bookes sette
That a man shal yelde to his wyf hire dette? 130
Now wherwith sholde he make his paiement,
If he ne used his sely instrument?
Thanne were they maad upon a creature
To purge uryne, and eek for engendrure.

   But I seye noght that every wight is holde,
That hath swich harneys as I to yow tolde,   136
To goon and usen hem in engendrure.
Thanne sholde men take of chastitee no cure.
Crist was a mayde and shapen as a man,
And many a seint sith that the world bigan,   140
Yet lyved they evere in parfit chastitee.
I nyl nat envye no virginitee.
Lat hem be breed of pured whete seed,
And lat us wyves hoten barly-breed;
And yet with barly-breed, Mark telle kan,   145
Oure Lord Jhesu refresshed many a man.
In swich estaat as God hath cleped us
I wol persevere; I nam nat precius.

---

119   littéralement «en bas et en haut, en tous sens».
124   *experience* la Femme est fière de la supériorité de son expérience sur les
        discussions de clercs; on relira le début du Prologue.
130   cf I Cor. VII, 3.
132   *sely* le mot est en pleine évolution sémantique, et Chaucer profite du triple
        sens d' «innocent, fou et béni» pour nous laisser toutes les interprétations

Les membres générateurs ont été faits
Et pourquoi ils ont été fabriqués par un être aussi sage;
Croyez bien qu'ils n'ont pas été faits pour rien.
On peut gloser tant qu'on veut et répéter sur tous les tons
120   Qu'ils ont été faits pour purger
L'urine, et que nos deux petites choses ont été faites
Pour reconnaître une femelle d'un mâle,
Et pour aucune autre raison, - vous dites que non?
L'expérience sait qu'il n'en est pas ainsi.
Pour que les clercs ne soient pas fâchés contre moi,
Je dis ceci: elles ont été faites aux deux fins,
C'est-à-dire pour (remplir leur) office et pour procurer le plaisir
De la conception, ce en quoi nous ne déplaisons pas à Dieu.
Autrement, pourquoi consignerait-on dans les livres
130   Que l'homme doit rendre à sa femme son dû?
Mais alors, avec quoi ferait-il son paiement
S'il n'utilisait pas son bon instrument?
Ainsi donc, elles ont été ajoutées aux créatures
Pour purger l'urine et aussi pour la conception.
   Mais je ne dis pas que tous ceux
Qui ont le harnachement dont je vous ai parlé
Sont tenus d'aller l'utiliser pour la conception:
Alors on ne s'occuperait plus de la chasteté.
Le Christ était vierge, et bâti comme un homme,
140   Ainsi que beaucoup de saints depuis le début du monde;
Et pourtant ils ont toujours vécu en parfaite chasteté.
Je ne veux envier aucune virginité.
Qu'ils soient le pain de pur grain de froment,
Et que nous, les femmes, on nous appelle pain d'orge;
Et pourtant, c'est avec du pain d'orge, nous dit Marc,
Que notre Seigneur Jésus a rassasié plus d'un homme.
C'est dans cet état où Dieu nous a appelés
Que je veux demeurer; je ne suis pas précieuse.

---

ouvertes et ne pas se prononcer sur la valeur morale des organes sexuels. Je n'ai malheureusement pu trouver aucun équivalent en français.
146   le français «rafraîchir» n'ayant pas la connotation de «rassasier», je n'ai pu trouver une réplique adéquate au vers 38.
147-48 I Cor. VII, 20.
    precius l'ambiguïté du terme français rend bien celle de Chaucer.

In wyfhode I wol use myn instrument
As frely as my Makere hath it sent.   150
If I be daungerous, God yeve me sorwe.
Myn housbonde shal it have both eve and
    morwe,
Whan that hym list com forth and paye his
    dette.
An housbonde I wol have, I nyl nat lette,
Which shal be bothe my dettour and my thral,
And have his tribulacioun withal   156
Upon his flessh whil that I am his wyf.
I have the power durynge al my lyf
Upon his propre body, and noght he.
Right thus the Apostel tolde it unto me,   160
And bad oure housbondes for to love us weel.
Al this sentence me liketh every deel—

    Up stirte the PARDONER, and that anon:
"Now, dame," quod he, "by God and by Seint
    John,
Ye been a noble prechour in this cas.   165
I was aboute to wedde a wyf. Allas,
What sholde I bye it on my flessh so deere?
Yet hadde I levere wedde no wyf to-yeere."

    "Abyde," quod she, "my tale is nat bigonne.
Nay, thou shalt drynken of another tonne   170
Er that I go, shal savoure wors than ale.
And whan that I have toold thee forth my tale
Of tribulacioun in mariage,
Of which I am expert in al myn age—   174
This is to seyn, myself have been the whippe—
Than maystow chese wheither thou wolt sippe
Of thilke tonne that I shal abroche.
Be war of it, er thou to ny approche,
For I shal telle ensamples mo than ten.
'Whoso that nyl be war by othere men,   180
By hym shul othere men corrected be.'

156   I Cor. VII, 28; Chaucer traduit le latin *tribulationem* par *tribulacioun;* je garde
    ce mot en français, bien que le texte de ma traduction française de l'Epître

Dans mon état d'épouse je veux utiliser mon instrument
150 Aussi librement que mon Auteur me l'a accordé.
Si je suis distante, que Dieu m'apporte du chagrin!
Mon mari l'aura soir et matin,
Quand il lui plaira de venir payer son dû.
Je veux avoir un mari, - rien ne m'arrêtera -
Qui sera à la fois mon débiteur et mon esclave,
Et qui, de ce fait, subira des tribulations
Dans sa chair tant que je serai sa femme.
C'est moi qui aurai le pouvoir durant toute ma vie
Sur son propre corps, ce ne sera pas lui.
160 C'est bien ce que m'a dit l'Apôtre;
Et il a demandé à nos maris de bien nous aimer.
Tous les détails de cette déclaration me plaisent»-

Le Pardonneur bondit tout à coup:
«Ma parole, Madame», dit-il, «par Dieu et par saint Jean!
Vous êtes un noble prêcheur (quand vous parlez) sur ce sujet.
J'étais prêt à épouser une femme; hélas!
Quoi, je devrais payer aussi chèrement dans ma chair?
Je préférais encore ne pas prendre de femme cette année!»
«Attends!», dit-elle, «mon conte n'est pas commencé.
170 Non, tu boiras d'un autre tonneau,
Avant que je ne m'en aille, et il aura moins de saveur que la bière.
Et quand j'aurai fini de te raconter mon conte
Sur les tribulations du mariage
(J'en ai fait l'expérience, à tous les âges, -
Disons que j'ai moi-même été la cravache, -),
Alors tu pourras choisir si tu veux siroter
De ce tonneau que je vais mettre en perce.
Prends garde, avant d'approcher trop près,
Car je donnerai des exemples: plus de dix.
180 'Celui qui ne veut pas faire attention à ce qui arrive aux autres hommes,
Celui-là servira à corriger d'autres hommes'.

soit «mais ils sont affligés dans leur chair»: le français *tribulation* garde une connotation étymologique d'épreuve physique en même temps que morale. Cf aussi v.173
158 sv. I Cor. VII, 4.

The same wordes writeth Ptholomee;
Rede in his Almageste and take it there."
   "Dame, I wolde praye yow, if youre wyl it
     were,"
Seyde this Pardoner, "as ye bigan,   185
Telle forth youre tale; spareth for no man,
And teche us yonge men of youre praktike."
   "Gladly," quod she, "sith it may yow like.
But yet I praye to al this compaignye
If that I speke after my fantasye   190
As taketh not agrief of that I seye,
For myn entente nys but for to pleye."

   Now, sire, now wol I telle forth my tale:
As evere moote I drynken wyn or ale,
I shal seye sooth, of tho housbondes that I
     hadde,   195
As thre of hem were goode, and two were
     badde.
The thre men were goode, and riche, and olde.
Unnethe myghte they the statut holde
In which that they were bounden unto me.
Ye woot wel what I meene of this, pardee.   200
As help me God, I laughe whan I thynke
How pitously a-nyght I made hem swynke!
And, by my fey, I tolde of it no stoor;
They had me yeven hir lond and hir tresoor.
Me neded nat do lenger diligence   205
To wynne hir love, or doon hem reverence.
They loved me so wel, by God above,
That I ne tolde no deyntee of hir love.
A wys womman wol sette hire evere in oon
To gete hire love, ye, ther as she hath noon. 210
But sith I hadde hem hoolly in myn hond,
And sith they hadde me yeven al hir lond,
What sholde I taken heede hem for to plese

183   l'*Almageste* de Ptolémée faisait partie de la bibliothèque d'un clerc (cf MT
     3208) et la Femme en a manifestement entendu parler par son mari; elle ne se
     souvient toutefois pas avec précision de la source de ce proverbe car, comme

C'est ce qu'écrit Ptolémée;
Lis son Almageste et tu trouveras ces paroles.»

    «Madame», dit le Pardonneur, «je voudrais vous prier, si telle est votre volonté,
De continuer votre conte comme vous l'avez commencé;
Ne vous arrêtez pour personne,
Et enseignez-nous votre expérience pratique, à nous les hommes jeunes.»

    «Volontiers», dit-elle, «si cela peut vous faire plaisir;
Mais je prie toute cette compagnie

190   De ne pas prendre mal ce que je dis
Si je parle au gré de ma fantaisie,
Car mon intention n'est que ludique.

    Voilà, Monsieur, maintenant je vais continuer,
Aussi vrai que j'espère boire du vin ou de la bière,
Je dirai la vérité: parmi les maris que j'ai eus,
Trois étaient bons, et deux mauvais.
Les trois qui étaient bons étaient riches et vieux;
C'est à peine s'ils pouvaient respecter le statut
Suivant lequel ils s'étaient unis à moi.

200   Vous savez bien ce que je veux dire, pardi!
Mon Dieu, je ris quand je pense
A ce qu'ils étaient pitoyables quand je les faisais trimer la nuit!
Et, ma foi, je m'en fichais;
Ils m'avaient donné leur terre et leur trésor;
Il ne m'était plus nécessaire de faire diligence
Ou de faire révérence pour gagner leur amour.
Ils m'aimaient tellement, par Dieu là-haut,
Que je ne faisais aucun cas de leur amour!
Une femme sage s'affairera toujours

210   A obtenir l'amour de ceux qui ne lui en donnent pas.
Mais, puisque je les avais entièrement en main,
Et puisqu'ils m'avaient donné toutes leurs terres,
Pourquoi aurais-je essayé de leur plaire,

---

le signale Fisher, ce proverbe et celui du v.326 apparaissent en fait dans une des préfaces.

211   *hond* le français conserve l'ambiguité sous-jacente au Prologue (voir *Chaucer's Bawdy* s.v. *hond*): vv. 211, 226, 232, 380, 393 et 575.

But it were for my profit and myn ese?
I sette hem so a-werke, by my fey,   215
That many a nyght they songen "weilawey."
The bacon was nat fet for hem, I trowe,
That som men han in Essex at Dunmowe.
I governed hem so wel, after my lawe,
That ech of hem ful blisful was and fawe   220
To brynge me gaye thynges fro the fayre.
They were ful glad whan I spak to hem faire,
For, God it woot, I chidde hem spitously.
      Now herkneth hou I baar me proprely,
Ye wise wyves, that kan understonde.   225
Thus shul ye speke and bere hem wrong on
      honde,
For half so boldely kan ther no man
Swere and lyen as a womman kan.
I sey nat this by wyves that been wyse,
But if it be whan they hem mysavyse.   230
A wys wyf, if that she kan hir good,
Shal beren hym on hond the cow is wood,
And take witnesse of hir owene mayde
Of hir assent. But herkneth how I sayde:
      Sire olde kaynard, is this thyn array?   235
Why is my neighebores wyf so gay?
She is honoured over al ther she gooth;
I sitte at hoom; I have no thrifty clooth.
What dostow at my neighebores hous?
Is she so fair? Artow so amorous?   240
What rowne ye with oure mayde, benedicite?
Sire olde lecchour, lat thy japes be.
And if I have a gossib or a freend

217   on attribuait annuellement une flèche de bacon au couple qui ne s'était pas
disputé ou qui n'avait pas souhaité être resté célibataires. Selon Fisher,
Dunmow dans l'Essex n'est pas le seul endroit où ce genre de fête avait lieu.
Le choix de l'Essex ne doit pas être dû au hasard si l'on pense à toutes les
connotations sexuelles du passage, et plus particulièrement à celles du mot
bacon (rappelées par B. Rowland dans son chapitre «Chaucer's Imagery» de
Companion to Chaucer's Studies, p.135). On y trouvera une autre allusion au
vers 418.

A moins que ce ne fût pour mon profit et mon plaisir?
Ma foi, je les ai tellement fait travailler
Que mainte nuit ils chantaient «hélas!»;
Le bacon que certains ont à Dunmow dans l'Essex
Ne leur était pas gras, je crois.
Je les ai si bien gouvernés selon ma loi
220 Que chacun d'eux était tout heureux et impatient
De me rapporter de jolies parures de la foire.
Ils étaient tout contents quand je leur parlais gentiment,
Car Dieu sait ce que je les ai engueulés méchamment.
     Mais écoutez donc comment je sus me comporter,
Vous les femmes sages qui saurez me comprendre.
C'est ainsi que vous leur parlerez et que vous leur en ferez
accroire,
Car aucun homme ne peut arriver à la cheville d'une femme
Pour jurer et mentir.
Je ne dis pas ceci à propos des épouses qui sont sages:
230 C'est uniquement pour quand il leur arrive d'être mal avisées.
Une femme sage qui sait où est son bien
Lui fera accroire que la corneille est folle
Et prendra à témoin sa propre servante
Avec l'assentiment de cette dernière; mais écoutez ce que je
disais;
     «Monsieur le vieux flemmard, est-ce là ton train de mai-
son?
Pourquoi l'épouse de mon voisin est-elle si bien parée?
On l'honore partout où elle va;
Moi, je reste à la maison, je n'ai rien à me mettre.
Que fais-tu chez la voisine?
240 Est-elle si jolie? Es-tu si amoureux?
Que chuchotes-tu à notre servante? Ca alors!
Monsieur le vieux lubrique, arrête de plaisanter!
Lorsque j'ai un filleul ou un ami

---

226   *honde* cf *supra*.
232   *idem*. C'est le thème d'un des contes qui suivra (celui de l'Econome).
235   il était tentant d'utiliser les mots français cagnard et arroi, mais leur caractère
      vieillot n'était guère compatible avec le ton familier de la Femme.
238   littéralement «je n'ai pas de vêtements adéquats».
241   *benedicite* ici, j'ai préféré essayer d'interpréter.
243   *gossib* le filleul et ses parents.

Withouten gilt, thou chidest as a feend
If that I walke or pleye unto his hous.   245
Thou comest hoom as dronken as a mous
And prechest on thy bench with yvel preef.
Thou seist to me it is a greet meschief
To wedde a poure womman for costage;
And if that she be riche, of heigh parage,   250
Thanne seistow that it is a tormentrie
To suffren hire pride and hire malencolie.
And if that she be fair, thou verray knave,
Thou seyst that every holour wol hire have;
She may no while in chastitee abyde   255
That is assailled upon ech a syde.

    Thou seyst som folk desire us for richesse,
Somme for oure shap, and somme for oure
        fairnesse,
And som for she kan synge and daunce,
And som for gentillesse and daliaunce,   260
Som for hir handes and hir armes smale—
Thus goth al to the devel, by thy tale.
Thou seyst men may nat kepe a castel wal
It may so longe assailed been over al.

    And if that she be foul, thou seist that she 265
Coveiteth every man that she may se,
For as a spaynel she wol on hym lepe
Til that she fynde som man hire to chepe.
Ne noon so grey goos gooth ther in the lake
As, seistow, wol been withoute make.   270
And seyst it is an hard thyng for to welde
A thyng that no man wole, his thankes, helde.
Thus seistow, lorel, whan thow goost to bedde,
And that no wys man nedeth for to wedde,
Ne no man that entendeth unto hevene—   275
With wilde thonder-dynt and firy levene
Moote thy welked nekke be tobroke!

246   cf KT 1262: littéralement: «comme une souris».

- En toute innocence -, tu hurles comme un diable
Si je vais faire un tour avec lui.
Tu reviens à la maison soûl comme une grive,
Et tu prêches sur ton banc avec des arguments qui n'en sont
pas!
Tu me dis que l'on a bien tort
D'épouser une femme pauvre: cela coûte cher;
250 Et, s'il se fait qu'elle est riche et de haut parage,
Tu dis alors que c'est un tourment
De souffrir son orgueil et sa mélancolie;
Et s'il se fait qu'elle est jolie, espèce d'obsédé,
Tu dis que tous les cochons voudront la posséder;
Elle ne peut vivre longtemps dans la chasteté
Celle qui est assaillie de tous les côtés.
   Tu dis que certains hommes nous désirent pour notre
richesse,
D'autres pour nos formes, d'autres pour notre beauté,
D'autres parce que la belle sait chanter ou danser,
260 D'autres pour ses gentes manières ou ses badinages,
Certains pour ses petites mains et ses petits bras:
D'après ton histoire, elles sont toutes sur le chemin du diable.
Tu dis que l'on ne peut tenir le mur d'un château
S'il est constamment assailli de partout.
   Et si elle est laide, tu dis qu'elle
Convoite tous les hommes qu'elle voit,
Car elle vient sauter sur eux comme un épagneul
Jusqu'à ce qu'elle trouve un homme qui ait commerce avec
elle.
Et, dis-tu, sur l'étang même les oies grises
270 Trouvent un compagnon.
Et tu dis que c'est une chose pénible de manipuler
Une chose que personne ne voudrait tenir de plein gré.
C'est ce que tu dis, quand tu vas au lit;
(Tu dis aussi) qu'aucun sage homme n'a besoin de se marier,
Pas plus qu'un homme qui veut aller au ciel.
Que le coup de tonnerre et l'éclair de feu
Brisent ton cou tout ratatiné!

252   *mélancolie* une des quatre humeurs fondamentales.

Thow seyst that droppyng houses and eek
    smoke
And chidyng wyves maken men to flee
Out of hir owene hous—a, benedicitee!   280
What eyleth swich an old man for to chide?
    Thow seyst we wyves wol oure vices hide
Til we be fast, and thanne we wol hem
    shewe—
Wel may that be a proverbe of a shrewe!
    Thou seist that oxen, asses, hors, and houndes,
They been assayed at diverse stoundes;   286
Bacyns, lavours, er that men hem bye,
Spoones and stooles, and al swich housbondrye,
And so been pottes, clothes, and array;
But folk of wyves maken noon assay,   290
Til they be wedded—olde dotard shrewe!
Thanne, seistow, we wol oure vices shewe.

    Thou seist also that it displeseth me
But if that thou wolt preyse my beautee,
And but thou poure alwey upon my face   295
And clepe me "faire dame" in every place,
And but thou make a feeste on thilke day
That I was born, and make me fressh and gay,
And but thou do to my norice honour,
And to my chamberere withinne my bour,   300
And to my fadres folk and his allyes—
Thus seistow, olde barelful of lyes!

    And yet of oure apprentice Janekyn,
For his crisp heer, shynynge as gold so fyn,
And for he squiereth me bothe up and doun,
Yet hastow caught a fals suspecioun.   306
I wol hym noght, thogh thou were deed
    tomorwe.

278-80   cette expression proverbiale est attestée ailleurs chez Chaucer (*Mel.* VII, 1086
et Prov. 27, 15) et au moyen âge. Voir notamment la traduction d'*Etudes
Germaniques,* qui cite un poème goliard et un extrait des *Lamentations de
Matheolus.*

280   *benedictee* voir v.241.

285   sv. emploi ironique d'un passage du *Liber de Nuptiis* de Théophraste (cité par
saint Jérôme: voir la traduction française pp. 53-59). Chaucer reprend

Tu dis que les toits qui percent, de même que la fumée
Et les femmes qui crient font fuir les hommes
280 De leur maison; çà alors!
Qu'est ce qu'il prend à un vieil homme comme toi de grogner
ainsi?

Tu dis que nous les épouses, nous décidons de cacher nos
vices
Jusqu'à ce que nous soyons casées, et qu'ensuite nous les
montrons, -
C'est probablement là le proverbe d'un scélérat!

Tu dis que les bœufs, les ânes, les chevaux et les chiens
Sont mis à l'essai à diverses reprises;
(De même) les bassins, et les cuvettes, avant d'être achetés,
Ainsi que les cuillères, les tabourets et tous les ustensils de
ménage,
Les pots, les vêtements et tout l'arroi;
290 Mais on ne peut pas essayer les femmes
Avant de se marier; - sale vieux radoteur!
Et c'est alors, dis-tu, que nous montrons nos vices.

Tu dis aussi que je ne suis pas contente
Si tu ne loues pas ma beauté
Et si tu ne contemples pas constamment mon visage,
Et si tu ne m'appelles pas 'jolie madame' en tous lieux,
Et si tu n'organises pas une fête le jour
De mon anniversaire et si tu ne me fais pas des cadeaux pour
que je sois jolie
Et parée, et si tu ne fais pas honneur à ma nourrice
300 Et à ma femme de chambre dans mes appartements
Ainsi qu'aux parents et alliés de mon père -
C'est ce que tu dis, vieux baril rempli de lie!

Et pourtant tu as conçu de faux soupçons
A propos de Jeannot notre apprenti,
A cause de ses cheveux frisés et brillants comme de l'or fin,
Et parce qu'il me servait d'écuyer en tous lieux.
Je n'en veux pas, même si tu mourrais demain!

---

manifestement certains arguments sans veiller à ce qu'ils soient compatibles
avec la situation sociale de la Femme (c'est le cas des domestiques); mais peut-
être est-ce voulu!
302 *lyes* jeu de mots intraduisible: à la fois la lie et les mensonges.

But tel me, why hydestow with sorwe
The keyes of thy cheste awey fro me?
It is my good as wel as thyn, pardee.   310
What, wenestow to make an ydiot of oure dame?
Now by that lord that called is Seint Jame,
Thou shalt nat bothe, thogh that thou were
          wood,
Be maister of my body and of my good;   314
That oon thou shalt forgo, maugree thyne eyen.
What needeth thee of me to enquere or spyen?
I trowe thou woldest loke me in thy chiste.
Thou sholdest seye, "Wyf, go where thee liste;
Taak youre disport, I wol nat leve no talys.
I knowe yow for a trewe wyf, dame Alys."   320
We love no man that taketh kepe or charge
Wher that we goon; we wol ben at oure large.
     Of alle men yblessed moot he be,
The wise astrologien, daun Ptholome,
That seith this proverbe in his Almageste,   325
"Of alle men his wysdom is the hyeste
That rekketh nevere who hath the world in
          honde."
By this proverbe thou shalt understonde,
Have thou ynogh, what thar thee recche or
          care
How myrily that othere folkes fare?   330
For certeyn, olde dotard, by youre leve,
Ye shul have queynte right ynogh at eve.
He is to greet a nygard that wolde werne
A man to lighte a candle at his lanterne;
Hé shal have never the lasse light, pardee.   335
Have thou ynogh, thee thar nat pleyne thee.
Thou seyst also that if we make us gay
With clothyng and with precious array
That it is peril of oure chastitee;
And yet with sorwe, thou most enforce thee, 340
And seye thise wordes in the Apostles name,

332   *queynt* ce mot a fait couler beaucoup d'encre (voir notamment *Chaucer's*

Mais, dis-moi, misérable, pourquoi me caches-tu
Les clefs de ton coffre?
310 C'est mon bien aussi bien que le tien, pardi!
Quoi? Me prends-tu pour une idiote, moi ta dame?
Eh bien, par ce seigneur qui a nom saint Jacques,
Même si tu en es furieux, tu ne seras pas
Le maître et de mon corps et de mon bien;
Tu perdras l'un des deux, malgré tes (beaux) yeux.
A quoi cela sert-il de mener une enquête sur moi et de
m'épier?
Je crois que tu voudrais pouvoir m'enfermer dans ton coffre.
Tu devrais dire: «Femme, va où tu veux;
Amuse-toi, je ne croirai aucune histoire.
320 Je te sais une épouse fidèle, dame Alice.»
Nous n'aimons pas un homme qui s'occupe et s'inquiète
D'où nous allons; nous voulons être au large.
  Que le sage astrologue Dom Ptolémée
Soit béni entre tous les hommes:
Il dit ce proverbe dans son Almageste:
'Parmi tous les hommes, celui qui a la plus grande sagesse
Est celui qui ne s'occupe pas de qui a le monde en main'.
Tu dois comprendre ceci dans ce proverbe:
Si tu as en suffisance, qu'est-ce que cela peut bien te foutre
330 Le joyeux train que mènent les autres?
Car, à coup sûr, vieux radoteur, avec votre permission,
Le soir, vous aurez tout le sexe que vous voudrez.
Il serait bien trop avare celui qui refuserait
A un homme d'allumer son cierge à sa lanterne.
Il n'en aura pas moins de feu, pardi!
Si tu as en suffisance, ne te plains pas.
  Tu dis aussi que si nous nous parons
De vêtements et d'un précieux arroi,
C'est au péril de notre chasteté,
340 Et, misérable, il faut encore que tu renforces ta position
En disant ces mots au nom de l'Apôtre:

Bawdy s.v. *queynt* et dans l'Introduction): il s'agit des organes génitaux de la
femme. Dans ce contexte, l'ambiguïté des vers qui suivent est incontestable.
343-45 I Tim. II, 9.

144

"In habit maad with chastitee and shame
Ye wommen shul apparaille yow," quod he,
"And noght in tressed heer and gay perree,
As perles, ne with gold, ne clothes riche."   345
After thy text, ne after thy rubriche,
I wol nat wirche as muchel as a gnat.

    Thou seydest this, that I was lyk a cat;
For whoso wolde senge a cattes skyn
Thanne wolde the cat wel dwellen in his in,   350
And if the cattes skyn be slyk and gay
She wol nat dwelle in house half a day,
But forth she wole, er any day be dawed,
To shewe hir skyn and goon a-caterwawed.
This is to seye, if I be gay, sire shrewe,   355
I wol renne out my borel for to shewe.

    Sire olde fool, what helpeth thee to spyen?
Thogh thou preye Argus with his hundred
        eyen
To be my warde-cors, as he kan best,
In feith, he shal nat kepe me but me lest;   360
Yet koude I make his berd, so moot I thee!

    Thou seydest eek that ther been thynges thre
The whiche thynges troublen al this erthe,
And that no wight may endure the ferthe—
O leeve sire shrewe, Jhesu shorte thy lyf!   365
Yet prechestow and seyst an hateful wyf
Yrekened is for oon of thise meschances.
Been ther none othere maner resemblances
That ye may likne youre parables to,
But if a sely wyf be oon of tho?   370

    Thou liknest eek wommenes love to helle,
To bareyne lond, ther water may nat dwelle.
    Thou liknest it also to wilde fyr,

346   littéralement «comme un moucheron».
348   sv. vieil adage; cf. N. Bozon, E. Deschamps et Matheolus.
354   *a-caterwawed a* est ici un suffixe qui indique le mouvement; *caterwawe* est le
       miaulement du chat en rut (cf le wallon råu(e)ter).
356   *borel* le sens de 'bureau' (étoffe grossière) ne satisfait pas les commentateurs,
       qui expliquent difficilement comment elle est *gay* en portant un *borel*. Je crois
       qu'il s'agit plutôt d'une déformation du mot *bourre* dans le sens de 'fourrure,

«C'est d'un habit fait de chasteté et de pudeur
Que vous vous parerez, vous les femmes», dit-il,
«Et pas de tresses et de pierres précieuses,
Comme les perles, ni d'or, ni de riches vêtements.»
Je ne me plierai pas pour un sou
A ton texte ou à ta rubrique.
   Tu disais ceci: que j'étais comme une chatte;
Car, si on brûle la fourrure d'une chatte,
350   Alors la chatte veut bien rester dans sa demeure.
Mais si la fourrure de la chatte est luisante et belle,
Elle ne voudra pas rester une demi-journée dans la maison:
Elle voudra s'en aller bien avant l'aube
Pour montrer sa fourrure et répondre à l'appel du mâle.
C'est-à-dire, Monsieur l'emmerdeur, que si je suis parée,
Je voudrai courir montrer ma bourre.
   Monsieurs le vieux fou, à quoi cela te sert-il d'épier?
Même si tu priais Argus aux cent yeux
D'être mon garde du corps le mieux qu'il le pourrait,
360   Ma foi, il ne me garderait que si cela me plaisait,
Et je pourrais lui faire la barbe de paille, par mon salut!
   Tu as aussi dit qu'il y a trois choses
Qui troublent cette terre,
Et qu'aucun être ne peut supporter la quatrième;
O cher Monsieur l'emmerdeur, que Jésus abrège ta vie!
Et cependant, tu prêches et dis qu'une épouse odieuse
Est au nombre de ces malheurs.
N'y a-t-il pas d'autre ressemblance
Avec lesquelles tu puisses comparer ta parabole
370   Sans devoir prendre une innocente femme pour l'une d'elles?
   Tu compares aussi l'amour des femmes à l'enfer,
A un terrain stérile, où l'eau ne peut séjourner.
Tu le compares aussi au feu sauvage,

---

amas de poils' (*TLF*). L'interprétation de B. Sanders, qui y voit une allusion au chat féminin, me paraît alors s'imposer!
358   Argus était le géant mythologique qui avait cent yeux, dont cinquante toujours ouverts; Junon l'avait chargé de garder la vache Io.
361   cf RT 4096.
362   sv. ces vers font allusion aux Proverbes XXX, 16 et 21-23, ainsi que XXV, 20, notons qu'il s'agit souvent du texte de la Vulgate.

The moore it brenneth, the moore it hath desir
To consume every thyng that brent wole be.
Thou seyest, right as wormes shende a tree,   376
Right so a wyf destroyeth hire housbonde;
This knowe they that been to wyves bonde.

   Lordynges, right thus, as ye have understonde,
Baar I stifly myne olde housbondes on honde
That thus they seyden in hir dronkenesse—
And al was fals, but that I took witnesse   382
On Janekyn and on my nece also.
O Lord, the peyne I dide hem and the wo,
Ful giltelees, by Goddes sweete pyne!   385
For as an hors I koude byte and whyne.
I koude pleyne, thogh I were in the gilt,
Or elles often tyme hadde I been spilt.
Whoso comth first to mille, first grynt;
I pleyned first, so was oure werre ystynt.   390
They were ful glad to excuse hem blyve
Of thyng of which they nevere agilte hir lyve.

   Of wenches wolde I beren hym on honde,
Whan that for syk unnethes myghte he stonde.
Yet tikled it his herte, for that he   395
Wende that I hadde of hym so greet chiertee.
I swoor that al my walkynge out by nyghte
Was for t'espye wenches that he dighte.
Under that colour hadde I many a myrthe.
For al swich wit is yeven us in oure byrthe: 400
Deceite, wepyng, spynnyng God hath yeve
To wommen kyndely whil that they may lyve.
And thus of o thyng I avaunte me,
Atte ende I hadde the bettre in ech degree,
By sleighte or force, or by som maner thyng,
As by continueel murmur or grucchyng.   406
Namely abedde hadden they meschaunce.
Ther wolde I chide and do hem no plesaunce;
I wolde no lenger in the bed abyde
If that I felte his arm over my syde   410

<hr />

379   littéralement: «que j'ai tenu mes maris d'une main raide»; voir note au vers
211.

Plus il brûle, plus il a le désir
De consumer tout ce qui brûle.
Tu dis que, tout comme les vers rongent un arbre,
Une épouse détruit son mari;
Et ceux qui sont liés à des épouses le savent bien.
   Messeigneurs, vous l'aurez compris, c'est ainsi
380   Que j'ai effontément trompé mes maris,
(Leur faisant croire) qu'ils avaient dit cela dans leur ivresse;
Et tout était faux, mais je prenais à témoin
Jeannot et aussi ma nièce.
O Seigneur! la peine et le tourment que je leur ai causés,
A ces pauvres innocents, par la douce peine du Christ!
Car, comme un cheval, je savais mordre et hennir.
Je savais me plaindre, même quand j'avais tort,
Autrement, j'aurais été mise à mal plus d'une fois.
Le premier qui arrive au moulin moud le premier;
390   Je me plaignais la première; notre guerre s'arrêtait là.
Ils étaient tout heureux de vite s'excuser
D'une chose dont ils n'avaient jamais été coupables.
   Je l'accusais de courir les filles
Alors qu'il pouvait à peine tenir debout, tant il était malade.
Et cependant, cela lui titillait le cœur,
Car il pensait que je le chérissais tellement!
Je jurais que toutes mes sorties la nuit
Avaient comme but d'épier les filles avec lesquelles il avait commerce;
Sous couvert de cela, j'ai eu bien du plaisir.
400   Car cet esprit nous est donné à la naissance;
Dieu a donné à la femme par nature et pour toute sa vie
L'art de tromper, de pleurer et de filer.
Et c'est ainsi que je peux me vanter d'une chose:
Je finissais par avoir le dessus en tous points,
Que ce soit par ruse, par force, ou d'une autre manière,
Par exemple, en marmonnant ou en grognant constamment.
C'est surtout au lit qu'ils connaissaient le malheur:
Là, je grognais et je ne leur procurais aucun plaisir;
Quand je sentais son bras sur mon côté,
410   Je refusais de rester au lit

393   littéralement: «je le tenais en main»; même remarque.

Til he had maad his raunsoun unto me;
Thanne wolde I suffre hym do his nycetee.
And therfore every man this tale I telle,
Wynne whoso may, for al is for to selle;
With empty hand men may none haukes lure.
For wynnyng wolde I al his lust endure   416
And make me a feyned appetit—
And yet in bacon hadde I nevere delit.
That made me that evere I wolde hem chide;
For thogh the pope hadde seten hem biside,   420
I wolde nat spare hem at hir owene bord,
For, by my trouthe, I quitte hem word for
     word.
As helpe me verray God omnipotent,
Though I right now sholde make my testament,
I ne owe hem nat a word that it nys quit.   425
I broghte it so aboute by my wit
That they moste yeve it up as for the beste,
Or elles hadde we nevere been in reste.
For thogh he looked as a wood leoun,
Yet sholde he faille of his conclusioun.   430
    Thanne wolde I seye, "Goode lief, taak keep,
How mekely looketh Wilkyn, oure sheep!
Com neer, my spouse, lat me ba thy cheke!
Ye sholde been al pacient and meke,
And han a sweete spiced conscience,   435
Sith ye so preche of Jobes pacience.
Suffreth alwey, syn ye so wel kan preche;
And but ye do, certein we shal yow teche
That it is fair to have a wyf in pees.
Oon of us two moste bowen, doutelees,   440
And sith a man is moore resonable
Than womman is, ye moste been suffrable.
What eyleth yow to grucche thus and grone?
Is it for ye wolde have my queynte allone?
Wy, taak it al—lo, have it every deel.   445

415   littéralement: «on ne peut leurrer un épervier sans rien lui présenter».
418   outre les connotations sexuelles habituelles (voir v.217), on considère habituel-
      lement qu'elle identifie son mari à une viande sèche et vieille...

S'il ne me payait pas sa rançon;
Alors j'acceptais qu'il fasse sa petite chose.
Et c'est pourquoi je raconte cette histoire à tous:
Que l'on gagne toute ce que l'on peut, car tout est à vendre;
On n'attrape pas les mouches avec le vinaigre.
Pour gagner, j'acceptais d'endurer tout son plaisir,
Et je feignais de l'appétit,
Et pourtant, je n'ai jamais éprouvé aucune jouissance dans le bacon;
Si bien que je grognais sur eux à longueur de journée.
420   Car, même si le Pape avait été assis à leurs côtés,
Je ne les aurais pas épargnés à leur propre table;
Ma foi, je leur rendais mot pour mot.
Et, -grâce soit rendue au vrai Dieu tout-puissant-,
Dussé-je faire mon testament sur-le-champ,
Je ne leur dois pas un mot: je suis quitte de tous.
Je menais tellement bien ma barque
Qu'ils considéraient qu'il valait mieux capituler,
Car autrement nous n'aurions jamais eu de trève.
Même quand il ressemblait à un lion furieux
430   Il n'arrivait à rien.
     Alors, je disais: 'Chéri, regarde
Comme notre mouton Willy a l'air doux!
Approche, mon époux, laisse-moi t'embrasser sur la joue!
Vous devriez être tout patient et tout doux,
Et avoir la conscience tout miel et tout sucre
Puisque vous prêchez tellement bien la patience de Job.
Puisque vous savez si bien prêcher, continuez à souffrir;
Autrement, il est certain que nous vous apprendrons
Qu'il est bon d'être en paix avec sa femme.
440   Il ne fait aucun doute que l'un de nous deux doit se plier;
Et, puisqu'un homme est plus raisonnable
Qu'une femme, vous devez être celui qui accepte.
Qu'avez-vous à grincher et à grogner de la sorte?
Est-ce parce que vous voudriez avoir mon con pour vous tout seul?
Prenez-le tout! allez, complètement!

Peter, I shrewe yow, but ye love it weel.
For if I wolde selle my bele chose,
I koude walke as fressh as is a rose,
But I wol kepe it for youre owene tooth.
Ye be to blame, by God, I sey yow sooth." 450
   Swiche manere wordes hadde we on honde.
Now wol I speken of my fourthe housbonde.
   My fourthe housbonde was a revelour—
This is to seyn, he hadde a paramour,
And I was yong and ful of ragerye, 455
Stibourne and strong, and joly as a pye.
Wel koude I daunce to an harpe smale,
And synge, ywis, as any nyghtyngale,
Whan I had dronke a draughte of sweete wyn.
Metellius, the foule cherl, the swyn, 460
That with a staf birafte his wyf hir lyf
For she drank wyn, thogh I hadde been his wyf,
He sholde nat han daunted me fro drynke!
And after wyn on Venus moste I thynke,
For al so siker as cold engendreth hayl, 465
A likerous mouth moste han a likerous tayl.
In wommen vinolent is no defence—
This knowen lecchours by experience.
   But, Lord Crist, whan that it remembreth me
Upon my yowthe and on my jolitee, 470
It tikleth me about myn herte roote.
Unto this day it dooth myn herte boote
That I have had my world as in my tyme.
But age, allas, that al wole envenyme,
Hath me biraft my beautee and my pith. 475
Lat go, farewel, the devel go therwith!
The flour is goon, ther is namoore to telle;
The bren, as I best kan, now moste I selle;
But yet to be right myrie wol I fonde.
Now wol I tellen of my fourthe housbonde. 480
   I seye, I hadde in herte greet despit

<hr>

447   en français dans le texte. A certains moments de son Prologue, la Femme a
des aspirations courtoises qui amorcent le thème de son Conte, mais qui
contrastent très violemment avec la crudité d'autres expressions.

Par saint Pierre, soyez maudit si vous n'aimez cela,
Car, si je voulais vendre ma *belle chose,*
Je pourrais marcher aussi fraîche qu'une rose;
Mais je veux la garder pour votre usage exclusif.
450 Vous avez bien tort, par Dieu, je vous dis la vérité!'
     Voilà les conversations que nous avions.
Maintenant, je vais vous parler de mon quatrième mari.

     Mon quatrième mari était un noceur;
C'est-à-dire qu'il avait une maîtresse;
Et moi, j'étais jeune et pleine de fougue,
Entêtée, sûre de moi, et bavarde comme un pie.
Je savais très bien danser au son d'une petite harpe,
Et chanter comme un vrai rossignol
Quand j'avais bu une gorgée de vin doux!
460 Métellius, ce sale type, ce cochon,
Qui priva sa femme de la vie avec un bâton,
Parce qu'elle buvait du vin, eh bien, si j'avais été sa femme,
Il ne m'aurait pas empêchée de boire!
Et, après le vin, je devais penser à Vénus,
Car, aussi sûr que le froid engendre la grêle,
Une bouche liquoreuse doit avoir une queue libidineuse;
Les femmes éméchées n'ont aucune défense:
Cela, les libidineux le savent par expérience.
     Mais, Seigneur Christ, quand je me rappelle
470 Ma folle jeunesse,
Cela me titille au fond du cœur.
Encore maintenant j'ai bon de penser
Que j'ai profité de la vie en mon temps.
Mais, hélas! l'âge qui envenime tout
M'a arraché ma beauté et ma vigueur.
Et puis merde! qu'elles aillent au diable!
La fine fleur est partie, il n'y a plus rien à ajouter.
Maintenant je dois vendre le son le mieux possible;
Je vais pourtant essayer d'être toute joyeuse.
480 Maintenant, je vais vous parler de mon quatrième mari.
     Comme je l'ai dit, mon cœur était fort dépité

---

449 littéralement: «pour votre propre dent».
460 Valère Maxime VI, 3 (*Memorabilium Exempla*); c'est aussi la source des
     allusions aux vers 642-647.
446 liquoreuse / libidineuse: jeu de mots sur *likerous,* qui a les deux sens.
477 *flour* le français me permet de conserver la polisémie (fleur, perfection, farine).

That he of any oother had delit.
But he was quit, by God and by Seint Joce.
I made hym of the same wode a croce—
Nat of my body, in no foul manere,   485
But certeinly, I made folk swich cheere
That in his owene grece I made hym frye
For angre, and for verray jalousye.
By God, in erthe I was his purgatorie,
For which I hope his soule be in glorie.   490
For, God it woot, he sat ful ofte and song
Whan that his shoo ful bitterly hym wrong.
There was no wight save God and he that
        wiste,
In many wise, how soore I hym twiste.
He deyde whan I cam fro Jerusalem,   495
And lith ygrave under the roode beem,
Al is his tombe noght so curyus
As was the sepulcre of hym Daryus,
Which that Appelles wroghte subtilly;
It nys but wast to burye hym preciously.   500
Lat hym fare wel; God yeve his soule reste.
He is now in his grave and in his cheste.
    Now of my fifthe housbonde wol I telle.
God lete his soule nevere come in helle—
And yet was he to me the mooste shrewe;   505
That feele I on my ribbes al by rewe,
And evere shal unto myn endyng day.
But in oure bed he was so fresshe and gay,
And therwithal so wel koude he me glose,
Whan that he wolde han my bele chose,   510
That thogh he hadde me bet on every bon,
He koude wynne agayn my love anon.
I trowe I loved hym best for that he
Was of his love daungerous to me.
We wommen han, if that I shal nat lye,   515
In this matere a queynte fantasye:

482   Saint Josse, fils de Judicaël, roi des Bretons (VIIème siècle). La Femme peut
      l'avoir connu par le *Testament* de Jean de Meung ou par Orderic Vital, par
      exemple; il s'agit peut-être aussi d'un souvenir de pèlerinage: rappelons que ce
      saint était un des patrons des pèlerins. Saint Josse, qui parcourait le désert,

De ce qu'il trouvait son plaisir avec une autre.
Mais nous sommes quittes, par Dieu et par saint Josse!
Je lui ai fait une crosse du même bois;
Pas avec mon corps, pas d'une manière avilissante,
Mais je faisais si bon visage aux hommes
Que je le faisais frire dans sa propre graisse
De colère et de profonde jalousie.
Par Dieu! il a eu son purgatoire sur terre,
490   Et j'espère que son âme en a gagné la gloire.
Car, Dieu m'est témoin, très souvent il s'asseyait et chantait
Quand son bas le blessait trop fort.
Personne, sauf Dieu et lui-même, ne pouvait imaginer
Combien je le tourmentais.
Il mourut quand je revins de Jérusalem,
Et est enterré sous la poutre du jubé,
Bien que sa tombe ne soit pas aussi étrange
Que ne l'est le sépulcre de Darius
Qu'Appelle ouvragea si subtilement;
500   C'était une dépense bien inutile de l'enterrer précieusement.
Grand bien lui fasse; Dieu accorde la paix à son âme!
Il est maintenant dans sa tombe et dans son cercueil.
   Je vais donc vous parler de mon cinquième mari.
Que Dieu ne laisse jamais entrer son âme en enfer!
Et pourtant, c'est lui qui m'a le plus maltraitée;
Je le sens encore à toutes mes côtes,
Et il en sera ainsi jusqu'à la fin de mes jours.
Mais dans notre lit il était si vif et alerte,
Et en outre il savait si bien me cajoler
510   Quand il voulait avoir ma *belle chose,*
Que même s'il m'avait battue os par os,
Il savait regagner mon amour tout de suite.
Je crois que je le préférais
Parce qu'il se montrait distant en amour à mon égard.
Je ne crois pas mentir (en disant) que nous les femmes,
Nous avons dans ce domaine une fantaisie un peu conne;

ficha en terre le bâton qui lui servait de soutien et fit jaillir l'eau du désert. Il
semblerait que la *croce* de saint Josse ait les mêmes connotations que le
burdoun du GP (à la fois phallus et bâton de pèlerin).

498-99   d'après Fisher, ceci est inspiré de l'*Alexandreis* de Gautier de Châtillon.

510   en français dans le texte: cf ma remarque préalable sur l'emploi de mots
français par la Femme.

Wayte what thyng we may nat lightly have,
Therafter wol we crie al day and crave.
Forbede us thyng, and that desiren we;
Preesse on us faste, and thanne wol we fle.   520
With daunger oute we al oure chaffare;
Greet prees at market maketh deere ware,
And to greet cheep is holde at litel prys.
This knoweth every womman that is wys.

    My fifthe housbonde—God his soule
        blesse—   525
Which that I took for love and no richesse,
He somtyme was a clerk of Oxenford,
And hadde left scole, and wente at hom to
        bord
With my gossib, dwellynge in oure toun—
God have hir soule—hir name was Alisoun;
She knew myn herte and eek my privetee   531
Bet than oure parisshe preest, so moot I thee!
To hire biwreyed I my conseil al.
For hadde myn housbonde pissed on a wal,
Or doon a thyng that sholde han cost his lyf,
To hire, and to another worthy wyf,   536
And to my nece, which that I loved weel,
I wolde han toold his conseil every deel.
And so I dide ful often, God it woot,
That made his face ful often reed and hoot   540
For verray shame, and blamed hymself for he
Had toold to me so greet a pryvetee.

    And so bifel that ones in a Lente—
So often tymes I to my gossyb wente,
For evere yet I loved to be gay,   545
And for to walke in March, Averill, and May,
Fro hous to hous, to heere sondry talys—
That Jankyn clerk and my gossyb dame Alys
And I myself into the feeldes wente.
Myn housbonde was at Londoun al the Lente;
I hadde the bettre leyser for to pleye,   551

---

529   le contexte m'oblige à donner un sens légèrement différent de celui du vers
243; je rejoins le glossaire de N. Davis.

Quand nous ne pouvons pas avoir aisément quelque chose,
Nous pleurons et désirons l'avoir toute la journée.
Une chose nous est défendue, et nous la souhaitons;
520   Mais si on nous talonne, alors nous fuyons.
Devant de la froideur, nous sortons toute notre marchandise;
Grande foule fait denrée chère au marché,
Et les denrées à bas prix sont méprisées:
Toutes les femmes sages le savent.

    Mon cinquième mari, Dieu ait son âme,
Que je pris par amour et non pour ses richesses,
Avait été clerc à Oxford;
Il avait quitté l'école et était venu prendre pension
Chez ma copine, qui habitait la ville;
530   Dieu ait son âme! son nom était Alison.
Elle connaissait mon cœur et mes secrets
Mieux que notre prêtre paroissial: Dieu me garde!
Je lui faisais toutes mes confidences.
Car, si mon mari avait pissé sur un mur
Ou fait une chose qui pouvait lui coûter la vie,
C'était auprès d'elle et d'une autre femme digne,
Ma nièce, que j'aimais beaucoup,
Que je prenais conseil.
Et Dieu sait si cela arriva souvent!
540   Cela rendit son visage tout rouge et chaud
De vraie honte, et il se reprocha
De m'avoir dit un si grand secret.

    Et voici ce qu'il arriva une année pendant le carême.
J'allais très souvent chez ma copine,
Car j'aimais beaucoup me faire belle
Et me promener, en mars, en avril, en mai,
De maison en maison, pour entendre des tas d'histoires.
Jeannot, le clerc, ma copine, dame Alice,
Et moi-même, allâmes aux champs.
550   Mon mari était à Londres pour tout le carême.
J'avais tout loisir de m'amuser,

And for to se, and eek for to be seye
Of lusty folk. What wiste I wher my grace
Was shapen for to be, or in what place?
Therfore I made my visitaciouns   555
To vigilies and to processiouns,
To prechyng eek, and to thise pilgrimages,
To pleyes of myracles, and to mariages,
And wered upon my gaye scarlet gytes—
Thise wormes, ne thise motthes, ne thise mytes,
Upon my peril, frete hem never a deel;   561
And wostow why? For they were used weel.
    Now wol I tellen forth what happed me.
I seye that in the feeldes walked we,
Til trewely we hadde swich daliance,   565
This clerk and I, that of my purveiance
I spak to hym and seyde hym how that he,
If I were wydwe, sholde wedde me.
For certeinly, I sey for no bobance,
Yet was I nevere withouten purveiance   570
Of mariage, n'of othere thynges eek.
I holde a mouses herte nat worth a leek
That hath but oon hole for to sterte to,
And if that faille, thanne is al ydo.
    I bar hym on honde he hadde enchanted
        me—   575
My dame taughte me that soutiltee.
And eek I seyde I mette of hym al nyght:
He wolde han slayn me as I lay upright,
And al my bed was ful of verray blood,
But yet I hope that he shal do me good,   580
For blood bitokeneth gold, as me was
        taught—
And al was fals; I dremed of it right naught,
But I folwed ay my dames loore,
As wel of this as of othere thynges moore.
    But now, sire, lat me se, what I shal seyn?
Aha, by God, I have my tale ageyn!   586

553   ambiguité!
572   littéralement: «comme un poireau».
575   toujours la *double entendre* (voir *supra*).

De voir des gens marrants, et aussi d'être vue par eux,
Comment aurais-je pu savoir où je trouverais
La grâce, en quel endroit?
C'est pourquoi je me rendais
Aux vigiles et aux processions,
Aux spectacles de miracles et aux mariages,
Et je portais de belles robes écarlates.
560 Ni ver, ni mite, ni teigne,
Je le jure sur ma vie, n'y ont jamais touché;
Et sais-tu pourquoi? C'est parce que je n'avais pas peur de les
mettre.
     Maintenant, je continue le récit de ce qui m'est arrivé.
Je disais donc que nous étions en train de marcher dans les
champs
Quand tout à coup je me mis à flirter avec le clerc;
Dans ma prévoyance,
Je lui dis que
Si j'étais veuve il pourrait m'épouser.
Car, assurément, je ne dis pas cela par vantardise,
570 Mais je ne manquais jamais de prévoyance
En ce qui concerne le mariage et les autres choses.
Je considère une souris comme perdue
Si elle n'a qu'un seul trou dans lequel se réfugier,
Car si elle ne peut y accéder, alors elle est cuite.
     Je l'avais bien en main et lui faisais croire qu'il m'avait
enchantée,
Ma dame m'avait appris cette subtilité.
Et aussi, je lui dis que je rêvais de lui la nuit:
Il voulait me frapper alors que j'étais couchée sur le dos,
Et tout mon lit était couvert de sang;
580 Et pourtant j'espérais qu'il me ferait du bien,
Car le sang est signe d'argent, m'a-t-on enseigné -
Et tout était faux, je ne rêvais rien de tout cela,
Mais toujours je suivais les leçons de ma dame,
En ceci comme en d'autres choses -.
     Mais voyons, Monsieur, que voulais-je dire?
Ah, voilà, par Dieu, mon conte me revient.

---

576 *dame* d'après Fisher, mère, ou bien (cf Winny) sa copine Alison, ou encore
Vénus; je conserve dame, qui est neutre.

Whan that my fourthe housbonde was on
  beere,
I weep algate and made sory cheere,
As wyves mooten for it is usage,
And with my coverchief covered my visage, 590
But for that I was purveyed of a make,
I wepte but smal, and that I undertake.
  To chirche was myn housbonde born
    a-morwe
With neighebores that for hym maden sorwe,
And Jankyn oure clerk was oon of tho. 595
As help me God, whan that I saugh hym go
After the beere, me thoughte he hadde a paire
Of legges and of feet so clene and faire
That al myn herte I yaf unto his hoold.
He was, I trowe, a twenty wynter oold, 600
And I was fourty, if I shal seye sooth;
But yet I hadde alwey a coltes tooth.
Gat-tothed I was, and that bicam me weel;
I hadde the prente of Seinte Venus seel.
As help me God, I was a lusty oon, 605
And faire and riche and yong and wel bigon,
And trewely, as myne housbondes tolde me,
I hadde the beste quonyam myghte be.
For certes, I am al Venerien
In feelynge, and myn herte is Marcien. 610
Venus me yaf my lust, my likerousnesse,
And Mars yaf me my sturdy hardynesse.
Myn ascendent was Taur, and Mars
    therinne—
Allas, allas, that evere love was synne!
I folwed ay myn inclinacioun 615
By vertu of my constellacioun,
That made me I koude noght withdrawe
My chambre of Venus from a goode felawe.
Yet have I Martes mark upon my face,

602 cf MT 3263 et RT 3888. Voir Cl. Rudigoz, *op. cit.*.
603 cf GP 467. Dans l'esprit de la Femme, les deux sens du mot 'dent' s'en-
      chaînent.

Quand mon quatrième mari fut en bière,
Je n'arrêtai pas de pleurer, et fis triste mine,
Comme l'usage veut que fassent les épouses;
590 De mon couvrechef je couvris mon visage,
Mais, comme j'étais pourvue d'un compagnon,
Je ne pleurai pas longtemps, je vous assure!
Mon mari fut conduit à l'église le matin,
Accompagné des voisins, qui pleuraient,
Et Jeannot, notre clerc, était parmi eux.
Dieu me vienne en aide! quand je le vis suivre
La bière, il me sembla qu'il avait une paire
De jambes et de pieds si bien dessinés et si jolis
Que je lui donnai tout mon cœur.
600 Il avait, je crois, vingt ans,
Et moi, j'en avais quarante, pour vous dire toute la vérité;
Mais j'étais toujours un chaud lapin,
J'avais aussi la dent de la chance, et cela m'allait bien.
J'étais marquée du sceau de sainte Vénus.
Dieu me vienne en aide! j'étais sensuelle,
Jolie, riche, jeune et bien roulée;
Et, vraiment, comme mes maris me l'ont dit,
J'avais le meilleur *quoniam* possible.
Car, assurément, je suis entièrement vénérienne
610 De sentiment, et mon cœur est marsien.
Vénus m'a donné mon désir, ma libido,
Et Mars m'a donné ma solide audace.
Mon ascendant était le Taureau, sous l'influence de Mars.
Hélas! hélas! pourquoi l'amour est-il un péché?
J'ai toujours suivi mon inclination
Par la vertu de ma constellation;
Cela fit que je ne pus jamais refuser
Ma chambre de Vénus à un brave type.
Mais j'ai pourtant la marque de Mars sur le visage,

608   une des manières élégantes qu'a la Femme d'appeler son sexe.
609   vénérienne est ici employé au sens premier 'qui a rapport à l'acte sexuel' en
même temps qu'au sens étymologique de l'horoscope 'sous l'influence de
Vénus'. Les vers qui vont suivre sont marqués par les conceptions astrologi-
ques de l'époque.

And also in another privee place.   620
For God so wys be my savacioun,
I ne loved nevere by no discrecioun,
But evere folwede myn appetit,
Al were he short, or long, or blak, or whit;
I took no kepe, so that he liked me,   625
How poore he was, ne eek of what degree.
   What sholde I seye but at the monthes ende
This joly clerk Jankyn that was so hende
Hath wedded me with greet solempnytee,
And to hym yaf I al the lond and fee   630
That evere was me yeven therbifoore—
But afterward repented me ful soore.
He nolde suffre nothyng of my list;
By God, he smoot me ones on the lyst,
For that I rente out of his book a leef,   635
That of the strook myn ere wax al deef.
Stibourne I was as is a leonesse,
And of my tonge a verray jangleresse,
And walke I wolde, as I had doon biforn,   639
From hous to hous, although he had it
        sworn;
For which he often tymes wolde preche,
And me of olde Romayn geestes teche;
How he Symplicius Gallus lefte his wyf,
And hire forsook for terme of al his lyf,
Noght but for open-heveded he hir say   645
Lokynge out at his dore upon a day.
   Another Romayn tolde he me by name
That for his wyf was at a someres game
Withouten his wityng, he forsook hire eke.
And thanne wolde he upon his Bible seke   650
That ilke proverbe of Ecclesiaste
Where he comandeth and forbedeth faste
Man shal nat suffre his wyf go roule aboute.

624   je suppose qu'il s'agit de l'âge, mais cela pourrait aussi être la teinte des
      cheveux: bruns ou blonds.
628   *hende* je garde la traduction 'courtois' que j'ai employée pour caractériser
      Nicolas dans le MT (3199) et qui couvre assez bien le champ sémantique du
      mot anglais, qui a toutefois la nuance supplémentaire de 'adroit'.
637   littéralement «comme une lionne».

620   Et aussi dans un autre endroit caché.

Car, que Dieu si sage soit mon salut,

Je n'ai jamais aimé avec discrétion,

Mais j'ai toujours suivi mon appétit:

Qu'il ait été petit ou grand, noir ou blanc,

S'il m'aimait, je me fichais éperdument

De savoir s'il était pauvre, et je n'essayais pas de connaître son rang.

    Que dois-je ajouter? A la fin du mois,

Ce galant clerc, Jeannot, qui était si courtois,

M'a épousée en grande pompe;

630   Je lui donnai toutes les terres et tous les biens

Qui m'avaient été donnés auparavant;

Mais dans la suite je m'en repentis amèrement;

Il me refusait tout ce qui me faisait plaisir.

Mon Dieu! il me frappa un jour sur l'oreille

Parce que j'avais arraché une page de son livre:

Et mon oreille devint sourde sur-le-champ.

J'étais têtue comme une mule,

J'avais la langue bien pendue,

Et je voulais me promener de maison en maison, comme je le faisais auparavant;

640   Or, il s'était juré le contraire.

C'est pourquoi il me faisait souvent des sermons

Et il m'enseignait les vieilles gestes romaines:

Comment cet homme, qui s'appelait Simplicius Gallus, quitta sa femme

Et l'abandonna jusqu'à la fin de sa vie,

Tout simplement parce que, un jour, il l'avait vue tête nue

En train de regarder à sa porte.

    Il me parla d'un autre Romain en me donnant son nom:

Parce que sa femme était allée à des jeux d'été à son insu,

Lui aussi l'abandonna.

650   Et alors, il alla rechercher dans sa Bible

Ce foutu proverbe de l'Ecclésiastique

Dans lequel il ordonne et interdit formellement

Qu'un homme accepte que sa femme roule à travers le monde.

642   cf v.460.

652   l'Ecclésiastique XXV, 25: «Ne donne à l'eau aucune issue, / A la femme mauvaise aucune liberté».

Thanne wolde he seye right thus, withouten
    doute:
"Whoso that buyldeth his hous al of salwes,
And priketh his blynde hors over the
    falwes,   656
And suffreth his wyf to go seken halwes,
Is worthy to been hanged on the galwes."
But al for noght; I sette noght an hawe
Of his proverbes n'of his olde sawe,   660
Ne I wolde nat of hym corrected be.
I hate hym that my vices telleth me,
And so doo mo, God woot, of us than I.
This made hym with me wood al outrely.
I nolde noght forbere hym in no cas.   665
    Now wol I seye yow sooth, by Seint Thomas,
Why that I rente out of his book a leef,
For which he smoot me so that I was deef.
    He hadde a book that gladly, nyght and day,
For his desport he wolde rede alway.   670
He cleped it Valerie and Theofraste,
At which book he lough alwey ful faste.
And eek ther was somtyme a clerk at Rome,
A cardinal, that highte Seint Jerome,
That made a book agayn Jovinian;   675
In which book eek ther was Tertulan,
Crisippus, Trotula, and Helowys,
That was abbesse nat fer fro Parys;
And eek the Parables of Salomon,
Ovides Art, and bookes many on.   680
And alle thise were bounden in o volume,
And every nyght and day was his custume,
Whan he hadde leyser and vacacioun
From oother worldly occupacioun,

---

671   il s'agit de l'*Epistola Valerii ad Rufinum* de Gautier Map et du *Liber de Nuptiis*
        de Théophraste, dont il a déjà été question. Ces textes, comme ceux qui
        suivent, sont des ouvrages clairement antiféministes. La Femme semble croire
        qu'il s'agit d'un couple d'amants!

647   cf *supra*.

676   Tertullien est un des Pères de l'Eglise (IIème-IIIème siècles), auteur d'un traité
        sur la monogamie.

Et puis il ajoutait précisément ceci:
«Celui qui construit sa maison entièrement de brins d'osier,
Qui pique son cheval aveugle dans les jachères
Et qui accepte que sa femme aille en pèlerinage,
Il mérite d'être pendu à la potence!»
Mais tout cela en vain: je n'accordais pas une baie d'aubépine
660   A ses proverbes ni à son vieux dicton,
Et je ne voulais pas être corrigée par lui.
Je hais celui qui me dit mes quatre vérités;
Dieu m'est témoin que je ne suis pas la seule!
Cela le mit furieusement en colère contre moi;
Je ne pouvais absolument plus le supporter.
     Maintenant, je vais vous dire la vérité, par saint Thomas:
Pourquoi j'ai arraché une page de son livre,
Ce qui fit qu'il me frappa tellement fort que j'en devins
sourde.
     Il avait un livre qu'il avait plaisir à lire,
670   Constamment, nuit et jour, en guise de détente.
Il s'appelait Valérie et Théophraste,
Et il rigolait toujours bien en le lisant.
Il y avait aussi un clerc de Rome,
Un cardinal, qui s'appelait saint Jérôme,
Qui écrivit un conte contre Jovinien;
Dans ce livre il y avait aussi Tertullien,
Chrysippus, Trotula et Héloïse,
Qui fut abbesse non loin de Paris;
Il y avait aussi les paraboles de Salomon,
680   L'Art (d'Aimer) d'Ovide, et beaucoup de livres,
Et ils étaient tous reliés en un volume.
Quand il en avait le loisir et qu'il était libre
De ses autres occupations mondaines,
Il avait coutume

---

677   Chrysippus est un philosophe grec du IIIème siècle avant JC.; il a complété la
doctrine stoïcienne. D'après saint Jérôme (p.67), il «ordonne ridiculement au
sage de prendre femme».
Trotula est une femme médecin de Salerne (milieu du XIème siècle), auteur
d'un livre sur les maladies des femmes.
Héloïse est évidemment celle d'Abélard; abbesse d'Argenteuil, elle est l'auteur
de lettres sur le mariage.
679   il s'agit des Proverbes de Salomon.

To reden on this book of wikked wyves.   685
He knew of hem mo legendes and lyves
Than been of goode wyves in the Bible.
For trusteth wel, it is an inpossible
That any clerk wol speke good of wyves,
But if it be of hooly seintes lyves,   690
Ne of noon oother womman never the mo.
Who peyntede the leon, tel me who?
By God, if wommen hadde writen stories,
As clerkes han withinne hire oratories,
They wolde han writen of men moore
          wikkednesse   695
Than al the mark of Adam may redresse.
The children of Mercurie and of Venus
Been in hir wirkyng ful contrarius:
Mercurie loveth wysdam and science,
And Venus loveth ryot and dispence,   700
And for hire diverse disposicioun
Ech falleth in otheres exaltacioun.
And thus, God woot, Mercurie is desolat
In Pisces wher Venus is exaltat,
And Venus falleth ther Mercurie is reysed.   705
Therfore no womman of no clerk is preysed.
The clerk, whan he is oold and may noght do
Of Venus werkes worth his olde sho,
Thanne sit he doun and writ in his dotage
That wommen kan nat kepe hir mariage.   710
    But now to purpos, why I tolde thee
That I was beten for a book, pardee!
Upon a nyght Jankyn, that was oure sire,
Redde on his book, as he sat by the fire,
Of Eva first, that for hir wikkednesse   715
Was al mankynde broght to wrecchednesse,
For which that Jhesu Crist hymself was slayn
That boghte us with his herte blood agayn—
Lo, heere expres of womman may ye fynde
That womman was the los of al mankynde.   720

692   allusion à la fable d'Esope du lion qui voit la peinture du massacre d'un lion;
       le problème soulevé est celui de la différence de points de vue.
703   sv. désolé est ici synonyme du point le plus bas, et exalté du point le plus haut.

De lire nuit et jour dans ce livre des choses sur de méchantes femmes.

Il connaissait d'elles plus de légendes et de vies
Qu'il n'y en a à propos de femmes bonnes dans la Bible.
Car, croyez-moi, c'était une chose impossible
Qu'un clerc dît du bien des femmes,

690 Hormis dans le cas de vies de saintes sacrées:
Mais jamais d'autres femmes.
Qui peignit le lion? Dites-moi qui?
Par Dieu, si les femmes avaient écrit des histoires
Comme l'ont fait les clercs dans leurs oratoires,
Elles auraient raconté sur les hommes plus de méchancetés
Que tous ceux qui ont la marque d'Adam ne pouraient en redresser.
Les enfants de Mercure et ceux de Vénus
Sont tout à fait opposés dans leurs agissements;
Mercure aime la sagesse et la science,

700 Et Vénus aime festivités et extravagances.
A cause de leurs dispositions différentes,
Chacun tombe lors de l'ascension de l'autre.
Et c'est ainsi, Dieu m'est témoin, que Mercure est désolé
Dans le poisson, là où Vénus est exaltée.
Et Vénus tombe là où Vénus remonte.
C'est pourquoi aucun clerc ne fait les louanges d'une femme
Lorsqu'il est devenu vieux et qu'il ne peut plus se livrer
Aux travaux de Vénus mieux que son vieux soulier:
Alors le clerc s'assied, et, dans son radotage, il écrit

710 Que les femmes ne peuvent respecter leur mariage!
    Mais, venons-en au but; je t'ai dit
Que j'ai été battue pour un livre, pardi!
Une nuit, Jeannot, qui était notre seigneur,
Lisait au coin du feu dans son livre
(L'histoire) d'Eve qui fut la première femme, dans sa perversité,
A faire tomber tout le genre humain dans le malheur:
C'est pour cela que même Jésus fut mis à mort,
Lui qui nous racheta avec le sang de son cœur.
Voyez, c'est précisément dans cette histoire que vous pouvez trouver

720 Que la femme a été la perte de tout le genre humain.

Tho redde he me how Sampson loste his heres:
Slepynge, his lemman kitte it with hir sheres,
Thurgh which treson loste he bothe his eyen.

Tho redde he me, if that I shal nat lyen,
Of Hercules and of his Dianyre,   725
That caused hym to sette hymself afyre.

Nothyng forgat he the sorwe and the wo
That Socrates hadde with his wyves two,
How Xantippa caste pisse upon his heed.
This sely man sat stille as he were deed;   730
He wiped his heed, namoore dorste he seyn
But "Er that thonder stynte, comth a reyn!"

Of Phasifpha, that was the queene of Crete,
For shrewednesse hym thoughte the tale swete.
Fy! Spek namoore—it is a grisly thyng—   735
Of hire horrible lust and hir likyng.

Of Clitermystra, for hire lecherye,
That falsly made hire housbonde for to dye,
He redde it with ful good devocioun.

He tolde me eek for what occasioun   740
Amphiorax at Thebes loste his lyf.
Myn housbonde hadde a legende of his wyf
Eriphilem, that for an ouche of gold
Hath prively unto the Grekes told
Wher that hir housbonde hidde hym in a place
For which he hadde at Thebes sory grace.   746

Of Lyvia tolde he me, and of Lucye:
They bothe made hir housbondes for to dye,
That oon for love, that oother was for hate.
Lyvia hir housbonde, upon an even late,   750
Empoysoned hath for that she was his fo;
Lucia, likerous, loved hire housbonde so

---

726   Déjanire était la femme d'Hercule. Elle possédait une tunique magique qui
       devait lui rendre le cœur de son époux s'il lui était infidèle. Mais lorsqu'elle la
       fit revêtir au héros, celui-ci fut dévoré par des douleurs atroces et il se jeta
       dans les flammes.

732   cette anecdote se trouve dans saint Jérôme, p.61.

733   Phasisphaé: son histoire est brièvement évoquée par saint Jérôme (p.65) en
       même temps que celle de Clytemnestre et d'Eriphyle; épouse du roi Minos de
       Crète, elle s'amouracha d'un taureau.

Puis il me lut comment Samson perdit ses cheveux:
Pendant qu'il dormait, sa femme les coupa avec ses ciseaux;
Et il perdit les deux yeux à cause de cette trahison.
 Puis, pour vous dire toute la vérité, il nous lut
(L'histoire) Hercule et de sa Déjanire,
Qui le fit se jeter dans les flammes.
Il n'oublia en rien les soucis et les peines
Que Socrate eut de ses deux femmes;
Comment Xantippe lui jeta de la pisse sur la tête;
730 Ce niais demeura assis comme s'il était mort;
Il s'essuya la tête et n'osa rien dire d'autre
Que «Avant que le tonnerre ne s'arrête vient la pluie».
 Le conte de Phasiphaé, qui fut reine de Crète,
Lui paraissait doux à cause de sa méchanceté;
Fi! ne parlez plus, c'est une chose affreuse,
De son horrible passion et de son amour.
 De Clytemnestre, qui dans sa débauche,
Fit mourir son mari par traîtrise,
Il lisait l'histoire avec très grande dévotion.
740 Il me raconta aussi à quelle occasion
Amphiaraus perdit la vie à Thèbes.
Mon mari connaissait une légende concernant sa femme,
Eriphile: pour un collier d'or
Elle avait raconté en secret aux Grecs
Dans quel endroit son mari s'était caché,
Ce qui lui valut un triste destin à Thèbes.
 Il me parla de Livie et de Lucilia:
Toutes deux firent mourir leur mari,
L'une par amour, l'autre par haine.
750 Tard un soir, Livie a empoisonné son mari
Parce qu'elle était son ennemie;
Lucie, la baiseuse, aimait tellement son mari

---

737 Clytemnestre avait pris un amant durant l'absence de son mari Agammemnon; elle tua Agammemnon à son retour.

741 Amphiaraus fut tué au cours de l'expédition contre Thèbes parce que sa
femme Eriphyle avait été soudoyée avec un collier d'or.

747 Lyvie et Lucilia ont toutes les deux tué leur époux: la première pour suivre
son amant, l'autre par excès d'amour.

That for he sholde alwey upon hire thynke,
She yaf hym swich a manere love-drynke
That he was deed er it were by the morwe—
And thus algates housbondes han sorwe. 756
    Thanne tolde he me how that oon Latumyus
Compleyned unto his felawe Arrius
That in his gardyn growed swich a tree
On which he seyde how that his wyves thre 760
Hanged hemself for herte despitus.
"O leeve brother," quod this Arrius,
"Yif me a plante of thilke blissed tree,
And in my gardyn planted it shal bee."
    Of latter date, of wyves hath he red 765
That somme han slayn hir housbondes in hir
    bed
And lete hir lecchour dighte hire al the nyght,
Whan that the corps lay in the floor upright.
And somme han dryve nayles in hir brayn
Whil that they slepte, and thus they han hem
    slayn. 770
Somme han hem yeve poysoun in hire drynke.
  He spak moore harm than herte may
    bithynke,
And therwithal he knew of mo proverbes
Than in this world ther growen gras or herbes.
"Bet is," quod he, "thyn habitacioun 775
Be with a leoun or a foul dragoun
Than with a womman usynge for to chyde."
"Bet is," quod he, "hye in the roof abyde
Than with an angry wyf doun in the hous;
They been so wikked and contrarious, 780
They haten that hir housbondes loveth ay."
He seyde, "A womman cast hir shame away
Whan she cast of hir smok," and forthermo,
"A fair womman, but she be chaast also,
Is lyk a gold ryng in a sowes nose." 785
Who wolde leeve or who wolde suppose
The wo that in myn herte was, and pyne?

773   les proverbes sont ceux du Livre des Proverbes: ainsi, XXI, 9, 10; XI, 22.

Que, pour qu'il pense toujours à elle, elle fit ceci:
Elle lui donna un philtre d'amour tellement fort
Qu'il mourut avant le matin.
Voilà les tourments dans lesquels sont les maris!
    Ensuite, il me raconta comment un certain Latumius
Se plaignit auprès de son compagnon Arrius
De ce qu'il poussait dans son jardin un tel arbre
760   Que, disait-il, ses trois femmes
S'y étaient pendues par dépit amoureux.
«O cher frère», dit cet Arrius,
«Donne-moi un plant de cet arbre béni,
Pour le planter dans mon jardin!»
    A une date ultérieure, il a lu des (histoires de) femmes
Qui, certaines, tuèrent leur mari dans leur lit,
Et puis se firent baiser toute la nuit par leur amant,
Pendant que le corps gisait sur le sol.
Et certaines ont planté des clous dans leur cerveau
770   Pendant qu'ils dormaient, et les ont ainsi tués.
Certaines leur ont donné du poison dans leur boisson.
    Il disait plus de mal que l'on ne peut en imaginer,
Et, en outre, il connaissait plus de proverbes
Qu'il ne pousse d'herbes ou de fines herbes sur cette terre.
«Il vaut mieux», disait-il, «avoir dans ton habitation
Un lion ou un dragon fourbe
Qu'une femme qui passe son temps à grogner.»
«Mieux vaut», disait-il, «habiter sous les toits
Qu'en bas dans la maison avec une femme furieuse;
780   Elles sont si méchantes et si contrariantes
Que toujours elles haïssent ce que leur mari aime.»
Il disait: «une femme enlève sa pudeur
Quand elle enlève sa chemise», et aussi:
«Si elle n'est pas également chaste, une jolie femme
Est comme un anneau d'or au nez d'une truie.»
Qui pourrait penser ou imaginer
La douleur et la peine qui étaient dans mon cœur?

---

775   cf l'Ecclésiastique XXV, 16: «Je préfère habiter avec un lion ou un dragon, /
Que d'habiter avec la femme mauvaise.»

And whan I saugh he wolde nevere fyne
To reden on this cursed book al nyght,
Al sodeynly thre leves have I plyght   790
Out of his book right as he radde, and eke
I with my fest so took hym on the cheke
That in oure fyr he fil bakward adoun.
And he up stirte as dooth a wood leoun,
And with his fest he smoot me on the heed   795
That in the floor I lay as I were deed.
And whan he saugh how stille that I lay,
He was agast and wolde han fled his way,
Til atte laste out of my swogh I breyde.
"O, hastow slayn me, false theef?" I seyde, 800
"And for my land thus hastow mordred me?
Er I be deed yet wol I kisse thee."

    And neer he cam and kneled faire adoun,
And seyde, "Deere suster Alisoun,
As help me God, I shal thee nevere smyte.   805
That I have doon, it is thyself to wyte.
Foryeve it me, and that I thee biseke."
And yet eftsoones I hitte hym on the cheke,
And seyde, "Theef, thus muchel am I wreke.
Now wol I dye; I may no lenger speke."   810
But atte laste with muchel care and wo
We fille acorded by us selven two.
He yaf me al the bridel in myn hond,
To han the governance of hous and lond,
And of his tonge, and of his hond also;   815
And made hym brenne his book anon right tho.
And whan that I hadde geten unto me
By maistrie al the soveraynetee,
And that he seyde, "Myn owene trewe wyf,
Do as thee lust the terme of al thy lyf;   820
Keep thyn honour, and keep eek myn estaat."
After that day we hadden never debaat.
God helpe me so, I was to hym as kynde
As any wyf from Denmark unto Ynde,
And also trewe, and so was he to me.   825
I prey to God that sit in magestee
So blesse his soule for his mercy deere.
Now wol I seye my tale if ye wol heere.

Et, quand je vis qu'il ne finirait jamais
De lire dans son damné livre, nuit après nuit,
790 Alors, tout à coup, j'arrachai trois pages
De son livre qu'il était en train de lire,
Et je lui flanquai si bien mon poing sur la gueule
Qu'il tomba en arrière dans notre feu.
Il se redressa comme un lion en colère,
M'envoya son poing à la tête,
Si bien que je gisais sur le sol comme si j'étais morte.
Quand il vit que je ne bougeais pas,
Il prit peur et voulut s'enfuir,
Mais, finalement, je repris connaissance.
800 «Oh! m'as-tu tuée, sale voleur?», dis-je,
«M'as-tu ainsi assassinée pour avoir mes terres?
Pourtant, avant de mourir je veux t'embrasser.»
     Et il s'approcha et se mit gentiment à genoux
En disant, «Alison, ma chère sœur,
Que Dieu me vienne en aide! jamais plus je ne te frapperai.
Ce que j'ai fait, c'est de ta faute.
Pardonne-moi, je t'en prie!»
Mais moi, alors, je lui reflanquai mon poing sur la gueule
Et lui dis: «Voleur, me voilà bien vengée;
810 Maintenant je vais mourir, je ne peux plus parler.»
Mais finalement, avec beaucoup de tourments et de peines
Nous tombâmes tous les deux d'accord.
Il me cédait complètement la bride
Pour gouverner maison et terres,
Sa langue et sa main.
Je lui fis brûler son livre sur-le-champ,
Et quand, par ce coup de maître, j'eus repris sur moi
Toute la souveraineté,
Et qu'il eut dit «Ma femme chérie, toi qui es fidèle,
820 Fais ce que tu veux jusqu'à la fin de tes jours;
Garde ton honneur et garde aussi mon rang»,
Après ce jour, nous n'eûmes plus de discussion.
Et, avec l'aide de Dieu, je fus aussi gentille avec lui
Que toutes les autres femmes, du Danemark aux Indes,
Et aussi fidèle, et lui aussi.
Je prie Dieu, qui siège en majesté,
De bénir son âme dans sa chère miséricorde.
Maintenant je vais vous raconter mon conte, si vous voulez
bien m'écouter.»

Biholde the wordes
bitwene the Somonour and the Frere.

The Frere lough whan he hadde herd al this.
"Now dame," quod he, "so have I joye or blis,
This is a long preamble of a tale."   831
And whan the Somonour herde the Frere gale,
"Lo," quod the Somonour, "Goddes armes
    two,
A frere wol entremette hym everemo.
Lo, goode men, a flye and eek a frere   835
Wol falle in every dyssh and eek mateere.
What spekestow of preambulacioun?
What, amble or trotte or pees or go sit doun!
Thou lettest oure disport in this manere."
    "Ye, woltow so, sire Somonour?" quod the
    Frere.   840
"Now, by my feith, I shal er that I go
Telle of a somonour swich a tale or two
That alle the fok shal laughen in this place."
    "Now elles, Frere, I bishrewe thy face,"
Quod this Somonour, "and I bishrewe me   845
But if I telle tales two or thre
Of freres er I come to Sidyngborne,
That I shal make thyn herte for to morne,
For wel I woot thy pacience is gon."
    Oure Hoost cride, "Pees, and that anon!" 850
And seyde, "Lat the womman telle hire tale.
Ye fare as folk that dronken ben of ale.
Do, dame, telle forth youre tale, and that is
    best."
    "Al redy, sire," quod she, "right as yow lest,

837   *preambulacioun* le Semoneur ne doit pas avoir compris le terme *preamble,* qui
signifiait ici 'préambule'; il le comprend de manière grotesque, en fonction de
amble ('allure d'un quadrupède qui avance en levant à la fois et alternative-
ment les deux jambes du même côté'), qu'il va utiliser au vers suivant.

838   *pees* il s'agit probablement d'une autre déformation, 'paix' pour 'pas' («vas en
paix» devait être une expression qui sortait spontanément de la bouche d'un
Semoneur; n'oublions pas non plus qu'il avait été associé à un geai, voire un

Ecoutez les paroles entre le Semoneur et le Frère.

Le Frère rit quand il eut entendu tout ceci;
830 «Eh bien, Madame», dit-il, «sur mon salut et mon bonheur éternel,
C'est un long préambule pour un conte!»
Et quand le Semoneur entendit le Frère s'exclamer,
«Ma parole», dit le Semoneur, «par les deux bras du Christ!
Un frère veut toujours se mêler de ce qui ne le regarde pas.
Ecoutez, braves gens, les mouches sont comme les frères,
Elles aiment tomber dans les plats et fourrer leur nez dans toutes les affaires.
Que parles-tu de préambulation?
Quoi! va l'amble, le trot ou la paix, ou assieds-toi!
Tu troubles notre plaisir avec tes histoires.»
840 «Ah! c'est ce que tu veux, Monsieur le Semoneur», dit le Frère;
«Ma foi, avant de partir, je vais
Raconter une ou deux bonnes histoires sur un semoneur,
Et elles feront bien rire tout le monde ici.»
«Eh bien, Frère, maudit soit ton visage!»,
Dit le Semoneur, «et que je sois moi-même maudit
Si je ne raconte pas deux ou trois contes
De frères avant d'arriver à Sittingbourne,
Et je te ferai te lamenter
Car je sais bien que ta patience est à bout.»
850 Notre Hôte cria «La paix! et tout de suite!»
Et il dit: «Laissez cette femme raconter son conte.
Vous vous comportez comme des gens ivres de bière.
Allez-y, Madame, continuez votre conte, cela sera bien mieux ainsi.»
«Je suis prête», dit-elle, «à votre disposition,

perroquet, dans le GP). Certains critiques voient en *pees* et *go sit doun* une expression qui signifierait 'tiens-toi tranquille et assieds-toi'; le pataquès me paraît beaucoup plus plausible.

847 *Sidynborne* Sittingbourne, à quarante miles de Londres et 15 de Cantorbéry; ce détail est important dans la controverse sur l'ordre des contes (cf VII, 1926).

If I have licence of this worthy Frere.''   855
  ''Yis, dame,'' quod he, ''tel forth and I wol
    heere.''

Heere endeth the Wyf of Bathe
hir Prologe and bigynneth hir Tale.

In th'olde dayes of the Kyng Arthour,
Of which that Britons speken greet honour,
Al was this land fulfild of fairye.
The elf-queene with hir joly compaignye   860
Daunced ful ofte in many a grene mede.
This was the olde opinion, as I rede—
I speke of manye hundred yeres ago.
But now kan no man se none elves mo,
For now the grete charitee and prayeres   865
Of lymytours and othere hooly freres,
That serchen every lond and every streem
As thikke as motes in the sonne-beem,
Blessynge halles, chambres, kichenes, boures,
Citees, burghes, castels, hye toures,   870
Thropes, bernes, shipnes, dayeryes—
This maketh that ther been no fairyes.
For ther as wont to walken was an elf
Ther walketh now the lymytour hymself,
In undermeles and in morwenynges,   875
And seyth his matyns and his hooly thynges
As he gooth in his lymytacioun.
Wommen may go now saufly up and doun;
In every bussh or under every tree
Ther is noon oother incubus but he,   880
And he ne wol doon hem but dishonour.

855   *licence* je garde le mot licence bien que le sens réel de ce vers soit 'si j'ai
        l'autorisation de ce noble frère', car il y a manifestement allusion au vers 220
        du GP.
862   *rede* Winny traduit par 'comme je comprends'; le sens premier de 'lire' peut-
        être conservé: Chaucer fait probablement allusion à ses sources.
866   *lymtours* cf GP 209. En même temps, on peut y voir une amorce du FT.
869   *bour* je traduis de manière anachronique, mais 'boudoir' correspond à la
        notion d'appartement de femmes.

Si j'ai la licence de ce noble Frère.»
«Oui, Madame», dit-il, «continuez et j'écouterai.»

Ici, la femme de Bath finit son Prologue
et commence son Conte.

Jadis, au temps de ce fameux roi Arthur,
Dont les Bretons parlent avec grand respect,
Tout ce pays était rempli de fées.
860   La reine des elfes et sa joyeuse compagnie
Dansaient fort souvent dans les nombreuses vertes prairies.
C'était l'ancienne opinion, d'après ce que je lis;
Je vous parle d'il y a des centaines d'années,
Mais maintenant on ne peut plus voir d'elfes;
Cela est dû à la grande charité et aux prières
Des limiteurs et d'autres frères sacrés
Qui hantent toutes les terres et tous les cours d'eau,
Aussi nombreux que des grains de poussière dans un rayon de
soleil;
Ils vont, bénissant salles à manger, chambres, cuisines, bou-
doirs,
870   Cités, bourgs, châteaux, hautes tours,
Villages, granges, étables, laiteries -
Tout cela fait qu'il n'y a plus de fées.
Car là où se promenait d'habitude un elfe,
Se promène maintenant un limiteur en personne
Les après-midi et les matins,
Et il dit ses matines et autres choses sacrées
En traversant le territoire dans les limites duquel il est auto-
risé à mendier.
Maintenant les femmes peuvent aller en toute sécurité;
Dans les buissons ou sous les arbres
880   Il n'y a pas d'autre incube que lui,
Et il ne leur apportera rien d'autre que le déshonneur.

---

870   *citees, burghes* les deux termes français correspondants ne se superposent pas
sémantiquement.

880   l'incube était un démon masculin qui abusait des femmes pendant leur
sommeil et les engrossait: d'où le vers suivant, les frères se contentent de
déshonorer!

And so bifel that this Kyng Arthour
Hadde in his hous a lusty bacheler
That on a day cam ridynge fro ryver,
And happed that, allone as he was born,   885
He saugh a mayde walkynge hym biforn,
Of whiche mayde anon, maugree hir heed,
By verray force he rafte hire maydenhed;
For which oppressioun was swich clamour
And swich pursute unto the Kyng Arthour,   890
That dampned was this knyght for to be deed,
By cours of lawe, and sholde han lost his heed—
Paraventure swich was the statut tho—
But that the queene and othere ladyes mo
So longe preyeden the kyng of grace   895
Til he his lyf hym graunted in the place,
And yaf hym to the queene, al at hir wille,
To chese wheither she wolde hym save or spille.
     The queene thanketh the kyng with al hir
          myght,
And after this thus spak she to the knyght,   900
Whan that she saugh hir tyme upon a day,
"Thou standest yet," quod she, "in swich array
That of thy lyf yet hastow no suretee.
I grante thee lyf if thou kanst tellen me   904
What thyng is it that wommen moost desiren.
Bewar and keep thy nekke-boon from iren.
And if thou kanst nat tellen it anon,
Yet shal I yeve thee leve for to gon
A twelf-month and a day to seche and leere
An answere suffisant in this mateere;   910
And suretee wol I han er that thou pace,
Thy body for to yelden in this place."
     Wo was this knyght and sorwefully he
          siketh.
But what, he may nat do al as hym liketh;
And at the laste he chees hym for to wende 915

883   *bacheler* au sens féodal du jeune chevalier, de rang inférieur à celui du
banneret.

Il se fit que ce fameux roi Arthur
Avait dans son entourage un bachelier noceur,
Qui revenait un jour à cheval de la rivière.
Et, alors qu'il était aussi seul qu'à sa naissance,
Il vit une jeune fille marcher devant lui;
Et tout aussitôt, et bien malgré elle,
Il arracha de force la virginité de cette jeune fille.
Cette agression provoqua un tollé général,
890   Et on fit de telles doléances au roi Arthur
Que le chevalier fut condamné à mort
Par un tribunal, et il aurait perdu la vie
- Peut-être était-ce alors la loi -
Si la reine, aidée par d'autres dames,
N'avait si ardemment imploré la grâce du roi
Que celui-ci finit par laisser le chevalier en vie
Et il accorda à la reine
De choisir si elle voulait le sauver ou le tuer: à son entière
disposition.
    La reine remercia le roi de toutes ses forces,
900   Et ensuite, un jour, lorsqu'elle en vit le moment venu,
Elle adressa ces paroles au chevalier:
«Tu es toujours», dit-elle, «dans un tellement mauvais arroi
Que tu n'as aucune garantie concernant ta vie.
Je t'accorde la vie sauve si tu peux me dire
Ce qui plaît le plus aux femmes.
Attention, et protège ta gorge du couteau!
Et, si tu ne peux pas me répondre tout de suite,
Je t'accorderai la permission d'aller
Pendant douze mois et un jour chercher les renseignements
910   Sur la bonne réponse à cette question;
Mais, avant que tu ne t'en ailles, je veux avoir la garantie
Que tu reviendras livrer ton corps en ces lieux.»
    Notre chevalier est malheureux et soupire amèrement.
Mais quoi? Il ne peut pas faire ce qu'il veut;
Et finalement il choisit de s'en aller

---

884   *ryver* ancien français rivière: chasse au faucon dans une plaine avoisinant une
        rivière. C'est un cliché des romans arthuriens (cf *Ywain et Gawain* 1444).
906   littéralement «ton coup de fer».

178

And come agayn right at the yeres ende
With swich answere as God wolde hym
    purveye,
And taketh his leve and wendeth forth his
    weye.

He seketh every hous and every place
Where as he hopeth for to fynde grace   920
To lerne what thyng wommen loven moost,
But he ne koude arryven in no coost
Wher as he myghte fynde in this mateere
Two creatures accordynge in-feere.   924

Somme seyde wommen loven best richesse,
Somme seyde honour, somme seyde jolynesse,
Somme riche array, somme seyden lust a-bedde,
And oftetyme to be wydwe and wedde.
Somme seyde that oure hertes been moost esed
Whan that we been yflatered and yplesed—
He gooth ful ny the sothe, I'wol nat lye.   931
A man shal wynne us best with flaterye,
And with attendance and with bisynesse
Been we ylymed, bothe moore and lesse.

And somme seyn that we loven best   935
For to be free and do right as us lest,
And that no man repreve us of oure vice,
But seye that we be wise and nothyng nyce.
For trewely ther is noon of us alle,
If any wight wol clawe us on the galle,   940
That we nel kike for he seith us sooth;
Assay, and he shal fynde it that so dooth,
For be we never so vicious withinne,
We wol been holden wise and clene of synne.

And somme seyn that greet delit han we   945
For to been holden stable, and eek secree,
And in o purpos stedefastly to dwelle,
And nat biwreye thyng that men us telle.
But that tale is nat worth a rake-stele.
Pardee, we wommen konne nothyng hele: 950
Witnesse on Myda—wol ye heere the tale?

951   dans les *Métamorphoses*. Chaucer a transformé le récit d'Ovide en fonction de
sa démonstration. Suivant la légende, c'est le barbier de Midas qui, ayant
découvert le secret de son maître, imagina un stratagème pour s'en soulager.

Et de revenir, juste à la fin de l'année,
Avec la réponse dont Dieu voudra bien le pourvoir;
Il prend congé et s'en va son chemin.
    Il visite toutes les maisons et tous les endroits
920   Où il espère trouver la grâce
D'apprendre ce que les femmes aiment le plus;
Mais dans aucune région il ne put arriver
A découvrir deux créatures d'accord en cette matière.
    Certains disaient que les femmes préféraient la richesse,
Certains disaient l'honneur, certains la joie de vivre,
Certains un riche arroi, certains le plaisir au lit,
Ou d'être souvent veuves et de se remarier.
Certains disaient que c'est lorsque nous sommes flattées et courtisées
930   Que notre cœur est le plus heureux.
Pour être sincère, ce dernier est très près de la vérité:
C'est par la flatterie qu'un homme nous gagnera le plus facilement,
Et c'est par les attentions et l'empressement
Que nous nous engluons, grandes comme petites.
    Et certains disent que ce que nous aimons le mieux,
C'est d'être libres et de faire ce qu'il nous plaît,
Et que personne ne nous reproche nos vices,
Mais qu'on nous dise que nous sommes sages et pas niaises du tout.
Car, à vrai dire, si on nous égratigne sur un endroit douloureux,
940   Aucune d'entre nous
Ne manquera de ruer parce qu'on lui a dit ses vérités;
Essayez et vous le découvrirez.
Car, si nous sommes fondamentalement de vraies vicieuses,
Nous voulons être tenues pour sages et impeccables.
    Et certains disent que nous avons grand plaisir
A être considérées comme stables et secrètes,
Comme des femmes qui s'en tiennent fermement à leur but
Et qui ne dévoilent pas les choses que les hommes leur disent.
Mais cette histoire ne vaut pas un manche de râteau.
950   Pardi, nous les femmes, nous ne savons rien cacher;
Prenez l'histoire de Midas comme exemple; voulez-vous en
écouter le récit?

Ovyde, amonges othere thynges smale,
Seyde Myda hadde under his longe heres
Growynge upon his heed two asses eres,
The which vice he hydde as he best myghte 955
Ful subtilly from every mannes sighte,
That save his wyf ther wiste of it namo.
He loved hire moost and trusted hire also.
He preyde hire that to no creature
She sholde tellen of his disfigure.   960
  She swoor him nay for al this world to
      wynne,
She nolde do that vileynye or synne
To make hir housbonde han so foul a name;
She nolde nat telle it for hir owene shame.
But nathelees, hir thoughte that she dyde   965
That she so longe sholde a conseil hyde;
Hir thoughte it swal so soore aboute hir herte
That nedely som word hire moste asterte.
And sith she dorste telle it to no man,
Doun to a mareys faste by she ran—   970
Til she cam there hir herte was afyre—
And as a bitore bombleth in the myre,
She leyde hir mouth unto the water doun:
"Biwreye me nat, thou water, with thy soun,"
Quod she; "to thee I telle it and namo;   975
Myn housbonde hath longe asses erys two.
Now is myn herte al hool, now is it oute.
I myghte no lenger kepe it, out of doute."
Heere may ye se, thogh we a tyme abyde,
Yet out it moot; we kan no conseil hyde.   980
The remenant of the tale if ye wol heere,
Redeth Ovyde and ther ye may it leere.
  This knyght of which my tale is specially,
Whan that he saugh he myghte nat come
      therby—   984
This is to seye, what wommen love moost—
Withinne his brest ful sorweful was the goost.
But hoom he gooth, he myghte nat sojourne;
The day was come that homward moste he
      tourne.

Ovide a dit, entre autres petites choses,
Que Midas avait, sous ses longs cheveux,
Deux oreilles d'âne qui grandissaient sur sa tête.
Il cachait ce défaut le plus subtilement possible
De la vue des autres hommes;
Personne n'en savait rien, sinon sa femme.
Il l'aimait par-dessus tout et lui faisait aussi confiance.
Il l'a pria de ne parler

960   A aucune créature de sa difformité.
Elle lui jura que non: pour rien au monde
Elle ne commettrait cette vilenie, ce péché,
De faire porter une telle réputation à son mari;
Elle ne le dirait pas non plus à cause de sa propre honte.
Mais néanmoins il lui sembla qu'elle allait mourir
A garder si longtemps un secret;
Il lui sembla qu'il enflait si douloureusement autour de son cœur
Qu'un mot devait absolument lui échapper;
Et, puisqu'elle ne pouvait le dire à personne,

970   Elle courut vite vers un marais -
Jusqu'à ce qu'elle arrivât là, son cœur était à feu -,
Et, comme un butor mugit dans la boue,
Elle mit sa bouche sous l'eau:
«Ne me dévoile pas, toi l'eau, de ton son»,
Dit-elle; «A toi je le dis, à personne d'autre;
Mon mari a deux grandes oreilles d'âne!
Mon cœur est soulagé, maintenant que c'est sorti;
Il est indubitable que je ne pouvais plus le garder.»
Vous pouvez voir ici que, même si nous le gardons pendant un certain temps,

980   Le secret doit sortir, nous ne pouvons le garder.
Si vous voulez entendre le reste du conte,
Lisez Ovide et vous pourrez l'y apprendre.
Quand le chevalier dont parle spécialement mon conte
Vit qu'il ne pouvait y arriver,
Qu'il ne découvrirait pas ce que les femmes aiment par-dessus tout,
Son âme se chagrina dans sa poitrine.
Mais il retourna chez lui, il ne pouvait s'attarder davantage;
Le jour de son retour était arrivé,

And in his wey it happed hym to ryde
In al this care under a forest syde,   990
Wher as he saugh upon a daunce go
Of ladyes foure and twenty and yet mo;
Toward the whiche daunce he drow ful yerne,
In hope that som wysdom sholde he lerne.
But certeinly, er he cam fully there,   995
Vanysshed was this daunce, he nyste where.
Ne creature saugh he that bar lyf
Save on the grene he saugh sittynge a wyf—
A fouler wight ther may no man devyse.
Agayn the knyght this olde wyf gan ryse,   1000
And seyde, "Sire knyght, heer forth ne lith no
     wey.
Tel me what that ye seken, by youre fey.
Paraventure it may the bettre be;
Thise olde folk kan muchel thyng," quod she.
     "My leeve mooder," quod this knyght,
          "certeyn   1005
I nam but deed but if that I kan seyn
What thyng it is that wommen moost desire.
Koude ye me wisse, I wolde wel quite youre
     hire."
     "Plight me thy trouthe heere in myn hand,"
          quod she,
"The nexte thyng that I requere thee   1010
Thou shalt it do, if it lye in thy myght,
And I wol telle it yow er it be nyght."
     "Have heer my trouthe," quod the knyght.
          "I grante."
     "Thanne," quod she, "I dar me wel avante
Thy lyf is sauf, for I wol stonde therby.   1015
Upon my lyf, the queene wol seye as I.
Lat se which is the proudeste of hem alle
That wereth on a coverchief or a calle
That dar seye nat of that I shal thee teche.
Lat us go forth withouten lenger speche."   1020
Tho rowned she a pistel in his ere

1008   littéralement: «je vous revaudrais bien votre salaire».

Et, sur son chemin il se fit que, dans son tourment,
990 Il chevaucha à l'orée de la forêt,
Où il vit danser
Vingt-quatre dames et davantage;
Il s'approcha très avidement de cette danse,
Dans l'espoir d'apprendre quelque vérité.
Mais, en vérité, avant qu'il n'y arrivât tout à fait,
La danse était disparue, il ne savait où.
Il ne vit âme qui vive,
Sinon une femme assise dans la prairie;
On ne peut imaginer être plus laid.
1000 La vieille femme se leva à la rencontre du chevalier
Et dit: «Sire chevalier, il n'y a pas de chemin par ici.
Dites-moi ce que vous cherchez, sur votre foi!
Peut-être cela vous réussira-t-il;
Les vieilles personnes connaissent beaucoup de choses», dit-
elle.
   «Ma bonne mère», dit le chevalier, «en vérité
Je suis un homme mort si je ne puis dire
Quelle est la chose qui plaît le plus aux femmes.
Si vous pouviez m'instruire, je vous le revaudrais largement.»
   «Engage-moi ta foi ici dans ma main», dit-elle,
1010 «La première chose que je te demanderai,
Tu la feras si c'est en ton pouvoir,
Et je te le dirai avant qu'il ne fasse nuit.»
   «Reçois ma foi», dit le chevalier, «je te la jure».
«Alors», dit-elle, «je peux bien m'en vanter,
Ta vie est sauve, je t'assure.
Ma tête à couper que la reine dira comme moi.
Voyons si la plus orgueilleuse de toutes,
Une de celles qui portent un couvrechef ou une résille,
Osera nier ce que je vais t'apprendre.
1020 Allons-y sans bavarder davantage.»
Alors elle lui murmura un message à l'oreille

1016   littéralement: «sur ma vie».

And bad hym to be glad and have no fere.
  Whan they be comen to the court, this
    knyght
Seyde he had holde his day as he hadde hight,
And redy was his answere, as he sayde.   1025
Ful many a noble wyf, and many a mayde,
And many a wydwe—for that they been
    wise—
The queene hirself sittynge as justise,
Assembled been, his answere for to heere;
And afterward this knyght was bode appeere.

  To every wight comanded was silence,   1031
And that the knyght sholde telle in audience
What thyng that worldly wommen loven best.
This knyght ne stood nat stille as doth a best,
But to his questioun anon answerde   1035
With manly voys that al the court it herde.

  "My lige lady, generally," quod he,
"Wommen desiren to have sovereynetee
As wel over hir housbond as hir love,
And for to been in maistrie hym above.   1040
This is youre mooste desir thogh ye me kille.
Dooth as yow list; I am heer at youre wille."

  In al the court ne was ther wyf ne mayde
Ne wydwe that contraried that he sayde,
But seyden he was worthy han his lyf.   1045
  And with that word up stirte the olde wyf
Which that the knyght saugh sittynge on the
    grene:
"Mercy," quod she, "my sovereyn lady queene!
Er that youre court departe, do me right.
I taughte this answere unto the knyght,   1050
For which he plighte me his trouthe there
The firste thyng I wolde hym requere
He wolde it do, if it lay in his myght.
Bifore the court thanne preye I thee, sir
    knyght,"   1054
Quod she, "that thou me take unto thy wyf,

1026   sv. comme le signale Fisher, ce tribunal est à l'image des cours d'amour
        d'André le Chapelain.

Et lui demanda d'être heureux et de ne pas avoir peur.
   Quand ils arrivèrent à la cour, notre chevalier
Dit qu'il avait tenu son jour, comme promis,
Et que sa réponse était prête: telle fut sa gageure.
Beaucoup de nobles dames, beaucoup de jeunes filles,
Et beaucoup de veuves (car elles sont sages)
Etaient assemblées pour entendre la réponse,
Et la reine en personne siégeait comme juge suprême.
1030   On donna alors au chevalier l'ordre d'apparaître.
   On ordonna que tout le monde fasse silence
Et que le chevalier dise lors de cette audience
Ce que les femmes du monde aiment par-dessus tout.
Notre chevalier ne se tint pas muet comme une carpe,
Mais il répondit tout de suite à la question
D'une voix mâle, si bien que toute la cour l'entendit:
   «Ma suzeraine», dit-il,
«En général, les femmes désirent avoir la souveraineté
Tant sur leur mari que sur leur amant,
1040   Et elles désirent avoir la maîtrise sur lui.
C'est là votre plus grand désir, même si vous devez me tuer
(pour l'avoir dit).
Faites ce qui vous plaira, je suis ici à votre merci.»
   De toute la cour il ne se trouva personne (épouse, jeune
fille ou veuve)
Qui contredît ce qu'il avait dit,
Mais elles dirent qu'il méritait d'avoir la vie sauve.
   Et à ces mots la vieille femme se dressa,
Celle que le chevalier avait vue assise dans la prairie:
«Je vous en prie», dit-elle, «ma reine souveraine!
Avant que votre cour ne se sépare, faites-moi justice.
1050   C'est moi qui ai appris cette réponse au chevalier;
Et il m'a engagé sa foi là-bas:
Il m'a promis de faire la première chose
Que je lui demanderais si c'est en son pouvoir.
Aussi, devant la cour, je t'en prie, sire chevalier»,
Dit-elle, «Prends-moi pour épouse;

1032   *audience* je conserve le terme juridique, qui me paraît voulu.
1034   littéralement: «comme une bête»; je ne puis rendre les homophones *best* ('par-dessus tout' et 'bête') des fins de vers 1033 et 34.

For wel thou woost that I have kept thy lyf.
If I seye fals, sey nat, upon thy fey.''
   This knyght answerde, ''Allas and weylawey!
I woot right wel that swich was my biheste.
For Goddes love, as chees a newe requeste; 1060
Taak al my good and lat my body go.''
   ''Nay thanne,'' quod she, ''I shrewe us bothe
     two!
For thogh that I be foul and oold and poore,
I nolde for all the metal ne for oore
That under erthe is grave or lith above, 1065
But if thy wyf I were, and eek thy love.''
   ''My love?'' quod he, ''nay, my
     dampnacioun!
Allas, that any of my nacioun
Sholde evere so foule disparaged be.''
But al for noght; th'ende is this, that he 1070
Constreyned was, he nedes moste hire wedde;
And taketh his olde wyf and gooth to bedde.
   Now wolden som men seye, paraventure,
That for my necligence I do no cure
To tellen yow the joye and al th'array 1075
That at the feeste was that ilke day.
To which thyng shortly answere I shal:
I seye ther nas no joye ne feeste at al.
Ther nas but hevynesse and muche sorwe.
For prively he wedded hire on morwe, 1080
And al day after hidde hym as an owle,
So wo was hym, his wyf looked so foule.
   Greet was the wo the knyght hadde in his
     thoght.
Whan he was with his wyf abedde ybroght
He walweth and he turneth to and fro. 1085
His olde wyf lay smylynge everemo,
And seyde, ''O deere housbonde, benedicitee,
Fareth every knyght thus with his wyf as ye?
Is this the lawe of Kyng Arthures hous?
Is every knyght of his so dangerous? 1090

1067   littéralement: «ma damnation!»: reprise ironique du vers 891.

Tu sais en effet bien que je t'ai sauvé la vie.

Si je ne dis pas la vérité, corrige-moi, sur ta foi!»

    Notre chevalier répondit «hélas!» et «malheur!

Je sais très bien que c'est là ce que j'ai promis,

1060   Mais, pour l'amour de Dieu, choisis une autre requête!

Prends tous mes biens et laisse-moi mon corps.»

«Ah non», dit-elle, «car alors je nous maudirais tous les deux!

En effet, bien que je sois laide, vieille et pauvre,

Je ne voudrais pour tout le métal et tout le minerai

Qui sont enterrés dans le sol ou qui sont au-dessus,

Renoncer à être ta femme et aussi ta maîtresse.»

    «Ma maîtresse?», dit-il, «enfer et damnation!

Hélas! qu'un homme de ma naissance

Soit aussi atrocement déshonoré!»

1070   Mais tout fut vain; la fin est la suivante:

Il était contraint, il devait absolument se marier;

Il prend donc la vieille femme et va au lit.

    Certains me diront peut-être

Que je suis tellement négligent

Que j'oublie de vous raconter la joie et le grand arroi

Qu'il y eut à la fête en ce jour.

J'aurai vite répondu à ce reproche:

Je dis qu'il n'y eut absolument aucune joie ni aucune fête,

Il n'y eut que peine et grande tristesse.

1080   Il l'épousa en cachette le matin,

Et pendant tout le jour qui suivit il se cacha comme un hibou:

Il était tellement malheureux, sa femme avait l'air si laide.

    Grand était le malheur qui rongeait le cœur du chevalier

Lorsqu'il fut amené au lit avec sa femme;

Il se roule et se retourne en tous sens;

Sa vieille femme était couchée et continuait à sourire.

Elle disait: «O cher mari, *benedicite*!

Est-ce que tous les chevaliers se comportent comme vous avec votre femme?

Est-ce là la loi de la maison du roi Arthur?

1090   Est-ce que tous ses chevaliers sont aussi distants?

I am youre owene love and eek youre wyf;
I am she which that saved hath youre lyf,
And certes yet ne dide I yow nevere unright;
Why fare ye thus with me this firste nyght?
Ye faren lyk a man had lost his wit.   1095
What is my gilt? For Goddes love, tel it,
And it shal been amended, if I may."
　　"Amended?" quod this knyght, "allas, nay,
　　　　nay,
It wol nat been amended nevere mo.
Thou art so loothly, and so oold also,   1100
And therto comen of so lough a kynde,
That litel wonder is thogh I walwe and wynde.
So wolde God myn herte wolde breste!"
　　"Is this," quod she, "the cause of youre
　　　　unreste?"
　　"Ye, certeinly," quod he, "no wonder is."
　　"Now sire," quod she, "I koude amende al
　　　　this,
　　　　　　　　　　　　　　　　　1106
If that me liste, er it were dayes thre,
So wel ye myghte bere yow unto me.
　　"But, for ye speken of swich gentillesse
As is descended out of old richesse,   1110
That therfore sholden ye be gentil men,
Swich arrogance is nat worth an hen.
Looke who that is moost vertuous alway,
Pryvee and apert, and moost entendeth ay
To do the gentil dedes that he kan,   1115
Taak hym for the grettest gentil man.
Crist wole we clayme of hym oure gentillesse,
Nat of oure eldres for hire old richesse.
For thogh they yeve us al hir heritage,   1119
For which we clayme to been of heigh parage,
Yet may they nat biquethe for no thyng
To noon of us hir vertuous lyvyng,
That made hem gentil men ycalled be,
And bad us folwen hem in swich degree.
　　"Wel kan the wise poete of Florence   1125
That highte Dant speken in this sentence.
Lo, in swich maner rym is Dantes tale:

Je suis votre propre maîtresse, et aussi votre femme;
Je suis celle qui vous a sauvé la vie,
Et, en vérité, je ne vous ai pourtant fait aucun tort;
Pourquoi vous comportez-vous ainsi avec moi pour notre
première nuit?
Vous avez l'air d'un homme qui a perdu ses esprits.
Quelle est ma faute? Pour l'amour de Dieu, dites-le moi,
Et j'y remédierai si je le puis.»
      «Y remédier?», dit le chevalier, «hélas! non, non!
On ne pourra jamais plus y remédier.

1100   Tu es si répugnante et si vieille,
Et, en outre, tu es de tellement basse extraction
Qu'il n'est guère étonnant que je me roule et me contortionne.
Plût à Dieu que mon cœur acceptât d'éclater!»
      «Est-ce là», dit-elle, «la cause de votre agitation?»
      «Oui, certes», dit-il, «et ce n'est pas étonnant!»
      «Eh bien, Monsieur», dit-elle, «si j'en avais envie,
Je pourrais y remédier avant trois jours,
Mais à condition que vous vous comportiez avec moi comme
il convient.
      «Et, quand vous parlez d'une noblesse

1110   Provenant d'une ancienne richesse,
Qui ferait ainsi des hommes de noblesse,
Je crois qu'une telle arrogance ne vaut pas une poule.
Cherchez celui qui est toujours le plus vertueux,
En privé comme en public, et qui s'applique le mieux qu'il le
peut
A accomplir les actes nobles en son pouvoir:
Considerez-le comme l'homme le plus noble de tous.
Le Christ veut que ce soit de lui qu'émane notre noblesse,
Pas de nos ancêtres parce qu'ils étaient riches.
Car, bien qu'ils nous donnent tout leur héritage,

1120   Ce qui nous permet de nous dire de haute lignée,
Il leur est toutefois totalement impossible de léguer
A quiconque d'entre nous leur existence vertueuse
Qui leur a valu d'être appelés nobles
Et qui nous amena à leur succéder dans ce rang.
      Le sage poète de Florence,
Qui s'appelait Dante, sait bien exprimer cela.
Ecoutez: voici un vers exemplaire du conte de Dante:

'Ful selde up riseth by his branches smale
Prowesse of man, for God of his goodnesse
Wole that of hym we clayme oure
     gentillesse.'   1130
For of oure eldres may we no thyng clayme
But temporel thyng that man may hurte and
     mayme.
    "Eek every wight woot this as wel as I,
If gentillesse were planted natureelly
Unto a certeyn lynage doun the lyne,   1135
Pryvee and apert, thanne wolde they nevere
     fyne
To doon of gentillesse the faire office—
They myghte do no vileynye or vice.
    "Taak fyr and ber it in the derkeste hous
Bitwix this and the mount of Kaukasous,   1140
And lat men shette the dores and go thenne,
Yet wole the fyr as faire lye and brenne
As twenty thousand men myghte it biholde;
His office natureel ay wol it holde,
Up peril of my lyf, til that it dye.   1145
    "Heere may ye se wel how that genterye
Is nat annexed to possessioun,
Sith folk ne doon hir operacioun
Alwey, as dooth the fyr, lo, in his kynde.
For God it woot men may wel often fynde   1150
A lordes sone do shame and vileynye;
And he that wole han pris of his gentrye—
For he was born of a gentil hous
And hadde his eldres noble and vertuous—
And nel hymselven do no gentil dedis   1155
Ne folwen his gentil auncestre that deed is,
He nys nat gentil, be he duc or erl,
For vileyns synful dedes make a cherl.
For gentillesse nys but renomee   1159

1128   *Purgatoire* VII, 121-23; voici le texte de la traduction française à la Pléiade:
         Tant rares fois remonte par les branches
         prouesses d'ancesseurs; et qui la baille
         l'ordonne ainsi pour qu'à lui on s'appelle.
  J'ai conservé ce qui correspondait exactement.

'Tant rares fois remonte vers le haut par les petites branches
Prouesse d'ancesseurs; car Dieu, dans sa bonté,
1130 Veut que ce soit de lui que nous réclamions notre noblesse'.
Car, de nos ancêtres nous ne pouvons rien réclamer
Sinon des biens temporels, que l'homme peut blesser ou
mutiler.

 «Et aussi, chacun sait aussi bien que moi
Que si la noblesse était plantée naturellement
Dans une certaine lignée et descendait dans ce lignage,
Alors les descendants ne pourraient jamais finir
De faire le bel office de la noblesse, en privé comme en public;
Ils ne pourraient poser des actes de vilains ou avoir des vices.
 Prenez du feu et portez-le dans la plus sombre maison
1140 Que l'on puisse trouver entre celle-ci et le mont Caucase;
Que l'on ferme alors les portes et que l'on s'en aille;
Le feu brillera et brûlera aussi bien
Que si vingt mille hommes pouvaient le contempler;
Il gardera toujours son office naturel
Jusqu'à sa mort: j'en mets ma tête à couper.

 «Vous pouvez donc bien voir que la noblesse
N'est pas annexée à la possession,
Puisque les gens ne posent pas toujours des actes
Selon leur nature, comme le feu le fait, lui.
1150 Et, Dieu le sait, on trouve très souvent
Un fils de seigneur qui fait des choses honteuses et vilaines.
Quant à celui qui veut avoir le prix de sa noblesse
Parce qu'il est né noble
Et que ses ancêtres étaient nobles et vertueux,
Mais qui ne veut poser personnellement aucun acte noble,
Ni suivre le type de vie de son noble ancêtre qui est mort,
Celui-là n'est pas noble, qu'il soit duc ou comte:
En effet, les actions coupables et vilaines font le manant;
La noblesse n'est que le renom

1138 *vilenye* par opposition à noble.

Of thyne auncestres for hire heigh bountee,
Which is a strange thyng to thy persone.
Thy gentillesse cometh fro God allone.
Thanne comth oure verray gentillesse of grace;
It was no thyng biquethe us with oure place.

    "Thenketh hou noble, as seith Valerius,   1165
Was thilke Tullius Hostillius
That out of poverte roos to heigh noblesse.
Reed Senek, and redeth eek Boece;
Ther shul ye seen expres that it no drede is
That he is gentil that dooth gentil dedis.   1170
And therfore, leeve housbonde, I thus conclude:
Al were it that myne auncestres were rude,
Yet may the hye God—and so hope I—
Grante me grace to lyven vertuously.
Thanne am I gentil whan that I bigynne   1175
To lyven vertuously and weyve synne.

    "And there as ye of poverte me repreeve,
The hye God, on whom that we bileeve,
In wilful poverte chees to lyve his lyf.
And certes every man, mayden, or wyf,   1180
May understonde that Jhesus, hevene kyng,
Ne wolde nat chese a vicious lyvyng.
Glad poverte is an honeste thyng, certeyn;
This wole Senec and othere clerkes seyn.
Whoso that halt hym payd of his poverte,   1185
I holde hym riche al hadde he nat a sherte.
He that coveiteth is a poure wight,
For he wolde han that is nat in his myght;
But he that noght hath, ne coveiteh have,
Is riche, although ye holde hym but a knave.

    "Verray poverte it syngeth proprely.   1191
Juvenal seith of poverte myrily,
'The poure man, whan he goth by the weye,
Bifore the theves he may synge and pleye.'
Poverte is hateful good and, as I gesse,   1195
A ful greet bryngere out of bisynesse;

1165   Valère Maxime, III, ch.4. Tullius Hostilius est devenu roi alors qu'il était de
basse extraction.

1160   De tes ancêtres pour leur magnanimité,
Et ceci est étranger à ta personne;
Ta noblesse vient de Dieu seul.
Notre vraie noblesse vient par la grâce;
Ce n'est pas une chose qui nous est léguée avec notre maison.
    «Pensez à la noblesse de Tullus Hostilius,
Comme nous le raconte Valère.
Il grimpa de la pauvreté jusqu'à la haute noblesse.
Lisez Sénèque, et lisez aussi Boèce;
Vous pourrez expressément y voir qu'il est incontestable
1170   Que c'est celui qui accomplit des actes nobles qui est noble.
Aussi, mon cher mari, voici ma conclusion:
Bien que mes ancêtres aient été des rustres,
J'espère que le Dieu tout-puissant m'accordera
La grâce de vivre vertueusement.
En effet, je suis noble dès que je commence
A vivre vertueusement et à éviter le péché.
    «Et, alors que vous me reprochez ma pauvreté,
Le Dieu tout-puissant, en lequel nous croyons,
A choisi de vivre sa vie dans une pauvreté volontaire.
1180   Et il est certain que tous les hommes, les jeunes filles et les femmes
Peuvent bien comprendre que Jésus, roi des cieux,
N'a pas voulu choisir une existence vicieuse.
La pauvreté joyeuse est certainement une chose honnête;
C'est ce que disent Sénèque et d'autres clercs.
Quiconque se sent récompensé par sa pauvreté,
Moi je dis qu'il est riche, même s'il n'a pas de chemise.
Celui qui convoite est un pauvre être,
Car il voudrait avoir ce qui n'est pas en son pouvoir;
Mais celui qui n'a rien et qui ne convoite rien,
1190   Celui-là est riche, même si vous le prenez pour un domestique.
    «La vraie pauvreté chante par nature;
Juvénal plaisante sur la pauvreté:
'Lorsqu'il va par les chemins, l'homme pauvre
Peut chanter et se réjouir devant les voleurs.'
La pauvreté est un bien mal aimé et pourtant, à mon avis,
Elle sait tirer quelqu'un du souci

A greet amendere eek of sapience
To hym that taketh it in pacience.
Poverte is this, although it seme alenge,
Possessioun that no wight wol chalenge.   1200
Poverte ful ofte, whan a man is lowe,
Maketh his God and eek hymself to knowe.
Poverte a spectacle is, as thynketh me,
Thurgh which he may his verray freendes see.
And therfore, sire, syn that I noght yow greve,
Of my poverte namoore ye me repreve.   1206

    "Now, sire, of elde ye repreve me;
And certes, sire, thogh noon auctoritee
Were in no book, ye gentils of honour
Seyn that men sholde an oold wight doon
        favour   1210
And clepe hym fader for youre gentillesse—
And auctours shal I fynden, as I gesse.

    "Now ther ye seye that I am foul and old,
Than drede you noght to been a cokewold,
For filthe and eelde, also moot I thee,   1215
Been grete wardeyns upon chastitee.
But nathelees, syn I knowe youre delit,
I shal fulfille youre worldly appetit.

    "Chese now," quod she, "oon of thise
        thynges tweye:
To han me foul and old til that I deye   1220
And be to yow a trewe humble wyf,
And nevere yow displese in al my lyf,
Or elles ye wol han me yong and fair,
And take youre aventure of the repair
That shal be to youre hous by cause of me,   1225
Or in som oother place, may wel be.
Now chese yourselven, wheither that yow
        liketh."

    This knyght avyseth hym and sore siketh,
But atte laste he seyde in this manere,
"My lady and my love, and wyf so deere,   1230

1215   littéralement: «aussi vrai que j'espère prospérer».

Et corriger la sagesse
De celui qui la prend en patience.
Bien qu'elle semble pénible, la pauvreté est en fait
1200   La possession que personne ne voudra contester.
Quand un homme est au plus bas, la pauvreté lui fait souvent
Connaître son Dieu et aussi lui-même.
Il me semble que la pauvreté est un spectacle
A travers lequel on peut voir ses vrais amis.
Aussi, Monsieur, puisque je ne vous rends pas malheureux,
Ne me reprochez plus ma pauvreté.
    «Monsieur, vous me reprochez aussi mon âge;
Et, même si aucune autorité ne le disait dans les livres,
Vous dites, vous les gens de noblesse d'honneur,
1210   Que l'on doit respecter les vieillards
Et les appeler pères, suivant votre (système de) noblesse;
A mon avis, je pourrais trouver des autorités sur ce sujet.
    «Vous dites aussi que je suis laide et vieille;
Alors, vous n'avez pas peur d'être cocu.
Je mets en effet ma tête à couper que la laideur et l'âge
Sont de grands gardiens de la chasteté.
Mais néanmoins, puisque je connais votre plaisir,
Je vais combler votre appétit terrestre.
    «Choisissez», dit-elle, «entre ces deux choses:
1220   Ou bien vous m'aurez laide et vieille jusqu'à la mort,
Et je serai pour vous une femme fidèle et humble,
Et je ne vous déplairai jamais, jusqu'à la fin de mes jours,
Ou alors vous m'aurez jeune et jolie,
Et vous prendrez le risque des visites
Qui se feront dans votre maison à cause de moi,
Ou dans quelque autre endroit peut-être.
Maintenant, choisissez vous-même ce que vous préférez.»
    Le chevalier réfléchit et soupire amèrement,
Puis, finalement, il dit ceci:
1230   «Ma dame, ma maîtresse et ma femme si chère,

I put me in youre wise governance;
Cheseth youreself which may be moost plesance
And moost honour to yow and me also.
I do no fors the wheither of the two,
For as yow liketh it suffiseth me."   1235
   "Thanne have I gete of yow maistrie,"
     quod she,
"Syn I may chese and governe as me lest?"
   "Ye, certes, wyf," quod he. "I holde it best."
   "Kys me," quod she. "We be no lenger
     wrothe,
For, by my trouthe, I wol be to yow bothe—
This is to seyn, ye, bothe fair and good.   1241
I prey to God that I moote sterven wood
But I to yow be also good and trewe
As evere was wyf syn that the world was newe.
And but I be tomorn as fair to seene   1245
As any lady, emperice, or queene,
That is bitwixe the est and eke the west,
Dooth with my lyf and deth right as yow lest.
Cast up the curtyn, looke how that it is."
   And whan the knyght saugh verraily al this,
That she so fair was, and so yong therto,   1251
For joye he hente hire in his armes two.
His herte bathed in a bath of blisse,
A thousand tyme a-rewe he gan hire kisse,
And she obeyed hym in every thyng   1255
That myghte doon hym plesance or likyng.
   And thus they lyve unto hir lyves ende
In parfit joye. And Jhesu Crist us sende
Housbondes meeke, yonge, and fressh abedde,
And grace t'overbyde hem that we wedde.   1260
And eek I pray Jhesu shorte hir lyves
That wol nat be governed by hir wyves.
And olde and angry nygardes of dispence,
God sende hem soone verray pestilence!

Heere endeth the Wyves Tale of Bathe.

Je m'en remets à votre sage décision,
Choisissez vous-même ce qui vous sera le plus agréable,
Et ce qui nous apportera le plus grand honneur, à vous et à
moi.
Peu m'importe la solution que vous choisirez,
Je serai heureux de ce qui vous plaira.»
   «Alors, j'ai gagné: je suis votre maîtresse», dit-elle,
«Puisque je puis choisir et gouverner comme il me plaît.»
   «Oui, certes, ma femme», dit-il, «je crois que c'est pour le
mieux ainsi.»
   «Embrassez-moi», dit-elle, «nous ne serons plus fâchés;
1240 Car, ma foi, je serai les deux pour vous,
C'est-à-dire, oui, à la fois jolie et bonne.
Je prie Dieu de me faire mourir folle
Si je ne vous suis aussi bonne et fidèle
Que jamais femme ne le fut depuis le début du monde.
Et, si demain je ne suis pas aussi belle à voir
Qu'une impératrice ou une reine,
De l'orient à l'occident,
Faites de ma vie et de ma mort tout ce qu'il vous plaira.
Relevez le rideau et voyez ce qu'il en est.»
1250 Et quand le chevalier vit
Qu'elle était réellement belle et jeune,
De joie il l'a prit entre ses deux bras.
Son cœur baignait dans un bain de béatitude,
Il l'embrassa mille fois de suite,
Et elle lui obéit en toutes choses
Susceptibles de lui apporter agrément et plaisir.
   Et ils vécurent ainsi jusqu'à la fin de leurs jours,
Dans une joie parfaite;
Que Jésus-Christ nous envoie des maris dociles, jeunes et
vigoureux au lit,
1260 Ainsi que la grâce de survivre à ceux que nous épousons;
Je prie également Jésus d'abréger la vie
De ceux qui ne veulent pas être gouvernés par leur femme.
Et quant aux vieux grincheux avares à la dépense,
Que Dieu leur envoie bientôt sa male peste!

Ici Finit le Conte de la Femme de Bath.

LE CONTE DU FRERE

Les contes du «Marriage Group» vont être interrompus par deux intermèdes burlesques (qui semblent contester la notion d'autorité): deux fabliaux. Ceux-ci constituent un ensemble assez parallèle à celui formé par le Conte du Meunier et le Conte de l'Intendant. Ils sont fondés sur l'animosité qui oppose leurs narrateurs, et chacun d'entre eux profite de son récit pour se moquer abondamment de l'autre, qu'il a bien soin de mettre en scène dans des situations qui rivalisent d'imagination doublée de trivialité...

Comme dans ses autres fabliaux, Chaucer campe des éléments propres au genre. Mais, au-delà de la satire du compagnonnage, le but de Chaucer est d'ordre moral: il veut dénoncer les vrais motifs du Semoneur. Il s'agit du premier volet de la présentation d'ecclésiastiques pervers et parasites de l'Eglise. Or, nous devons ce récit au Frère, un autre ecclésiastique, qui, comme on le verra dans le conte suivant, n'a certainement aucune supériorité morale sur son adversaire, même s'il appartient à un rang plus élevé dans la hiérarchie de l'Eglise...

Source

Rien de précis, sinon un motif folklorique.

FRIAR'S TALE

PROLOGUE

The Prologe of the Freres Tale.

This worthy lymytour, this noble Frere,   1265
He made alwey a maner louryng chiere
Upon the Somonour, but for honestee
No vileyns word as yet to hym spak he.
But atte laste he seyde unto the wyf,
"Dame," quod he, "God yeve yow right good
    lyf.   1270
Ye han heer touched, also moot I thee,
In scole-matere greet difficultee.
Ye han seyd muche thyng right wel, I seye.
But dame, heere as we ryde by the weye
Us nedeth nat to speken but of game,   1275
And lete auctoritees, on Goddes name,
To prechyng and to scole of clergye.
But if it lyke to this compaignye,
I wol yow of a somonour telle a game.
Pardee, ye may wel knowe by the name   1280
That of a somonour may no good be sayd;
I praye that noon of you be yvele apayd.
A somonour is a rennere up and doun
With mandementz for fornicacioun,
And is ybet at every townes ende."   1285
    Oure Hoost tho spak, "A, sire, ye sholde be
      hende
And curteys, as a man of youre estaat;
In compaignye we wol have no debaat.

1265   *lymytour* c'était un frère autorisé à mendier dans certaines limites territoriales.
On peut y voir un lien -ténu- avec le WBT.

LE CONTE DU FRERE

PROLOGUE

Le Prologue du Conte du Frère.

1265   Ce digne limiteur, ce noble Frère,
Faisait toujours plus ou moins la gueule
Au Semoneur, mais, comme il était correcte,
Il ne lui avait pas encore dit de canaillerie.
Il finit pourtant par s'adresser à la Femme:
«Madame», dit-il, «que Dieu vous accorde une très bonne vie.
Aussi vrai que j'espère prospérer, vous venez de toucher
A un grand problème de la scolastique.
Vous avez très bien dit beaucoup de choses, cela, je vous le dis.
Mais, Madame, pendant que nous cheminons,
1275   Notre seule obligation, c'est de parler de choses distrayantes.
Nom de Dieu, laissons les autorités
Aux prêcheurs et écoles de clercs!
Si cela plaît à notre compagnie,
Je vais vous raconter une plaisanterie à propos d'un semoneur.
Pardi, rien qu'en entendant ce nom on peut savoir
Qu'il est impossible de dire du bien d'un semoneur;
Je vous demande à tous de n'y voir aucun mal.
Un semoneur est un coureur
Qui a des mandements pour la fornication,
1285   Et il est battu en sortant de toutes les villes.»
    Notre Hôte parla alors, «Monsieur, vous devriez être aimable
Et courtois, comme il sied à un homme de votre état;
Nous ne voulons aucune discussion dans notre compagnie.

1276   *auctoritees* on se souviendra de l'importance de cette notion dans le WBT.
1284   l'ambiguïté de l'expression est voulue.

Telleth youre tale and lat the Somonour be."
   "Nay," quod the Somonour, "lat hym seye
     to me   1290
Whatso hym list. Whan it comth to my lot,
By God, I shal hym quiten every grot.
I shal hym tellen which a greet honour
It is to be a flaterynge lymytour,
And of many another manere cryme   1295
Which nedeth nat rehercen for this tyme.
And his office I shal hym telle, ywis."
Oure Hoost answerde, "Pees, namoore of
   this."
And after this he seyde unto the Frere,   1299
'Tel forth youre tale, leeve maister deere."

Heere bigynneth the Freres Tale.

Whilom ther was dwellynge in my contree
An erchedekene, a man of heigh degree,
That boldely dide execucioun
In punysshynge of fornicacioun,
Of wicchecraft, and eek of bawderye,   1305
Of diffamacioun, and avowtrye,
Of chirche reves, and of testamentz,
Of contractes, and of lakke of sacramentz,
Of usure, and of symonye also.   1309
But certes, lecchours dide he grettest wo—
They sholde syngen if that they were hent—
And smale tytheres weren foule yshent
If any persone wolde upon hem pleyne.
Ther myghte asterte hym no pecunyal peyne.
For smale tithes and for smal offrynge   1315
He made the peple pitously to synge,
For er the bisshop caughte hem with his hook,
They were in the erchedeknes book.
And thanne hadde he, thurgh his jurisdiccioun,
Power to doon on hem correccioun.   1320
He hadde a somonour redy to his hond—
A slyer boye nas noon in Engelond,

1292   littéralement: «je l'obligerai à me rembourser jusqu'au dernier sou».

Racontez votre conte et laissez le Semoneur en paix.»
«Non», dit le Semoneur, «Qu'il me dise tout ce qu'il lui
plaît.
Quand viendra mon tour,
Pardi, je lui rendrai la monnaie de sa pièce.
Je lui dirai quel grand honneur c'est
D'être un limiteur flatteur,
1295 Et (je lui parlerai) de bien d'autres crimes
Qu'il n'est pas nécessaire de répéter ici.
Et, soyez certains que je lui parlerai de son office.»
Notre Hôte répondit, «Du calme, fini!»,
Et ensuite il dit au Frère:
«Continuez votre conte, mon bien cher maître.»

Ici commence le Conte du Frère.

Jadis, vivait en mon pays
Un archidiacre, un homme de haut rang
Qui était prompt à exécuter
La punition de la fornication,
1305 De la sorcellerie, et aussi du proxénétisme,
De la diffamation, de l'adulère,
Des vols dans les églises, des (abuts de) testaments,
De contrats, du manquement aux sacrements,
De l'usure ainsi que de la simonie.
Mais, certes, il faisait surtout le malheur des débauchés:
Ils pouvaient bien chanter s'ils étaient pris!
Et les payeurs de petites dîmes étaient durement traités
Si un curé quelconque venait à s'en plaindre.
Il n'y avait pas moyen d'échapper à l'amende.
1315 Pour de trop petites dîmes ou de trop petites offrandes
Il faisait pitoyablement chanter les gens,
Car, avant d'être touchés par la crosse de l'évêque,
Ils étaient déjà dans le livre de l'archidiacre.
Et il avait alors, par sa juridiction,
Pouvoir de leur infliger une correction.
Il avait un semoneur à portée de main -
De toute l'Angleterre il n'était plus rusé serviteur,

For subtilly he hadde his espiaille
That taughte hym wher that hym myghte
    availle.
He koude spare of lecchours oon or two   1325
To techen hym to foure and twenty mo.
For thogh this somonour wood was as an hare,
To telle his harlotrye I wol nat spare,
For we been out of his correccioun.
They han of us no jurisdiccioun,   1330
Ne nevere shullen, terme of alle hir lyves.
   "Peter, so been wommen of the styves,"
Quod the Somonour, "yput out of my cure!"
   "Pees, with myschance and with
    mysaventure,"
Thus seyde oure Hoost, "and lat hym telle his
    tale.   1335
Now telleth forth, thogh that the Somonour
    gale,
Ne spareth nat, myn owene maister deere."
   This false theef, this somonour, quod the
    Frere,
Hadde alwey bawdes redy to his hond,
As any hauk to lure in Engelond,   1340
That tolde hym al the secree that they knewe,
For hire acqueyntance was nat come of newe.
They weren his approwours prively.
He took hymself a greet profit therby;
His maister knew nat alwey what he wan.   1345
Withouten mandement a lewed man
He koude somne, on peyne of Cristes curs,
And they were glade for to fille his purs
And make hym grete feestes atte nale.
And right as Judas hadde purses smale,   1350
And was a theef, right swich a theef was he;
His maister hadde but half his duetee.
He was, if I shal yeven hym his laude,
A theef and eek a somnour and a baude.
He hadde eek wenches at his retenue   1355
That wheither that Sir Robert or Sir Huwe,

1327   littéralement: «fou comme un lièvre».

Car il avait en secret un réseau d'espions
Qui l'informaient de ce qui pouvait lui être utile.
1325 Il savait épargner un ou deux débauchés
Pour être conduit à vingt-quatre autres.
Et, quand bien même cela rendrait notre Semoneur fou de
rage,
Je ne me priverai pas de vous parler de son immoralité,
Car nous échappons à sa correction,
Ils n'ont sur nous aucune juridiction,
Et n'en auront jamais, tant qu'ils vivront.»
«Par saint Pierre, c'est comme les femmes des bordels,»
Dit le Semoneur, «elles échappent à ma cure!»
«La paix! malheur et damnation!»,
1335 Dit alors l'Hôte, «laissez-lui raconter son conte.
Continuez malgré les protestation du Semoneur,
Et n'épargnez personne, mon cher maître.»
«Ce faux voleur, ce Semoneur», dit le Frère,
«Avait toujours des proxénètes sous la main;
Ils étaient aussi bien dressés que les faucons d'Angleterre qui
obéissent au leurre.
Ils lui disaient tous les secrets qu'ils connaissaient
Car ils se connaissaient de longue date.
En cachette, ils étaient ses pourvoyeurs,
Et il en retirait un grand profit pour lui-même;
1345 Son maître ne savait pas toujours ce qu'il gagnait.
Il s'entendait à citer un ignorant à comparaître
Sans mandement, en le menaçant de l'excommunication du
Christ,
Et ces gens étaient (encore tout) heureux de remplir sa bourse
Et de l'inviter à festoyer à la taverne.
Et, tout comme Judas avait une petite bourse
Et était un voleur, lui aussi était un voleur;
Son maître ne recevait que la moitié de son dû;
C'était, si je dois en faire l'éloge,
Un voleur, un semoneur et un proxénète.
1355 Il avait aussi des filles à son service,
Et, que ce soit Messire Robert ou Messire Hugues,

1350   Jean XII, 6.
1355   il s'agit des membres du clergé séculier.
1356   Jakke est, comme on l'a vu, le diminutif de Jean, nom traditionnel de prêtre.

Or Jakke, or Rauf, or whoso that it were
That lay by hem, they tolde it in his ere.
Thus was the wenche and he of oon assent;
And he wolde fecche a feyned mandement   1360
And somne hem to chapitre bothe two,
And pile the man and lete the wenche go.
   Thanne wolde he seye, "Freend, I shal for thy
      sake
Do striken hire out of oure lettres blake.
Thee thar namoore, as in this cas, travaille;   1365
I am thy freend ther I thee may availle."
Certeyn he knew of briberyes mo
Than possible is to telle in yeres two.
For in this world nys dogge for the bowe
That kan an hurt deer from an hool knowe   1370
Bet than this somnour knew a sly lecchour
Or an avowtier or a paramour.
And for that was the fruyt of al his rente,
Therfore on it he sette al his entente.

   And so bifel that ones on a day   1375
This somnour evere waityng on his pray
Rood for to somne an old wydwe, a ribibe,
Feynynge a cause, for he wolde brybe.
And happed that he saugh bifore hym ryde
A gay yeman under a forest syde.   1380
A bowe he bar and arwes brighte and kene;
He hadde upon a courtepy of grene;
An hat upon his heed with frenges blake.
   "Sire," quod this somnour, "hayl, and wel
     atake."
   "Welcome," quod he, "and every good
     felawe.   1385
Wher rydestow, under this grenewode shawe?"
Seyde this yeman, "Wiltow fer to day?"
   This somnour hym answerde and seyde,
     "Nay.
Heere faste by," quod he, "is myn entente
To ryden for to reysen up a rente   1390

1377   *ribibibe* je dois ce terme à M. E. Wahl (traducteur d'*Etudes Germaniques*).

Ou Jeannot ou Raoul, ou qui que ce soit
Qui couchât avec elles, elles le lui disaient à l'oreille.
La fille et lui étaient ainsi d'accord.
Il se procurait une fausse assignation
Et les convoquait tous les deux au chapitre
Et il plumait l'homme et laissait aller la fille.
Alors il disait, «Ami, dans ton intérêt,
Je vais faire rayer cela de notre livre noir.
1365 Ne te tracasse plus à ce sujet;
Je suis ton ami là où je puis t'aider.»
Il est certain qu'il avait plus de tours dans son sac
Qu'il ne serait possible de le dire en deux ans.
Car, sur cette terre, aucun chien d'archer
Ne pouvait mieux reconnaître un cerf blessé d'un cerf intact
Que ce Semoneur ne pouvait reconnaître
Un débauché, un adultère ou un amant.
Et, comme cela constituait le meilleur de sa rente,
Il y mettait tout son entendement.
1375 Et il advint qu'un jour
Notre Semoneur, toujours à l'affût d'une proie,
Se rendait convoquer une vieille veuve, un vieux rebec,
Sous un faux prétexte, car il voulait l'escroquer.
Il se fit qu'à l'orée d'une forêt
Il vit chevaucher devant lui un joyeux yeoman.
Il portait un arc ainsi que des flèches brillantes et aiguës;
Il portait un manteau vert,
Et sur la tête il avait un chapeau avec des franges noires.
 «Monsieur», dit notre Semoneur, «Salut! quelle heureuse
rencontre!»
1385 «Bienvenue», dit-il, «à toi et à ton bon compagnon.
Où te conduit ton cheval sous ces verts bosquets?»,
Dit notre Yeoman, «veux-tu aller loin aujourd'hui?»
 Notre Semoneur lui répondit et dit: «Non.
C'est tout près d'ici», dit-il, «que j'ai l'intention
D'aller encaisser une rente

1380 il ressemble étrangement à celui du GP! (voir v.101 sv.). D'autre part, la
couleur verte est peut-être associée au diable.
1382 le français courte-pointe n'a malheureusement pas le même sens.

That longeth to my lordes duetee.''
    "Artow thanne a bailly?" "Ye," quod he.
He dorste nat, for verray filthe and shame
Seye that he was a somonour, for the name.
    "Depardieux," quod this yeman, "deere
        broother,   1395
Thou art a bailly, and I am another.
I am unknowen as in this contree;
Of thyn aqueyntance I wolde praye thee
And eek of bretherhede, if that yow leste.
I have gold and silver in my cheste;   1400
If that thee happe to comen in oure shire,
Al shal be thyn, right as thou wolt desire.''
    "Grantmercy," quod this somonour, "by my
        feith!''
Everych in ootheres hand his trouthe leith,
For to be sworne bretheren til they deye.   1405
In daliance they ryden forth hir weye.
    This somonour, that was as ful of jangles
As ful of venym been thise waryangles
And evere enqueryng upon everythyng,
"Brother," quod he, "where is now youre
        dwellyng   1410
Another day if that I sholde yow seche?''
This yeman hym answerde in softe speche,
    "Brother," quod he, "fer in the north contree,
Where as I hope som tyme I shal thee see.
Er we departe I shal thee so wel wisse   1415
That of myn hous ne shaltow nevere mysse.''
    "Now, brother," quod this somonour, "I yow
        preye,
Teche me whil that we ryden by the weye—
Syn that ye been a baillif as am I—
Som subtiltee, and tel me feithfully   1420
In myn office how that I may moost wynne;
And spareth nat for conscience ne synne,
But as my brother tel me how do ye.''

1395 *Depardieux* ce juron est significatif!
1399 parodie du serment des compagnons. On trouvera diverses informations sur
      cette institution, ainsi que des éléments bibliographiques dans Jacques De
      Caluwé, «Les liens féodaux dans *Daurel et Beton*», *Etudes de Philogie Romane*

Qui relève de mon seigneur.»
  «Es-tu donc bailli?». «Oui», dit-il.
La honte et la gêne l'empêchaient
De dire qu'il était semoneur, à cause de (la laideur du) nom.
1395   «Pardieu!», dit notre Yeoman, «cher frère,
Si tu es un bailli, j'en suis un autre.
Je suis inconnu dans ce pays;
Je voudrais te prier de m'accorder ton amitié
Et aussi ta fraternité, si elles vous sont agréables.
J'ai de l'or et de l'argent dans mon coffre;
Si tu viens jamais dans notre comté,
Ils seront entièrement à toi, comme il te plaira.»
  «Grand merci», dit notre Semoneur, «sur ma foi!».
Chacun dépose sa foi dans les mains de l'autre,
1405   Et ils jurent d'être compagnons jurés jusqu'à la mort.
Puis ils continuèrent leur chemin dans la joie.
    Notre Semoneur aimait autant les comérages
Que les lamerets sont remplis de venin;
Il n'arrêtait pas de poser des questions sur tout;
«Frère», dit-il, «où est donc votre demeure? (je vous
demande cela)
Pour le cas où je voudrais un jour aller vous rendre visite.»
Notre Yeoman lui répondit suavement:
«Frère», dit-il, «loin au nord,
Où j'espère bien te voir un jour.
1415   Avant que nous ne nous quittions, je t'indiquerai si bien le
chemin
Qu'il te sera impossible de manquer ma maison.»
    «Maintenant, mon frère», dit notre Semoneur, «Je vous en
prie,
Pendant que nous chevauchons notre chemin,
Enseignez-moi quelque subtilité
Puisque vous êtes bailli comme moi,
Et dites-moi franchement comment je puis gagner le plus dans
mon métier;
N'épargnez rien, ni par conscience, ni par crainte du péché,
Mais, puisque vous êtes mon frère, dites-moi comment vous
faites.»

et d'Histoire Littéraire offerts à Jules Horrent, édités par J.-M. d'Heur et N.
Cherubini, Liège, 1980, pp. 105-114.
1413   nouvelle allusion à l'enfer, assez traditionnellement localisé dans le Nord.

"Now by my trouthe, brother deere," seyde
    he,
"As I shal tellen thee a feithful tale: 1425
My wages been ful streite and ful smale.
My lord is hard to me and daungerous,
And myn office is ful laborous,
And therfore by extorcions I lyve.
For sothe, I take al that men wol me yeve. 1430
Algate, by sleyghte or by violence
Fro yeer to yeer I wynne al my dispence.
I kan no bettre telle, feithfully."

    "Now certes," quod this somonour, "so fare I.
I spare nat to taken, God it woot,   1435
But if it be to hevy or to hoot.
What I may gete in conseil prively,
No maner conscience of that have I.
Nere myn extorcioun, I myghte nat lyven,
Nor of swiche japes wol I nat be shryven. 1440
Stomak ne conscience ne knowe I noon;
I shrewe thise shrifte-fadres everychoon.
Wel be we met, by God and by Seint Jame!
But, leeve brother, tel me thanne thy name,"
Quod this somonour. In this meene while 1445
This yeman gan a litel for to smyle.

    "Brother," quod he, "wiltow that I thee telle?
I am a feend; my dwellyng is in helle.
And heere I ryde about my purchasyng
To wite where men wold me yeven anythyng.
My purchas is th'effect of al my rente. 1451
Looke how thou rydest for the same entente—
To wynne good, thou rekkest nevere how.
Right so fare I, for ryde I wold right now
Unto the worldes ende for a preye."   1455

    "A," quod this somonour, "benedicite, what
    sey ye?
I wende ye were a yeman trewely.
Ye han a mannes shap as wel as I.
Han ye a figure thanne determinat
In helle, ther ye been in youre estat?" 1460

    "Nay, certeinly," quod he, "ther have we
    noon;

«Sur ma foi, cher frère», dit-il,
1425 «Je vais te raconter une histoire vraie:
Mes gages sont très bas et très faibles.
Mon seigneur est dur avec moi, il est exigeant,
Et mon travail est fort pénible,
C'est pourquoi je vis d'extortions.
En vérité, je prends tout ce que l'on veut bien me donner.
Toujours par ruse ou par violence,
Année après année je gagne l'argent dont j'ai besoin;
Franchement, je ne puis t'en dire plus.»
    «Eh bien certes», dit notre Semoneur, «j'en fais de même.
1435 Dieu m'est témoin, je n'hésite à rien prendre,
Sauf ce qui est trop lourd ou trop chaud.
Ce que je puis prendre en cachette, secrètement,
Ne trouble nullement ma conscience.
Sans mon extortion, je ne pourrais pas vivre,
Et je ne veux pas me confesser de telles bagatelles.
Je n'ai ni estomac ni conscience;
Je maudis tous ces pères confesseurs.
Par Dieu et par saint Jacques, nous nous sommes bien
rencontrés;
Mais, mon cher frère, dis-moi donc ton nom,»
1445 Dit le Semoneur. A ce moment
Notre Yeoman se mit à sourire légèrement.
    «Mon frère», dit-il, «veux-tu que je te le dise?
Je suis un démon; ma demeure est en enfer
Et je chevauche ici à la recherche d'un gain;
J'essaie que l'on me donne quelque chose:
Mon gain est toute ma rente.
Tu vois, tu chevauches dans le même but -
Pour gagner du bien, peu t'importe comment.
J'en fais de même, puisque j'irais maintenant
1455 Jusqu'au bout du monde pour une proie.»
    «Oh!», dit notre Semoneur, «*benedicite,* que dites-vous?
Je pensais que vous étiez vraiment un yeoman.
Vous avez une forme humaine tout comme moi.
Avez-vous donc une figure déterminée
En enfer, là où vous êtes dans votre état réel?»
    «Non, assurément pas», dit-il, «là nous n'en avons pas;

But whan us liketh we kan take us oon,
Or elles make yow seme we been shape.
Somtyme lyk a man, or lyk an ape,
Or lyk an angel kan I ryde or go.   1465
It is no wonder thyng thogh it be so;
A lowsy jogelour kan deceyve thee,
And pardee, yet kan I moore craft than he."
    "Why," quod this somonour, "ryde ye thanne
        or goon
In sondry shap and nat alwey in oon?"   1470
    "For we," quod he, "wol us swiche formes
        make
As moost able is oure preyes for to take."
    "What maketh yow to han al this labour?"
    "Ful many a cause, leeve sire somonour,"
Seyde this feend, "but alle thyng hath tyme.
The day is short and it is passed pryme,   1476
And yet ne wan I nothyng in this day.
I wol entende to wynnen, if I may,
And nat entende oure wittes to declare.
For, brother myn, thy wit is al to bare   1480
To understonde althogh I tolde hem thee.
But, for thou axest why labouren we,
For somtyme we been Goddes instrumentz
And meenes to doon his comandementz,
Whan that hym list, upon his creatures,   1485
In divers art and in diverse figures.
Withouten hym we have no myght, certayn,
If that hym list to stonden ther-agayn.
And somtyme, at oure prayere, han we leve
Oonly the body and nat the soule greve: 1490
Witnesse on Job, whom that we diden wo.
And somtyme han we myght of bothe two,
This is to seyn, of soule and body eke.
And somtyme be we suffred for to seke
Upon a man and doon his soule unreste,   1495
And nat his body, and al is for the beste.

1465   Ecclésiaste III, 1.
1476   *pryme* c'est-à-dire 9 heures du matin.
1491   Job, I, 12; II, 6.

Mais quand cela nous plaît, nous pouvons en prendre une,
Ou alors nous pouvons vous faire croire que nous avons une forme:
Parfois celle d'un homme ou celle d'un singe;
1465 Je puis aussi chevaucher ou aller sous la forme d'un ange.
Ce n'est pas une merveille qu'il en soit ainsi;
Un jongleur plein de poux arrive bien à te tromper,
Et, pardi, je connais plus de tours que lui.»
    «Pourquoi alors», dit notre Semoneur, «chevauchez-vous ou allez-vous
Sous diverses formes, et pas toujours sous la même?»
    «C'est parce que nous voulons», dit-il, «prendre les formes
Qui nous rendront le plus apte à saisir nos proies.»
    «Pourquoi vous donnez-vous toute cette peine?»
«Pour bien des raisons, cher Monsieur le Semoneur»,
1475 Dit notre diable, «mais il y a un temps pour chaque chose;
Le jour est court, il est passé prime
Et je n'ai encore rien gagné aujourd'hui.
Je vais m'appliquer à gagner si je le puis,
Et cesser de m'appliquer à révéler en quoi consiste notre esprit.
Car, mon frère, ton esprit est bien trop simple
Pour comprendre l'exposé que je pourrais te faire;
Mais, puisque tu te demandes pourquoi nous nous donnons tellement de peine,
C'est parce que nous sommes parfois les instruments de Dieu
Et des moyens de faire (respecter) ses commandements
1485 Par ses créatures, quand cela nous plaît;
(Nous le faisons) avec différentes méthodes et sous différentes formes.
Il est certain que sans lui nous n'avons aucun pouvoir,
S'il lui plaît de s'opposer à nous.
Parfois, quand nous l'en prions, nous obtenons la permission
De ne punir que le corps, pas l'âme:
Témoin, Job, que nous mîmes dans le tourment.
Parfois nous avons les deux en notre pouvoir,
C'est-à-dire l'âme et le corps.
Parfois on nous autorise à aller tenter
1495 Un homme, à tourmenter son âme
Et pas son corps, et tout est pour le mieux.

Whan he withstandeth oure temptacioun,
It is a cause of his savacioun,
Al be it that it was nat oure entente
He sholde be sauf but that we wolde hym
      hente.   1500
And somtyme be we servant unto man,
As to the erchebisshop Seint Dunstan,
And to the apostles servant eek was I."

   "Yet tel me," quod the somonour, "feithfully,
Make ye yow newe bodies thus alway   1505
Of elementz?" The feend answerde, "Nay.
Somtyme we feyne, and somtyme we aryse
With dede bodyes in ful sondry wyse,
And speke as renably and faire and wel
As to the Phitonissa dide Samuel—   1510
And yet wol som men seye it was nat he;
I do no fors of youre dyvynytee.
But o thyng warne I thee, I wol nat jape:
Thou wolt algates wite how we been shape;
Thou shalt herafterwardes, my brother deere,
Come there thee nedeth nat of me to leere, 1516
For thou shalt by thyn owene experience
Konne in a chayer rede of this sentence
Bet than Virgile while he was on lyve,
Or Dant also. Now lat us ryde blyve,   1520
For I wole holde compaignye with thee
Til it be so that thou forsake me."

   "Nay," quod this somonour, "that shal nat
      bityde.
I am a yeman knowen is ful wyde;
My trouthe wol I holde, as in this cas.   1525
For though thou were the devel Sathanas,
My trouthe wol I holde to thee my brother,
As I am sworn—and ech of us til oother—
For to be trewe brother in this cas.
And bothe we goon abouten oure purchas. 1530

1502   saint Dunstan, archevêque de Cantorbéry (Xème siècle).
1503   c'est un thème qui apparaît dans les vies de saints.
1510   I Samuel XXVIII, 7 nous parle simplement de la femme nécromancienne

Quand il résiste à la tentation,
C'est pour lui une cause de salut;
Il n'entrait pourtant pas dans nos intentions
De lui procurer le salut: nous voulions nous emparer de lui.
Nous sommes parfois les serviteurs d'un homme,
Comme cela a été le cas avec l'archevêque saint Dunstan,
Et j'ai aussi été le serviteur des apôtres.»
    «Mais, dites-moi franchement», dit le Semoneur,
1505   «Faites-vous toujours ainsi vos nouveaux corps
Avec des éléments?»; le diable répondit, «Non.
Parfois nous créons des illusions et parfois nous surgissons
Dans des corps morts, suivant des tas de manières,
Et parfois aussi raisonnablement, bellement et bien
Que le fit Samuel à la pythonisse;
Et pourtant certains diront que ce n'était pas lui;
Je ne fais aucun cas de votre théologie.
Mais je te préviens d'une chose, sans plaisanter:
Tu veux à tout prix savoir comment nous sommes formés,
1515   Eh bien, mon cher frère, tu viendras plus tard
Dans un endroit qu'il n'est pas nécessaire que je t'enseigne.
Et, de par ta propre expérience,
Tu pourras mieux t'exprimer en chaire de vérité
Que Virgile, quand il était en vie, mieux aussi que Dante.
Mais continuons notre chevauchée
Car je veux rester en ta compagnie
Jusqu'à ce que tu sois amené à me quitter.»
    «Non», dit notre Semoneur, «cela n'arrivera pas.
Je suis un yeoman, cela se sait loin à la ronde.
1525   Je tiendrai ma promesse dans cette affaire:
Même si tu étais Satan le diable en personne,
Je tiendrais ma promesse envers toi, mon frère,
Comme j'ai juré -et chacun de nous l'a juré à l'autre-
D'être ton vrai frère dans cette affaire.
Et nous irons tous les deux à la recherche de notre profit.
Tu prendras ta part, ce que l'on voudra bien te donner,

---

d'Endor; c'est la traduction de la Vulgate qui a fait la célébrité de la
pythonisse d'Endor.
1519-20 Chaucer choisit ces deux auteurs, parce que, selon les croyances de l'époque,
tous les deux auraient vécu en enfer.

Taak thou thy part, what that men wol thee
    yeve,
And I shal myn; thus may we bothe lyve.
And if that any of us have moore than oother,
Lat hym be trewe and parte it with his
    brother."   1534
  "I graunte," quod the devel, "by my fey."
And with that word they ryden forth hir wey.
And right at the entryng of the townes ende,
To which this somonour shoop hym for to
    wende,
They saugh a cart that charged was with hey,
Which that a cartere droof forth in his wey. 1540
Deep was the wey, for which the carte stood.
The cartere smoot and cryde as he were wood,
"Hayt, Brok! Hayt, Scot! What, spare ye for the
    stones?
The feend," quod he, "yow fecche, body and
    bones,
As ferforthly as evere were ye-foled,   1545
So muche wo as I have with yow tholed!
The devel have al, bothe hors and cart and
    hey."
  This somonour seyde, "Heere shal we have a
    pley."
And neer the feend he drough, as noght ne were,
Ful prively, and rowned in his ere,   1550
"Herkne, my brother, herkne, by thy feith!
Herestow nat how that the cartere seith?
Hent it anon, for he hath yeve it thee,
Bothe hey and cart, and eek his caples thre."
  "Nay," quod the devel, "God woot, never a
    deel.   1555
It is nat his entente, trust thou me weel.
Axe hym thyself, if thou nat trowest me;

1542   ce jeu de mots est propre au français!
1543   *Hayt, Brok* et *Scot* sont des noms qui semblent appartenir à un dialecte du
    Nord. Comme on l'a vu dans le Conte de l'Intendant, Chaucer fait parfois de
    la dialectologie avant la lettre; cf aussi vv. 1546, 1554 et 1608.

Et moi je prendrai la mienne, ainsi nous pourrons vivre tous
les deux.
Et si l'un de nous a plus que l'autre,
Qu'il soit honnête et qu'il partage avec son frère.»
1535   «D'accord», dit le diable, «sur ma foi!»
Et ce disant ils continuèrent leur chemin.
Et, tout à l'entrée de la ville
Dans laquelle notre Semoneur avait l'intention de se rendre,
Ils virent une charrette chargée de foin;
Un charretier la conduisait sur le chemin.
Le chemin était rempli de boue, aussi la charrette était-elle
enlisée.
Le charretier donnait des coups de fouet et jurait comme un
charretier.
«Hue, Blaireau! hue, Scot! quoi, avez-vous peur des pierres?
Que le démon», dit-il, «vous prenne corps et âme!
1545   Tout comme vous avez été poulinés,
Tant j'ai souffert de maux avec vous,
Que le diable emporte tout: chevaux, charrette et foin!»
    Notre Semoneur dit: «Nous allons nous amuser.»
Et, mine de rien, il s'approcha du démon,
Et il lui murmura très discrètement à l'oreille:
«Ecoute, mon frère, écoute, sur ma foi!
N'entends-tu pas ce que dit le charretier?
Prends-les tout de suite, car il te les donne:
Le foin, la charrette et aussi ses trois chevaux de trait.»
1555   «Non», dit le diable, «Dieu m'est témoin, je ne prendrai
rien!
Ce n'est pas mon intention, crois-moi bien.
Demande-lui toi-même, si tu ne me crois pas;

1544   littéralement: «corps et os».
1546   *tholed* autre forme nordique.
1554   *caples idem.*

Or elles stynt a while, and thou shalt see."
  This cartere thakketh his hors upon the
     croupe,
And they bigonne drawen and to stoupe.   1560
"Heyt now," quod he, "ther Jhesu Crist yow
     blesse,
And al his handwerk, bothe moore and lesse!
That was wel twight, myn owene lyard boy.
I pray God save thee, and Seinte Loy!
Now is my cart out of the slow, pardee."   1565
  "Lo, brother," quod the feend, "what tolde I
     thee?
Heere may ye se, myn owene deere brother,
The carl spak oon, but he thoghte another.
Lat us go forth abouten oure viage;
Heere wynne I nothyng upon cariage."   1570
  Whan that they coomen somwhat out of
     towne,
This somonour to his brother gan to rowne:
"Brother," quod he, "heere woneth an old
     rebekke
That hadde almoost as lief to lese hire nekke
As for to yeve a peny of hir good.   1575
I wole han twelf pens, though that she be wood,
Or I wol sompne hire unto oure office;
And yet, God woot, of hire knowe I no vice.
But for thou kanst nat, as in this contree,   1579
Wynne thy cost, taak heer ensample of me."
  This somonour clappeth at the wydwes gate.
"Com out," quod he, "thou olde virytrate!
I trowe thou hast som frere or preest with thee."
  "Who clappeth?" seyde this wyf,
     "Benedicitee,
God save you, sire; what is youre sweete
     wille?"   1585
  "I have," quod he, "of somonce here a bille.

1564   saint Eloi était le patron des orfèvres, des forgerons et des charretiers. Il était
       aussi réputé pour sa beauté et sa courtoisie (cf GP 120).
1570   ce droit n'existait apparemment pas dans le système féodal français: le fermier

Ou alors attends un peu et tu verras.»
Notre charretier caresse la croupe de ses chevaux,
Et ils commencent à tirer et à se cambrer.
«Eh bien, voilà!», dit-il, «Que Jésus-Christ vous bénisse
Ainsi que toutes ses créatures, de la plus grande à la plus
petite!
C'est bien de tirer comme cela, mon gamin, mon gris!
Je prie Dieu et saint Eloi de te garder.

1565   Maintenant ma charrette est hors de la boue, pardi!»
«Entends-tu, frère?», dit le démon, «Que t'avais-je dit?
Vous pouvez constater, mon très cher frère,
Que le gars disait une chose mais en pensait une autre.
Continuons notre chemin;
Je ne peux rien gagner sur le droit de charriage.»
Lorsqu'ils furent pratiquement sortis de la ville,
Notre Semoneur murmura à son frère:
«Frère», dit-il, «ici vit un vieux rebec
Qui préférerait presque se laisser couper le cou

1575   Que de donner un sou de son bien.
Même si elle doit en devenir folle, je veux en avoir douze sous,
Ou alors je la convoquerai devant notre tribunal;
Et pourtant, Dieu sait si je ne lui connais aucun vice.
Mais, puisque tu ne peux gagner ta vie
Dans cette contrée, suis donc mon exemple.»
Notre Semoneur frappe à la barrière de la veuve.
«Sors», dit-il, «vieille mégère!
Je parie que tu es avec un frère ou un prêtre.»
«Qui frappe?», dit la femme, «*benedicite,*

1585   Dieu vous garde, Monsieur; que puis-je pour vous?»
«J'ai», dit-il, «un mandat de convocation.

payait ce droit à son seigneur pour ne pas devoir mettre ses chevaux et ses
charrettes à sa disposition.
1573   cf 1377.

Upon peyne of cursyng, looke that thou be
Tomorn bifore the erchedeknes knee
T'answere to the court of certeyn thynges."
 "Now, Lord," quod she, "Crist Jhesu, kyng
  of kynges,   1590
So wisly helpe me, as I ne may.
I have been syk, and that ful many a day.
I may nat go so fer," quod she, "ne ryde,
But I be deed, so priketh it in my syde.
May I nat axe a libel, sire somonour,   1595
And answere there by my procuratour
To swich thyng as men wole opposen me?"
 "Yis," quod this somonour, "pay anon—
  lat se—
Twelf pens to me, and I wol thee acquite.
I shal no profit han therby but lite;   1600
My maister hath the profit and nat I.
Com of, and lat me ryden hastily;
Yif me twelf pens; I may no lenger tarye."
 "Twelf pens!" quod she, "Now, lady Seinte
  Marie
So wisly help me out of care and synne,   1605
This wyde world thogh that I sholde wynne,
Ne have I nat twelf pens withinne myn hoold.
Ye knowen wel that I am poure and oold;
Kithe youre almesse on me, poure wrecche."
 "Nay thanne," quod he, "the foule feend me
  fecche   1610
If I th'excuse, though thou shul be spilt!"
 "Allas!" quod she, "God woot, I have no
  gilt."
 "Pay me," quod he, "or by the sweete Seinte
  Anne,
As I wol bere awey thy newe panne
For dette which that thou owest me of old. 1615
Whan that thou madest thyn housbonde
  cokewold,

1608 *thou lixt* forme nordique.

Sous peine d'excommunication, arrange-toi
Pour être demain à genoux devant l'archidiacre
Pour répondre à certaines accusations devant la cour.»
«Mon Dieu», dit-elle, «Jésus-Christ, roi des rois,
Aide-moi dans ta sagesse, puisque je ne peux rien faire;
Je suis malade depuis bien des jours,
Je ne saurais aller aussi loin», dit-elle, «ni chevaucher,
Sans en mourir, tant j'ai des douleurs dans le côté.

1595 Ne puis-je demander un libelle, Monsieur le Semoneur,
Et faire répondre par mon procurateur
Aux choses que l'on m'impute?»
«Oui», dit notre Semoneur, «si tu me paies tout de suite - Voyons-
Ce sera douze sous, et je te ferai quitte.
Je n'en aurai que peu de profit;
C'est mon maître qui a le profit, pas moi.
Allons vite, que je puisse me remettre à cheval;
Donne-moi douze sous; je ne puis tarder davantage.»
«Douze sous !», dit-elle, «Par la Sainte Vierge Marie,

1605 Que, dans sa sagesse, elle me sorte des soucis et du péché,
Même si je voulais gagner ce vaste monde,
Je n'ai pas ces douze sous.
Vous savez bien que je suis pauvre et vieille;
Soyez charitable avec moi, je ne suis qu'une pauvre âme.»
«Ah non!», dit-il, «que le démon fourbe me prenne
Si je t'excuse, même si cela doit te ruiner!»
«Hélas!», dit-elle, «Dieu m'est témoin: je ne suis pas
coupable.»
«Paie-moi», dit-il, «ou par la douce sainte Anne,
J'emporterai ta nouvelle poêle

1615 Pour les dettes que tu as depuis longtemps envers moi:
A l'époque où tu fis ton mari cocu

I payde at hoom for thy correccioun."

   "Thou lixt," quod she, "by my savacioun,
Ne was I nevere er now, wydwe ne wyf,
Somoned unto youre court in al my lyf;   1620
Ne nevere I nas but of my body trewe.
Unto the devel, blak and rough of hewe,
Yeve I thy body and my panne also!"

   And whan the devel herde hire cursen so
Upon hir knees, he seyde in this manere,   1625
"Now Mabely, myn owene moder deere,
Is this youre wyl in ernest that ye seye?"

   "The devel," quod she, "so fecche hym er he
      deye,
And panne and al, but he wol hym repente!"

   "Nay, olde stot, that is nat myn entente,"
Quod this somonour, "for to repente me   1631
For any thyng that I have had of thee.
I wolde I hadde thy smok and every clooth."

   "Now brother," quod the devel, "be nat
      wrooth;
Thy body and this panne been myne by right.
Thou shalt with me to helle yet tonyght,   1636
Where thou shalt knowen of oure privetee
Moore than a maister of dyvynytee."
And with that word this foule feend hym hente;
Body and soule he with the devel wente   1640
Where as that somonours han hir heritage.
And God, that maked after his ymage
Mankynde, save and gyde us alle and some,
And leve thise somonours goode men bicome!

   Lordynges, I koude han toold yow, quod this
      Frere,   1645
Hadde I had leyser for this Somnour heere,
After the text of Crist, Poul, and John,
And of oure othere doctours many oon,
Swiche peynes that youre hertes myghte
      agryse,

1652   Psaumes X, 9.

Et où j'ai payé ton amende chez moi.»
    «Tu mens», dit-elle, «par mon salut!
Je n'ai jamais été convoquée à votre cour auparavant,
Ni quand j'étais veuve, ni quand j'étais mariée;
Mon corps a toujours été fidèle.
C'est au diable, noir et velu de visage,
Que je donne ton corps et aussi ma poêle!»
Et, quand le diable la vit à genoux en train de proférer ces
    malédictions,
1625 Il s'adressa à elle en ces termes:
    «Voyons, Mabelle, ma bonne mère,
Est-ce que ce que vous dites là est vraiment ce que vous
    voulez?»
    «Que le diable», dit-elle, «l'emporte avant sa mort
Avec ma poêle et tout le reste!»
    «Non, vieille guenon», dit notre Semoneur,
«Je n'ai pas l'intention de me repentir
De ce que j'ai jamais pu avoir de toi;
Je prendrais bien ta chemise et tous tes vêtements.»
    «Voyons, frère», dit le diable, «ne te fâche pas;
1635 Ton corps et cette poêle m'appartiennent de droit.
Tu viendras avec moi en enfer cette nuit même,
Et tu y connaîtras mieux nos secrets
Qu'un maître de théologie.»
Et, ce disant, notre démon fourbe le saisit;
Et il alla corps et âme avec le diable
Dans l'endroit où les semoneurs trouvent leur héritage.
Et que Dieu, qui fit l'humanité
A son image, nous sauve et nous guide tous
Et qu'il permette à ces semoneurs de devenir de braves gens!

1645   «Messires,» dit le Frère, «si notre Semoneur m'en avait
    laissé le loisir,
J'aurais pu vous raconter
- D'après le texte du Christ, de Paul et de Jean
Et de beaucoup d'autres de nos docteurs -
Des tourments tels que vos cœurs en auraient été terrifiés.

Al be it so no tonge may it devyse,   1650
Thogh that I myghte a thousand wynter telle,
The peynes of thilke cursed hous of helle.
But for to kepe us fro that cursed place,
Waketh and preyeth Jhesu for his grace
So kepe us fro the temptour Sathanas.   1655
Herketh this word, beth war as in this cas:
The leoun sit in his awayt alway
To sle the innocent, if that he may.
Disposeth ay youre hertes to withstonde
The feend that yow wolde make thral and
     bonde.   1660
He may nat tempte yow over youre myght,
For Crist wol be youre champion and knyght.
And prayeth that thise somonours hem repente
Of hir mysdedes er that the feend hem hente!

Heere endeth the Freres Tale.

Et pourtant, aucune bouche ne pourrait expliquer,
Même si je pouvais en parler pendant cent hivers,
Les tourments de cette maudite maison qu'est l'enfer.
Mais, pour nous garder de ce lieu maudit,
Veillez et priez Jésus: que sa grâce
1655 Nous protège de Satan le tentateur.
Ecoutez ces mots et prenez-y garde:
Le lion est toujours embusqué,
Prêt à tuer l'innocent s'il le peut.
Que vos cœurs soient toujours prêts à résister
Au démon, qui voudrait faire de vous ses esclaves et ses serfs.
Il ne peut vous tenter au-delà de vos forces,
Car le Christ sera votre champion et votre chevalier.
Et priez pour que ces semoneurs se repentent
De leurs méfaits avant que le démon ne les emporte!»

Ici Finit le Conte du Frère.

LE CONTE DU SEMONEUR

Après la dénonciation par le Frère des pratiques malhonnêtes des semoneurs, voici, racontée par le Semoneur, l'histoire d'un frère pris deux fois à son propre piège de vice et d'hypocrisie.

Tout le Conte est bâti sur l'effet de surprise. Dans le cadre d'un fabliau (bien typé, puisqu'il est même mis en situation géographique), on s'attent logiquement à ce que l'appétit sexuel du frère soit à la mesure de son manque de sobriété alimentaire. Les protagonistes de la relation triangulaire sont d'ailleurs là: la jeune femme, le vieux mari malade et le frère débordant de vitalité. Or l'intrigue ne sera nullement celle que l'on pouvait imaginer, peut-être à cause de la perversité religieuse du frère, qui veut d'abord soutirer un maximum d'argent au vieillard sous des prétextes malhonnêtes.

Source

Rien de précis, sinon quelques motifs typiques des fabliaux.

SUMMONER'S TALE

PROLOGUE

The Prologe of the Somonours Tale.

This Somonour in his styropes hye stood;
Upon this Frere his herte was so wood   1666
That lyk an aspen leef he quook for ire.
  "Lordynges," quod he, "but o thyng I desire:
I yow biseke that, of youre curteisye,
Syn ye han herd this false Frere lye,   1670
As suffreth me I may my tale telle.
This Frere bosteth that he knoweth helle,
And God it woot that it is litel wonder—
Freres and feendes been but lyte asonder.
For, pardee, ye han ofte tyme herd telle   1675
How that a frere ravysshed was to helle
In spirit ones by a visioun,
And as an angel ladde hym up and doun
To shewen hym the peynes that ther were
In al the place saugh he nat a frere;   1680
Of oother folk he saugh ynowe in wo.
Unto this angel spak the frere tho,
  'Now, sire,' quod he, 'han freres swich a grace
That noon of hem shal come to this place?'
  'Yis,' quod this angel, 'many a millioun.'   1685
And unto Sathanas he ladde hym doun.
'And now hath Sathanas,' seith he, 'a tayl
Brodder than of a carryk is the sayl.
Hold up thy tayl, thou Sathanas,' quod he.
'Shewe forth thyn ers, and lat the frere se   1690
Where is the nest of freres in this place!'

LE CONTE DU SEMONEUR

PROLOGUE

Le Prologue du Conte du Semoneur

1665   Notre Semoneur s'était dressé sur ses étriers;
Son cœur débordait tellement de rage contre le Frère
Qu'il tremblait comme une feuille.
    «Messires», dit-il, «je ne désire qu'une chose:
Puisque vous avez entendu mentir ce faux Frère,
Je vous demande d'accepter, dans votre courtoisie,
Que je vous raconte mon conte.
Ce Frère se vante de connaître l'enfer,
Et Dieu sait que cela n'est guère étonnant -
Les frères et les démons ne sont guère éloignés les uns des
autres.

1675 Car, pardi, vous avez souvent entendu raconter
Comment un frère fut un jour enlevé en enfer,
En esprit, par une vision;
Et, comme un ange le conduisait un peu partout
Pour lui montrer les tourments qu'il y avait là,
Il ne vit de frère nulle part;
Il y avait pourtant vu suffisamment d'autres personnes dans
le malheur.
Le frère s'adressa alors à l'ange:
    'Voyons, Monsieur', dit-il, 'les frères jouissent-ils d'une telle
grâce
Qu'aucun d'eux ne doive venir en cet endroit?'

1685 'Oui', dit l'ange, 'plusieurs millions.'
Et il le fit descendre auprès de Satan.
'Et Satan a', dit-il, 'une queue
Plus large que la voile d'une caraque.
Relève ta queue, toi Satan', dit-il.
'Montre ton derrière et fais voir au frère
Où est le nids de frères en ces lieux!'

And er that half a furlong wey of space,
Right so as bees out swarmen from an hyve,
Out of the develes ers ther gonne dryve
Twenty thousand freres in a route,   1695
And thurghout helle swarmeden aboute,
And comen agayn as faste as they may gon,
And in his ers they crepten everychon.
He clapte his tayl agayn and lay ful stille.
This frere, whan he hadde looke al his fille 1700
Upon the tormentz of this sory place,
His spirit God restored, of his grace,
Unto his body agayn, and he awook.
But natheles for fere yet he quook,
So was the develes ers ay in his mynde—   1705
That is his heritage of verray kynde.
God save yow alle, save this cursed Frere!
My prologe wol I ende in this manere.''

Heere bigynneth the Somonour his Tale.

Lordynges, ther is in Yorkshire, as I gesse,
A mersshy contree called Holdernesse   1710
In which ther wente a lymytour aboute
To preche and eek to begge, it is no doute.
And so bifel that on a day this frere
Hadde preched at a chirche in his manere,
And specially, aboven every thyng,   1715
Excited he the peple in his prechyng
To trentals, and to yeve for Goddes sake
Wherwith men myghte hooly houses make
Ther as divine servyce is honoured,
Nat ther as it is wasted and devoured,   1720

1710   *Holdernesse* dans le SE du Yorkshire. Il semblerait que, contrairement à ce
       qu'il a fait dans le Conte de l'Intendant, Chaucer se soit contenté d'une
       localisation géographique sans vouloir ajouter systématiquement des traits
       dialectaux à la langue des potagonistes.
1711   On se souviendra de la réputation des frères limiteurs, dénoncée dans le WBT.

Et, en moins d'un demi-furlong,
Tout comme des abeilles s'essaiment d'une ruche,
Une troupe de vingt mille frères
1695 Se mit à sortir du derrière du diable,
Et ils s'essaimèrent un peu partout en enfer;
Ils revinrent aussi vite qu'ils le pouvaient,
Et chacun rentra en rampant dans le cul du diable.
Il laissa retomber sa queue et resta bien calme.
Quand le frère eut bien regardé tous les tourments
De ce triste endroit,
Dieu, par sa grâce, rendit l'esprit
A son corps, et il s'éveilla.
Et néanmoins, il tremblait encore de peur,
1705 Tant il gardait le cul du diable à l'esprit -:
C'est par nature son héritage.
Dieu vous garde tous, sauf ce maudit Frère!
C'est ainsi que je finirai mon prologue.»

Ici Commence le Conte du Semoneur.

Messires, il y a, je crois que c'est dans le Yorkshire,
Un pays marécageux appelé Holderness
Dans lequel rôdait un limiteur
Pour y prêcher et aussi, cela ne fait aucun doute, pour y
mendier.
Or, un jour, notre Frère
Avait prêché dans son église à sa manière;
1715 Il avait tout spécialement insisté
Auprès des gens dans sa prêche
(Pour qu'ils donnassent) de l'argent pour des trentains et
aussi,
Pour l'amour de Dieu, de l'argent pour faire construire de
saintes maisons
Où le service divin serait honoré,
Pas des lieux où il serait gaspillé et dévoré;

1717   *trentals* l'argent destiné à faire dire trente messes pour le repos des âmes; elles
devaient être dites en trente jours.

Ne ther it nedeth nat for to be yeve,
As to possessioners that mowen lyve,
Thanked be God, in wele and habundaunce.
"Trentals," seyde he, "deliveren fro penaunce
Hir freendes soules, as wel olde as yonge,   1725
Ye, whan that they been hastily ysonge,
Nat for to holde a preest joly and gay—
He syngeth nat but o masse in a day.
Delivereth out," quod he, "anon the soules.
Ful hard it is with flesshhook or with oules 1730
To been yclawed, or to brenne or bake.
Now spede yow hastily, for Cristes sake!"
And whan this frere had seyd al his entente,
With *qui cum patre* forth his wey he wente.
   Whan folk in chirche had yeve him what hem
     leste,   1735
He wente his wey—no lenger wholde he
     reste—
With scrippe and tipped staf, ytukked hye.
In every hous he gan to poure and prye,
And beggeth mele and chese, or elles corn.
His felawe hadde a staf tipped with horn,   1740
A peyre of tables al of yvory,
And a poyntel polysshed fetisly,
And wroot the names alwey, as he stood,
Of alle folk that yaf hym any good,
Ascaunces that he wolde for hem preye.   1745
"Yif us a busshel whete, malt, or reye,
A Goddes kechyl, or a tryp of chese,
Or elles what yow lyst—we may nat
     cheese—
A Goddes halfpeny, or a masse peny,
Or yif us of youre brawn, if ye have eny,   1750
A dagon of youre blanket—leeve dame,
Oure suster deere—lo, heere I write youre
     name—
Bacon or boef, or swich thyng as ye fynde."
   A sturdy harlot wente ay hem bihynde,

1734   début de la formule de bénédiction.

Il ne fallait pas non plus donner là où cela n'était pas
nécessaire,
Comme, par exemple, aux bénéficiers, qui peuvent vivre,
Dieu merci, dans la prospérité et l'abondance.
«Les trentains», disait-il, «délivrent du purgatoire
1725   Les âmes des amis, vieux comme jeunes;
Oui, mais il faut qu'ils soient promptement chantés,
Pas pour subvenir aux besoins d'un prêtre dans la frivolité et
la gaieté:
Un de ces prêtres qui ne chantent qu'une messe par jour!
Délivrez», dit-il, «immédiatement les âmes.
Il est très dur d'être déchiré avec des crochets à viandes ou
des alênes,
De brûler ou de cuire.
Allons, dépêchez-vous, pour l'amour du Christ!»
Et quand le Frère eut tenu ces propos,
Il continua son chemin avec un *Qui cum patre.*
1735   Quand les gens à l'église lui eurent donné ce qu'il leur
plaisait,
Il alla son chemin -il ne voulait pas rester davantage-
Avec sa besace et son bâton de huissier, sa robe troussée bien
haut.
Dans toutes les maisons il fouille et espionne,
Il mendie de la farine et du fromage, ou alors du blé.
Son compère avait un bâton d'huissier à bout de corne,
Une paire de tablettes entièrement d'ivoire,
Et un stylet élégamment poli,
Et toujours il écrivait les noms
De tous ceux qui lui donnaient quelque bien,
1745   Comme s'il avait l'intention de prier pour eux.
«Donnez-nous un boisseau de froment, de malt ou de seigle,
Un gâteau du bon Dieu, ou un morceau de fromage,
Ou alors ce que vous voulez -nous ne pouvons choisir-,
Un demi-sou du bon Dieu, ou un sou de messe,
Ou donnez-nous un morceau de votre cochon, si vous en avez
un,
Un morceau de votre couverture -chère Madame,
Notre chère sœur - regardez, j'écris votre nom ici -,
Du bacon ou du bœuf, ou ce que vous trouverez.»
    Un fort gaillard les suivait toujours:

That was hir hostes man, and bar a sak,   1755
And what men yaf hem, leyde it on his bak.
And whan that he was out at dore, anon
He planed awey the names everichon
That he biforn had writen in his tables;
He served hem with nyfles and with fables. 1760
   "Nay, ther thou lixt, thou Somonour!" quod
      the Frere.
   "Pees," quod oure Hoost, "for Cristes
      mooder deere.
Tel forth thy tale, and spare it nat at al."
   "So thryve I," quod this Somonour, "so I
      shal."
   So longe he wente, hous by hous, til he   1765
Cam til an hous ther he was wont to be
Refresshed moore than in an hundred placis.
Syk lay the goode man whos that the place is;
Bedrede upon a couche lowe he lay.
"*Deus hic*!" quod he, "O Thomas, freend, good
     day,"   1770
Seyde this frere, curteisly and softe.
"Thomas," quod he, "God yelde yow. Ful ofte
Have I upon this bench faren ful weel;
Heere have I eten many a myrie meel."
And fro the bench he droof awey the cat   1775
And leyde adoun his potente and his hat,
And eek his scrippe, and sette hym softe adoun.
His felawe was go walked into toun
Forth with his knave into that hostelrye
Where as he shoop hym thilke nyght to lye.   1780
   "O deere maister," quod this sike man,
"How han ye fare sith that March bigan?
I saugh yow noght this fourtenyght or moore."
   "God woot," quod he, "laboured I have ful
     soore,
And specially for thy savacioun   1785
Have I seyd many a precious orisoun,
And for oure othere freendes, God hem blesse!

1761   *lixt* est probablement une forme dialectale.

1755   C'était le serviteur de leur hôte; il portait un sac,
       Et mettait sur son dos ce qu'on leur donnait.
       Et, dès qu'il était sorti,
       Il effaçait tous les noms
       Qu'il avait préalablement écrits sur ses tablettes;
       Il pourvoyait les gens de bagatelles et de fables.
          «Non, là tu mens, toi le Semoneur!», dit le Frère.
          «La paix», dit notre Hôte, «par la chère mère du Christ.
       Continue ton conte et n'en épargne rien.»
          «Aussi vrai que j'espère mon salut», dit notre Semoneur,
       «c'est ce que je vais faire».
1765   Il alla de maison en maison
       Jusqu'au jour où il arriva dans une maison où il avait
       coutume
       D'être mieux reçu que dans cent autres endroits.
       Le brave homme dont c'était la demeure gisait malade;
       Cloué au lit, il gisait sur une couche.
       «*Deus hic!*», dit-il, «O, Thomas, mon ami, bonjour!»
       Dit courtoisement et doucement notre Frère.
       «Thomas», dit-il, «Que Dieu te récompense. Très souvent
       J'ai eu du bon temps sur ce banc;
       J'ai fait ici quelques joyeux repas.»
1775   Et il chassa le chat du banc;
       Il déposa son bâton et son chapeau,
       Et aussi sa besace, et il s'assit doucement.
       Son compère était allé se promener en ville
       Avec son valet, continuant sa route vers l'auberge
       Où il projetait de passer la nuit.
          «O, cher maître», dit cet homme malade,
       «Comment allez-vous depuis le début mars?
       Voilà quinze jours ou plus que je ne vous ai vu.»
          «Dieu sait», dit-il, «que j'ai travaillé fort dur,
1785   J'ai dit beaucoup de précieuses oraisons,
       Et tout spécialement pour ton salut,
       Ainsi que pour nos autres amis; que Dieu les bénisse!

1770   .   *Deus hic!* Que Dieu vienne ici: termes de la bénédiction.

I have to day been at youre chirche at messe,
And seyd a sermon after my symple wit,
Nat al after the text of hooly writ;   1790
For it is hard to yow, as I suppose,
And therfore wol I teche yow al the glose.
Glosynge is a glorious thyng, certeyn,
For lettre sleeth, so as we clerkes seyn.
There have I taught hem to be charitable,   1795
And spende hir good ther it is resonable;
And there I saugh oure dame—a, where is she?"
    "Yond in the yerd I trowe that she be,"
Seyde this man, "and she wol come anon."
    "Ey, maister, welcome be ye, by Seint
        John!"   1800
Seyde this wyf, "How fare ye, hertely?"
    The frere ariseth up ful curteisly
And hire embraceth in his armes narwe,
And kiste hire sweete, and chirketh as a sparwe
With his lyppes. "Dame," quod he, "right weel,
As he that is youre servant every deel,   1806
Thanked be God that yow yaf soule and lyf.
Yet saugh I nat this day so fair a wyf
In al the chirche, God so save me!"
    "Ye, God amende defautes, sire," quod she.
"Algates, welcome be ye, by my fey!"   1811
    "Graunt mercy, dame, this have I founde
        alwey.
But of youre grete goodnesse, by youre leve,
I wolde prey yow that ye nat yow greve,
I wole with Thomas speke a litel throwe.   1815
Thise curatz been ful necligent and slowe
To grope tendrely a conscience
In shrift; in prechyng is my diligence,
And studie in Petres wordes and in Poules.
I walke and fisshe Cristen mennes soules   1820
To yelden Jhesu Crist his propre rente;
To sprede his word is set al myn entente."
    "Now, by your leve, O deere sire," quod she,

1794   II Cor. III, 6.

Aujourd'hui, je suis allé à la messe dans notre église,
Et j'ai prononcé un sermon fondé sur mon seul esprit,
Pas du tout sur le texte des Écritures saintes;
Je suppose que ce texte est difficile pour vous,
C'est pourquoi je veux vous enseigner toute la glose.
Gloser est une chose glorieuse, assurément;
Car, comme nous disons, nous les clercs, la lettre tue.
1795   Je leur ai enseigné d'être charitables,
Et de dépenser leur bien là où c'est raisonnable;
Et j'y ai vu notre dame - ah, où est-elle donc?»
   «Je crois qu'elle est là dans la cour»,
Dit notre homme, «elle va venir tout de suite.»
   «Eh, maître, soyez le bienvenu, par saint Jean!»
Dit la femme, «sincèrement, comment allez-vous?»
   Le Frère se lève très courtoisement
Et l'étreint dans ses petits bras;
Il l'embrasse tendrement et pépie comme un moineau
1805   Avec ses lèvres. «Madame», dit-il, «très bien,
Comme quelqu'un qui est entièrement à votre service;
Que Dieu soit remercié de vous avoir donné âme et vie.
A mon avis, vous étiez aujourd'hui la plus jolie femme
De toute l'église; que Dieu me garde!»
   «Oui, que Dieu corrige mes défauts, Monsieur», dit-elle.
«Soyez le bienvenu, par ma foi!»
   «Grand merci, Madame, vous m'avez toujours reçu ainsi.
Mais, dans votre grande bonté et avec votre permission,
Je voudrais vous prier de ne pas m'en vouloir
1815   Si je m'entretiens quelques instants avec Thomas.
Les curés sont très négligents et lents
A sonder délicatement une conscience
Dans la confession; je consacre le meilleur de moi-même à
prêcher
Et à étudier les paroles de Pierre et de Paul.
Je pêche les âmes des hommes du Christ
Pour donner à Jésus-Christ la rente qui lui est propre;
Mon seul but est de répandre sa parole.»
   «Alors, si vous me permettez, cher Monsieur», dit-elle,

1801   je traduis d'après *A Chaucer Glossary.*

"Chideth him weel, for seinte Trinitee.
He is as angry as a pissemyre   1825
Though that he have al that he kan desire.
Though I hym wrye a-nyght and make hym
        warm,
And on hym leye my leg outher myn arm,
He groneth lyk oure boor lith in oure sty.
Oother desport right noon of hym have I;   1830
I may nat plese hym in no maner cas."

    "O Thomas, *je vous dy*, Thomas! Thomas!
This maketh the feend; this moste ben amended.
Ire is a thyng that hye God defended,
And therof wol I speke a word or two."   1835

    "Now, maister," quod the wyf, "er that I go,
What wol ye dyne? I wol go theraboute."

    "Now, dame," quod he, "now *je vous dy sanz
        doute*,
Have I'nat of a capon but the lyvere,
And of youre softe breed nat but a shyvere, 1840
And after that a rosted pigges heed—
But that I nolde no beest for me were deed—
Thanne hadde I with yow hoomly suffisaunce.
I am a man of litel sustenaunce;
My spirit hath his fostryng in the Bible.   1845
The body is ay so redy and penyble
To wake that my stomak is destroyed.
I prey yow, dame, ye be nat anoyed,
Though I so freendly yow my conseil shewe.
By God, I wolde nat telle it but a fewe."   1850

    "Now, sire," quod she, "but o word er I go.
My child is deed withinne thise wykes two,
Soone after that ye wente out of this toun."

    "His deeth saugh I by revelacioun,"
Seith this frere, "at hoom in oure dortour.   1855
I dar wel seyn that er that half an hour
After his deeth I saugh hym born to blisse
In myn avisioun, so God me wisse.
So dide oure sexteyn and oure fermerer,

1832   en français dans le texte; le Frère utilise un langage affecté. Il s'agit d'un autre
        stratagème employé par Chaucer pour définir ses protagonistes.

«Grondez-le bien, par la sainte Trinité.
1825 Il est aussi colérique qu'une fourmi pisseuse,
Bien qu'il ait tout ce qu'il peut désirer.
Bien que je le couvre pendant la nuit, que je lui tienne chaud
Et que je mette ma jambe ou mon bras sur lui,
Il grogne comme notre verrat dans l'étable.
Je n'ai aucun autre plaisir de lui,
Et je n'arrive absolument pas à lui faire plaisir.»
«O, Thomas, *je vous dy,* Thomas! Thomas!
Le démon en est la cause; cela doit être corrigé!
La colère est une chose défendue par Dieu là-haut,
1835 Aussi vais-je vous dire un mot ou deux.»
«Maître», dit la femme, «avant que je ne m'en aille,
Que voulez-vous pour dîner? Car je vais m'en occuper.»
«Eh bien, Madame», dit-il, «*je vous dy sanz doute,*
Si je n'avais même que le foie d'un chapon
Et qu'une lamelle de votre tendre pain,
Et après cela la tête d'un cochon rôti-
- Mais je ne voudrais pas faire tuer une bête pour moi -,
Je mangerais alors près de vous aussi simplement que chez
moi.
Je suis un homme qui se contente de peu;
1845 Mon esprit trouve sa nourriture dans la Bible.
Mon corps est toujours tellement prêt à veiller et accepte si
bien de le faire
Que mon estomac est détruit.
Je vous en prie, Madame, ne soyez pas offensée
Si je vous dévoile amicalement mes secrets.
Mon Dieu, je ne voudrais les dire qu'à bien peu.»
«Monsieur», dit-elle, «encore un mot avant que je ne m'en
aille.
Mon enfant est mort au cours de ces deux dernières semaines,
Peu après que vous ayez quitté notre ville.»
«J'ai vu sa mort par révélation»,
1855 Dit notre Frère, «chez nous, dans notre dortoir,
Je peux dire que moins d'une demi-heure
Après sa mort je l'ai vu naître au bonheur éternel
Dans ma vision, que Dieu m'en soit témoin!
C'est ce qu'ont également vu notre sacristain et notre
infirmier:

1838 en français dans le texte.

That han been trewe freres fifty yeer;   1860
They may now—God be thanked of his loone—
Maken hir jubilee and walke allone.
And up I roos, and al oure covent eke,
With many a teere trillyng on my cheke,
Withouten noyse or claterynge of belles;   1865
Te Deum was oure song, and nothyng elles,
Save that to Crist I seyde an orisoun,
Thankynge hym of his revelacioun.
For, sire and dame, trusteth me right weel,
Oure orisons been moore effectueel,   1870
And moore we seen of Cristes secree thynges,
Than burel folk, although they weren kynges.
We lyve in poverte and in abstinence,
And burell folk in richesse and despence
Of mete and drynke, and in hir foul delit.   1875
We han this worldes lust al in despit.
Lazar and Dives lyveden diversly,
And diverse gerdon hadden they therby.
Whoso wol preye, he moot faste and be clene,
And fatte his soule, and make his body lene.   1880
We fare as seith th'apostle; clooth and foode
Suffisen us, though they be nat ful goode.
The clennesse and the fastynge of us freres
Maketh that Crist accepteth oure preyeres.

    "Lo, Moyses fourty dayes and fourty nyght
Fasted er that the heighe God of myght   1886
Spak with hym in the Mount of Synay.
With empty wombe, fastynge many a day,
Receyved he the lawe that was writen
With Goddes fynger; and Elye, wel ye witen,
In Mount Oreb, er he hadde any speche   1891
With hye God that is oure lyves leche,
He fasted longe and was in contemplaunce.
    "Aaron, that hadde the temple in
        governaunce,

1862   à la place de devoir aller par deux.
1872   littéralement: qui portent la bure.

Ils sont des frères fidèles depuis cinquante ans;
Ils peuvent maintenant -que Dieu soit remercié de ce don!-
Fêter leur jubilé et aller seuls.
Et je me suis levé, et tout notre couvent en a fait de même,
Sans bruit ni sans cloche,
1865 Beaucoup de larmes coulaient sur mes joues;
Le *Te Deum,* et rien d'autre, fut notre chant.
J'ai aussi dit une oraison au Christ,
Pour le remercier de sa révélation.
Car, Monsieur et Madame, croyez-moi bien,
Nos oraisons sont plus efficaces
Et nous percevons plus de secrets du Christ
Que les laïques, même s'ils étaient des rois.
Nous vivons dans la pauvreté et l'abstinence,
Les laïques vivent dans la richesse et la consommation
1875 De nourriture et de boissons, et dans leur plaisir impur.
Nous méprisons totalement les jouissances de ce monde.
Lazare et l'homme riche vécurent différemment,
Et ils en ont eu des récompenses différentes.
Celui qui veut prier doit jeûner et être pure;
Il doit engraisser son âme et faire maigrir son corps.
Nous nous comportons comme le dit l'apôtre; vêtements et
nourriture
Nous suffisent, même s'ils ne sont pas très bons.
C'est notre pureté et notre jeûne, à nous les frères,
Qui fait que Dieu accepte nos prières.
1885 Voyez, Moïse a jeûné quarante jours et quarante nuits
Avant que le haut Dieu tout-puissant
Ne lui parlât sur le Mont Sinaï.
C'est les entrailles creuses, après avoir jeûné un grand nombre
de jours,
Qu'il a reçu la loi qui avait été écrite
Avec le doigt de Dieu; et vous savez bien qu'Elie
Avait longuement jeûné et était en contemplation
Sur le Mont Horeb avant d'avoir une conversation
Avec le Dieu très-haut qui est le médecin de nos vies.
   «Quand Aaron, qui dirigeait le temple,

1877   Luc XVI, 19-26.

And eek the othere preestes everichon   1895
Into the temple whan they sholde gon
To preye for the peple and do servyse,
They nolden drynken in no maner wyse
No drynke which that myghte hem dronke
     make,
But there in abstinence preye and wake   1900
Lest that they deyden. Taak heede what I seye.
But they be sobre that for the peple preye,
War that I seye—namoore, for it suffiseth.
   "Oure Lord Jhesu, as hooly writ devyseth,
Yaf us ensample of fastynge and preyeres.   1905
Therfore we mendynantz, we sely freres,
Been wedded to poverte and continence,
To charite, humblesse, and abstinence,
To persecucioun for rightwisnesse,
To wepynge, misericorde, and clennesse.   1910
And therfore may ye se that oure preyeres—
I speke of us, we mendynantz, we freres—
Been to the hye God moore acceptable
Than youres, with youre feestes at the table.
Fro Paradys first, if I shal nat lye,   1915
Was man out chaced for his glotonye—
And chaast was man in Paradys, certeyn.
   "But herkne now, Thomas, what I shal seyn.
I ne have no text of it, as I suppose,
But I shal fynde it in a maner glose   1920
That specially oure sweete Lord Jhesus
Spak this by freres whan he seyde thus,
'Blessed be they that povere in spirit been.'
And so forth al the gospel may ye seen
Wher it be likker oure professioun   1925
Or hirs that swymmen in possessioun.
Fy on hire pompe and on hire glotonye,
And for hir lewednesse I hem diffye.
   "Me thynketh they been lyk Jovinyan,
Fat as a whale and walkynge as a swan,   1930
Al vinolent as botel in the spence.

1906   *sely* a différentes connotations: béni, innocent, insignifiant, ...: voir notes **WB** 132.

1895 Et les autres prêtres
   Devaient aller au temple
   Prier pour le peuple et célébrer le service,
   Ils refusaient catégoriquement de boire
   Toute boisson qui eût pu les enivrer;
   Ils y priaient et veillaient dans l'abstinence
   De peur de mourir. Prenez garde à ce que je vous dis.
   Si ceux qui prient pour le peuple ne sont pas sobres,
   Attention à ce que je dis - c'est tout, cela suffit.
    «Comme le raconte l'Ecriture sainte, Notre Seigneur Jésus
1905 Nous a donné l'exemple du jeûne et des prières.
   C'est pourquoi, nous les mendiants, nous les simples frères,
   Nous sommes mariés à la pauvreté et à la continence,
   A la charité, l'humilité et l'abstinence,
   A la persécution pour la justice,
   Aux pleurs, à la miséricorde et à la pureté.
   C'est pourquoi vous pouvez voir que nos prières -
   Je parle des nôtres à nous, les mendiants, les frères -
   Sont plus acceptables au Dieu très-haut
   Que les vôtres, avec vos festins à la table.
1915 Sans mentir, lorsque l'homme fut chassé du Paradis,
   Ce fut d'abord pour sa gloutonnerie -
   Et il est certain que l'homme était chaste au Paradis.
    «Mais, maintenant, Thomas, écoute ce que je vais dire.
   Je crois que je n'ai pas de texte pour cela,
   Mais je vais en trouver une sorte de glose:
   C'est en pensant aux frères
   Que notre doux Seigneur Jésus a dit ceci:
   'Bienheureux les pauvres d'esprit',
   Et ainsi de suite: parcourez tout l'Evangile et vous y verrez
1925 Que ceux de notre profession lui sont plus conformes
   Que ceux qui nagent dans la possession.
   Fi de leurs pompes et de leur gloutonnerie!
   Je les méprise pour leur ignorance immorale.
    «Il me semble qu'ils ressemblent à Jovinien,
   Gras comme une baleine et à la démarche d'un cygne,
   Aussi vineux qu'une bouteille dans le garde-manger.

1916-17 peut-être jeu de mots entre *chaced* et *chaast*.
1929   Jovinien: cf le Conte de la Femme de Bath.

Hir preyere is of ful greet reverence
Whan they for soules seye the psalm of Davit:
Lo, 'buf!' they seye, *'cor meum eructavit!'*
Who folweth Cristes gospel and his foore   1935
But we that humble been, and chaast, and poore,
Werkeris of Goddes word, nat auditours?
Therfore, right as an hauk up at a sours
Up springeth into th'eir, right so prayeres
Of charitable and chaste bisy freres   1940
Maken hir sours to Goddes eres two.
Thomas, Thomas, so moote I ryde or go,
And by that lord that clepid is Seint Yve,
Nere thou oure brother, sholdestou nat thryve.
In oure chapitre praye we day and nyght   1945
To Crist that he thee sende heele and myght
Thy body for to weelden hastily."

   "God woot," quod he, "nothyng therof
      feele I!
As help me Crist, as I in a fewe yeres
Have spended upon diverse manere freres   1950
Ful many a pound, yet fare I never the bet.
Certeyn, my good I have almoost biset.
Farwel, my gold, for it is al ago."

   The frere answerde, "O Thomas, dostow so?
What nedeth yow diverse freres seche?   1955
What nedeth hym that hath a parfit leche
To sechen othere leches in the toun?
Youre inconstance is youre confusioun.
Holde ye thanne me, or elles oure covent,
To praye for yow been insufficient?   1960
Thomas, that jape nys nat worth a myte.
Youre maladye is for we han to lyte.
A, yif that covent half a quarter otes!
A, yif that covent foure and twenty grotes!
A, yif that frere a peny and lat hym go!   1965
Nay, nay, Thomas, it may no thyng be so!
What is a ferthyng worth parted in twelve?

1934   *buf* il s'agit du bruit d'un renvoi; il y a *double entendre* entre la citation latine
        et *eructare,* faire un revoi.

Leurs prières sont très déférentes
Lorsqu'ils disent les psaumes de David pour les âmes:
Ecoutez! Ils font un renvoi et disent '*cor meum eructavit*'.
1935 Qui suit l'Evangile du Christ et ses traces,
Sinon nous qui sommes humbles, chastes et pauvres,
Nous qui sommes les ouvriers de la parole de Dieu, pas ses auditeurs?
C'est pourquoi, tout comme le faucon prend son essor
Dans les airs, de même les prières
Des frères actifs, charitables et chastes,
Prennent leur essor vers les deux oreilles de Dieu.
Thomas, Thomas, aussi vrai que j'espère chevaucher ou aller,
Et par ce seigneur qui est appelé saint Yves,
Si tu n'étais pas notre frère, tu ne t'en sortirais pas.
1945 Au chapitre, nous prions jour et nuit
Pour que le Christ t'envoie santé et capacité
De reprendre bientôt l'usage de tes membres.»
   «Dieu sait», dit-il, «que je n'en sens rien!
Que le Christ me vienne en aide: en quelques années
J'ai dépensé plus d'une livre auprès des diverses sortes de frères,
Et pourtant je ne m'en porte pas mieux.
A coup sûr, j'ai presque dépensé tous mes biens.
Aurevoir, mon or, car il est déjà tout parti.»
   Le Frère répondit: «O, Thomas, est-ce vrai?
1955 Quel besoin avez-vous de vous adresser à diverses sortes de frères?
Quel besoin celui qui a un médecin parfait a-t-il
De s'adresser à d'autres médecins dans la ville?
Ton inconstance est ta confusion.
Considerez-vous alors qu'il n'est pas suffisant
Que moi-même ou notre couvent prions pour vous?
Thomas, c'est une plaisanterie à bon marché.
Votre maladie est due à ce que nous avons trop peu.
O, donnez à ce couvent un demi-quart d'avoine!
O, donnez à ce couvent vingt-quatre pièces de quatre sous en argent!
1965 O, donnez à ce frère un sou et laissez-le aller!
Non, non, Thomas, cela ne peut aller ainsi!
Que vaut un quart de sou partagé en douze?

Lo, ech thyng that is oned in itselve
Is moore strong than whan it is toscatered.
Thomas, of me thou shalt nat been yflatered;
Thou woldest han oure labour al for noght. 1971
The hye God, that al this world hath wroght,
Seith that the werkman worthy is his hyre.
Thomas, noght of youre tresor I desire
As for myself, but that al oure covent 1975
To preye for yow is ay so diligent,
And for to buylden Cristes owene chirche.
Thomas, if ye wol lernen for to wirche,
Of buyldynge up of chirches may ye fynde
If it be good in Thomas lyf of Inde. 1980
Ye lye heere ful of anger and of ire,
With which the devel set youre herte afyre,
And chiden heere the sely innocent,
Youre wyf, that is so meke and pacient. 1984
And therfore, Thomas, trowe me if thee leste,
Ne stryve nat with thy wyf, as for thy beste.
And ber this word awey now, by thy feith,
Touchynge this thyng, lo, what the wise seith:
'Withinne thyn hous ne be thou no leoun;
To thy subgitz do noon oppressioun; 1990
Ne make thyne aqueyntance nat for to flee.'
And, Thomas, yet eftsoones I charge thee,
Bewar from ire that in thy bosom slepeth,
Bewar fro the serpent that so slily crepeth
Under the gras and styngeth subtilly. 1995
Bewar, my sone, and herkne paciently
That twenty thousand men han lost hir lyves
For stryvyng with hir lemmans and hir wyves.
Now sith ye han so hooly meke a wyf,
What nedeth yow, Thomas, to maken stryf?
Ther nys, ywys, no serpent so cruel 2001
Whan man tret on his tayl, ne half so fel
As womman is, whan she hath caught an ire;
Vengeance is thanne al that they desire.

1980   le légende veut que saint Thomas ait employé de l'argent destiné à un palais
        pour bâtir une église.

Ecoute, toute chose qui est une en elle-même
Est plus forte que lorsqu'elle est divisée.
Thomas, ce ne sera pas moi qui te flatterai;
Tu voudrais avoir notre travail pour rien.
Le Dieu très-haut, qui a fait tout ce monde,
Dit que l'ouvrier mérite son salaire.
Thomas, je ne désire rien de votre trésor
1975   Pour moi-même: c'est parce que notre couvent
Met toute son ardeur à prier pour vous
Et à construire la propre église du Christ.
Thomas, si vous voulez apprendre à faire de bonnes œuvres,
Vous pourrez trouver dans la vie de saint Thomas de l'Inde
Qu'il est bon de construire des églises.
Vous gisez ici plein de rancœur et de colère,
- Le diable en a enflammé votre cœur -
Et vous gourmandez cette sainte innocente,
Votre femme, qui est si douce et si patiente.
1985   Aussi, Thomas, crois-moi si tu veux,
Dans ton intérêt, ne te querelle pas avec ta femme,
Et, ma foi, médite sur ces mots:
Ecoute ce que le sage dit concernant cette chose:
'Ne sois pas un lion dans ta maison;
N'opresse nullement tes sujets;
Ne fais pas fuir tes connaissances.'
Et, Thomas, je reviens à charge:
Garde-toi de la colère qui dort dans ta poitrine,
Garde-toi du serpent qui rampe avec ruse
1995   Sous l'herbe et qui pique de manière subtile.
Prends garde, mon fils, et écoute patiemment
L'histoire de vingt mille hommes qui ont perdu la vie
Pour s'être querellés avec leurs maîtresses et leurs épouses.
Et, puisque vous avez une sainte femme, si douce,
Qu'avez-vous besoin, Thomas, de lui chercher querelle?
Lorsque la femme se met en colère,
Elle est plus cruelle que n'importe quel serpent
Sur la queue duquel on viendrait à marcher.
Elles ne pensent alors plus à rien d'autre qu'à la vengeance.

1989-90 le texte de l'Ecclésiastique IV, 30 est:
Ne sois pas comme un lion dans ta maison
Et craintif au milieu de tes serviteurs.

Ire is a synne, oon of the grete of sevene,   2005
Abhomynable unto the God of hevene;
And to hymself it is destruccioun.
This every lewed viker or persoun
Kan seye, how ire engendreth homycide.
Ire is, in sooth, executour of pryde.   2010
I koude of ire seye so muche sorwe
My tale sholde laste til tomorwe.
And therfore preye I God bothe day and nyght
An irous man, God sende hym litel myght!
It is greet harm and certes greet pitee   2015
To sette an irous man in heigh degree.
    "Whilom ther was an irous potestat,
As seith Senek, that durynge his estaat
Upon a day out ryden knyghtes two,
And as Fortune wolde that it were so   2020
That oon of hem cam hoom that oother noght.
Anon the knyght bifore the juge is broght,
That seyde thus, 'Thou hast thy felawe slayn
For which I deme thee to the deeth, certayn.'
And to another knyght comanded he,   2025
'Go lede hym to the deeth, I charge thee.'
And happed as they wente by the weye
Toward the place ther he sholde deye,
The knyght cam which men wenden had be
        deed.
Thanne thoughte they it were the beste reed   2030
To lede hem bothe to the juge agayn.
They seiden, 'Lord, the knyght ne hath nat slayn
His felawe; heere he standeth hool alyve.'
'Ye shul be deed,' quod he, 'so moot I thryve,
That is to seyn, bothe oon, and two, and thre.'
And to the firste knyght right thus spak he,   2036
'I dampned thee; thou most algate be deed.
And thou also most nedes lese thyn heed
For thou art cause why thy felawe deyth.'   2039
And to the thridde knyght right thus he seith,
'Thou hast nat doon that I comanded thee.'
And thus he dide doon sleen hem alle thre.

2005   La colère est un péché, l'un des sept capitaux;
Il est abominable au Dieu du ciel;
Et, pour celui qui le commet, c'est la destruction.
Tous ces vicaires ou curés ignorants peuvent le dire:
La colère engendre l'homicide.
En vérité, la colère est l'exécutrice de l'orgueil.
Je pourrais dire tellement de mal de la colère
Que mon conte durerait jusqu'à demain.
C'est pourquoi je prie Dieu, jour et nuit,
Pour qu'il ne donne que peu de puissance à un homme
colérique!
2015   C'est un grand mal et assurément une grande pitié
De mettre un homme colérique dans une situation élevée.
    «Il y avait autrefois un magistrat colérique,
Nous dit Sénèque; et, durant son mandat
Arrivèrent un jour deux chevaliers,
Et, puisque la Fortune souhaitait qu'il en soit ainsi,
L'un d'eux revint chez lui, l'autre pas.
Le chevalier fut immédiatement amené devant le juge,
Qui lui dit: 'Tu as tué ton compagnon,
Ce pour quoi je te condamne à mort, assurément'.
2025   Et il donna l'ordre suivant à un autre chevalier:
'Je te charge de le conduire à mort'.
Et, alors qu'ils se rendaient
A l'endroit où il devait mourir, il se fit
Que le chevalier que l'on croyait mort revint.
Ils pensèrent que le mieux à faire
Etait de les reconduire tous les deux auprès du juge.
Ils dirent, 'Seigneur, le chevalier n'a pas tué
Son compagnon, le voici, bien vivant!'
'Sur mon honneur', dit-il, 'vous devez tous mourir:
2035   C'est-à-dire le premier, le deuxième et le troisième.'
Et il s'adressa au premier chevalier en ces termes précis:
'Je t'ai condamné; tu dois donc mourir de toutes façons.
Toi aussi, tu dois absolument y laisser la tête,
Car tu es la cause de la mort de ton compagnon.'
Et au troisième chevalier il dit précisément ceci:
'Tu n'as pas fait ce que je t'ai commandé.'
Et ainsi il les fit tuer tous les trois.

"Irous Cambises was eek dronkelewe
And ay delited hym to been a shrewe.
And so bifel, a lord of his meynee   2045
That loved vertuous moralitee
Seyde on a day bitwene hem two right thus,
'A lord is lost if he be vicius,
And dronkenesse is eek a foul record
Of any man, and namely in a lord.   2050
Ther is ful many an eye and many an ere
Awaityng on a lord and he noot where.
For Goddes love, drynk moore attemprely!
Wyn maketh man to lesen wrecchedly
His mynde and eek his lymes everichon.'   2055
     'The revers shaltou se,' quod he, 'anon,
And preve it by thyn owene experience,
That wyn ne dooth to folk no swich offence.
Ther is no wyn bireveth me my myght
Of hand ne foot, ne of myne eyen sight.'   2060
And for despit he drank ful muchel moore
An hondred part than he hadde bifoore;
And right anon this irous, cursed wrecche
Leet this knyghtes sone bifore hym fecche,
Comandynge hym he sholde bifore hym stonde.
And sodeynly he took his bowe in honde,   2066
And up the streng he pulled to his ere,
And with an arwe he slow the child right there.
'Now wheither have I a siker hand or noon?'
Quod he. 'Is al my myght and mynde agon?
Hath wyn byreved me myn eyen sight?'   2071
     "What sholde I telle th'answere of the knyght?
His sone was slayn, ther is namoore to seye.
Beth war, therfore, with lordes how ye pleye.
Syngeth *Placebo* and 'I shal if I kan,'   2075
But if it be unto a poure man.
To a poure man men sholde his vices telle,
But nat to a lord thogh he sholde go to helle.
     "Lo irous Cirus, thilke Percien,

2043   l'histoire de Cambyse vient probablement du *De Ira* de Sénèque.
2075   *placebo* emprunt à l'office des morts; signifiait communément «être complai-
        sant».

«Cambyse le colérique était également un ivrogne,
Et il se complaisait toujours à être odieux.
2045 Il advint qu'un seigneur de sa suite,
Quelqu'un qui aimait une moralité vertueuse,
Un jour qu'ils étaient seuls lui dit exactement ceci:
'Un seigneur est perdu s'il a des vices,
Et l'ivrognerie est un sale renom
Pour un homme, et plus particulièrement pour un seigneur.
Il y a bien des yeux et des oreilles
Qui épient un seigneur, et lui ne sait pas où ils sont.
Pour l'amour du ciel, bois avec plus de tempérance!
Il est triste de voir combien le vin fait perdre à l'homme
2055 Ses esprits et aussi l'usage de ses membres.'
    'Tu vas voir le contraire', dit-il, 'et tout de suite!
Tu prouveras par ta propre expérience
Que le vin ne limite pas l'homme comme tu le dis.
Aucun vin ne peut me priver de ma puissance,
D'une main, d'un pied, ou de la vue.'
Et, de dépit, il but encore
Cent fois plus qu'il ne l'avait fait auparavant;
Puis ce maudit scélérat colérique
Fit mander sur-le-champ le fils du chevalier;
2065 Il ordonna qu'il vînt se mettre devant lui,
Et tout à coup il prit son arc en main,
Il tira la corde jusqu'à son oreille
Et d'une flèche il tua l'enfant sur place.
'Eh bien, ai-je la main sûre, ou pas?',
Dit-il. 'Ma puissance et mes esprits sont-ils partis?
Le vin m'a-t-il privé de la vue?'
    «Pourquoi raconterais-je la réponse du chevalier?
Son fils était tué; il n'y a rien à ajouter.
Aussi, soyez prudents lorsque vous plaisantez avec les sei-
gneurs.
2075 Chantez *Placebo* et 'Je le ferai si je le puis',
A moins qu'il ne s'agisse d'un pauvre homme.
A un homme pauvre on devrait dire ses vices,
Mais pas à un seigneur, dût-il aller en enfer.
    «Regarde le colérique Cyrus de Perse;

2079 sa source est probablement encore le *De Ira*.

How he destroyed the ryver of Gysen   2080
For that an hors of his was dreynt therinne
Whan that he wente Babiloigne to wynne.
He made that the ryver was so smal
That wommen myghte wade it over al.
Lo, what seyde he that so wel teche kan: 2085
Ne be no felawe to an irous man,
Ne with no wood man walke by the weye,
Lest thee repente—I wol no ferther seye.

   "Now, Thomas, leeve brother, lef thyn ire;
Thou shalt me fynde as just as is a squyre.   2090
Hoold nat the develes knyf ay at thyn herte—
Thyn angre dooth thee al to soore smerte—
But shewe to me al thy confessioun."

   "Nay," quod the sike man, "by Seint
     Symoun,
I have be shryven this day at my curat.   2095
I have hym toold hoolly al myn estat.
Nedeth namoore to speken of it," seith he,
"But if me list, of myn humylitee."

   "Yif me thanne of thy gold, to make oure
     cloystre,"
Quod he, "for many a muscle and many an
     oystre,   2100
Whan othere men han ben ful wel at eyse,
Hath been oure foode, oure cloystre for to reyse.
And yet, God woot, unnethe the fundement
Parfourned is, ne of oure pavement
Nys nat a tyle yet withinne oure wones.   2105
By God, we owen fourty pound for stones.

   "Now help, Thomas, for hym that harwed
     helle!
For elles moste we oure bookes selle.
And if yow lakke oure predicacioun,
Thanne goth the world al to destruccioun.   2110
For whoso wolde us fro this world bireve,
So God me save, Thomas, by youre leve,
He wolde bireve out of this world the sonne.
For who kan teche and werchen as we konne?

Il détruisit la rivière de Gysen
Parce que l'un de ses chevaux s'y était noyé
Alors qu'il allait à la conquête de Babylone.
Il fit devenir la rivière si petite
Que les femmes pouvaient y passer à gué.
2085 Ecoute ce que dit celui qui sait bien enseigner:
Ne te fais pas l'ami d'un homme colère,
Ne marche pas ton chemin avec un homme emporté
De peur de t'en repentir - Je n'en dirai pas davantage.
      «Voyons, Thomas, mon cher frère, abandonne ta colère;
Tu me trouveras aussi juste qu'une équerre.
Ne garde pas le couteau du diable dans ton cœur -
Ta colère te fait bien trop amèrement souffrir -;
Mais fais-moi toute ta confession.»
      «Non», dit cet homme malade, «par saint Simon,
2095 Mon curé m'a confessé aujourd'hui;
Je lui ai tout dit;
Il n'est plus nécessaire d'en parler», dit-il,
«A moins que je n'en aie envie, par humilité.»
      «Donne-moi alors de ton or, pour faire notre cloître»,
Dit-il, «Nous avons dû faire nos repas de tas de moules et
d'huitres
Afin de pouvoir ériger notre cloître,
Et, pendant ce temps, les autres hommes vivaient bien à l'aise.
Et pourtant, Dieu le sait, c'est à peine si les fondations
Sont terminées, et le pavement
2105 De nos cellules n'a pas encore un seul carreau.
Par Dieu, nous devons quarante livres pour les pierres.
      «Voyons, aide-nous, Thomas, au nom de celui qui tortura
l'enfer!
Autrement nous devrons vendre nos livres.
Et si vous n'avez plus nos prédications,
Alors ce sera la destruction totale du monde.
Car celui qui voudrait nous enlever de ce monde,
Dieu me garde, Thomas, avec votre permission,
Celui-là, il enleverait le soleil de ce monde.
Car, qui peut enseigner et œuvrer comme nous?

2086-88 Prov. XXII, 24-25; mais le verset 25 dit:
        de peur que tu n'apprennes ses voies
        et que tu ne rencontres un piège pour ta vie.

And that is nat of litel tyme," quod he,   2115
"But syn Elye was, or Elise,
Han freres been, that fynde I of record,
In charitee, ythanked be oure Lord.
Now Thomas, help, for seinte charitee!"
And doun anon he sette hym on his knee.   2120

   This sike man wax wel ny wood for ire;
He wolde that the frere had been on fire,
With his false dissymulacioun.
"Swich thyng as is in my possessioun,"   2124
Quod he, "that may I yeven, and noon oother.
Ye sey me thus, that I am youre brother?"

   "Ye, certes," quod the frere, "trusteth weel.
I took oure dame oure lettre and oure seel."

   "Now wel," quod he, "and somwhat shal I
     yeve
Unto youre hooly covent whil I lyve;   2130
And in thyn hand thou shalt it have anon
On this condicion and oother noon,
That thou departe it so, my leeve brother,
That every frere have also muche as oother.
This shaltou swere on thy professioun,   2135
Withouten fraude or cavillacioun."

   "I swere it," quod this frere, "by my feith!"
And therwithal his hand in his he leith,
"Lo, heer my feith; in me shal be no lak."

   "Now thanne, put in thyn hand doun by my
     bak,"   2140
Seyde this man, "and grope wel bihynde.
Bynethe my buttok ther shaltow fynde
A thyng that I have hyd in pryvetee."

   "A," thoghte this frere, "this shal go with
     me!"
And doun his hand he launcheth to the clifte
In hope for to fynde there a yifte.   2146
And whan this sike man felte this frere
Aboute his tuwel grope there and heere,
Amydde his hand he leet the frere a fart—
Ther nys no capul drawynge in a cart   2150
That myghte have lete a fart of swich a soun.

2115 Et cela n'est pas récent», dit-il,
«Depuis Elie ou Elisée,
Il y a eu des frères (j'ai trouvé cela dans les annales),
(Vivant) dans la charité; que notre Seigneur soit remercié!
Allons, Thomas, aide-nous, par la sainte charité!»
Et il se jeta à genoux.
Notre malade devenait presque fou de colère;
Il aurait voulu que le frère allât dans le feu
Avec sa fourbe dissimulation.
«Ce qui est en ma possession»,
2125 Dit-il, «cela, je puis le donner, rien d'autre.
Vous me dites donc que je suis votre frère?»
«Oui, certes», dit le Frère, «croyez-moi.
J'ai amené à notre dame notre lettre et notre sceau.»
«Alors bon», dit-il, «je vais donner quelque chose
A votre couvent sacré de mon vivant;
Et tu vas l'avoir tout de suite dans ta main,
A la seule condition
Que tu t'en départisses de telle manière, mon cher frère,
Que chaque frère en ait autant que l'autre.
2135 Tu vas jurer sur ta profession,
Sans supercherie ou chicanerie.»
«Je le jure», dit le Frère, «sur ma foi!»
Et ce disant, il met sa main dans la sienne,
«Voici ma parole; je n'y manquerai pas.»
«Allons, maintenant, descends ta main le long de mon
dos»,
Dit notre homme, «et examine bien derrière;
Sous ma fesse tu trouveras
Une chose que j'ai cachée en secret.»
«Ah», pensa le Frère, «cela partira avec moi!»
2145 Et il pousse sa main dans la fente
Avec l'espoir d'y trouver un don.
Et quand notre malade sentit le Frère
Fouiller autour de son trou de cul,
Il lacha un pet au milieu de la main du frère -
Aucun cheval de trait tirant une charrette
N'aurait pu lacher un pet aussi sonnant.

The frere up stirte as dooth a wood leoun,
"A, false cherl," quod he, "for Goddes bones!
This hastow for despit doon for the nones.
Thou shalt abye this fart, if that I may."   2155
    His meynee, whiche that herden this affray,
Cam lepynge in and chaced out the frere.
And forth he gooth with a ful angry cheere
And fette his felawe, ther as lay his stoor.
He looked as it were a wilde boor;   2160
He grynte with his teeth, so was he wrooth.
A sturdy paas doun to the court he gooth
Wher as ther woned a man of greet honour
To whom that he was alwey confessour.
This worthy man was lord of that village.   2165
This frere cam as he were in a rage
Where as this lord sat etyng at his bord.
Unnethes myghte the frere speke a word,
Til atte laste he seyde, "God yow see!"   2169
    This lord gan looke, and seide, "Benedicitee,
What, Frere John, what maner world is this?
I se wel that some thyng ther is amys;
Ye looken as the wode were ful of thevys.
Sit doun anon and tel me what youre grief is,
And it shal been amended, if I may."   2175
    "I have," quod he, "had a despit this day,
God yelde yow, adoun in youre village,
That in this world is noon so poure a page
That he nolde have abhomynacioun
Of that I have receyved in youre toun.   2180
And yet ne greveth me nothyng so soore
As that this olde cherl with lokkes hoore
Blasphemed hath oure hooly covent eke."
    "Now, maister," quod this lord, "I yow
        biseke—"
    "No maister, sire," quod he, "but servitour,
Thogh I have had in scole that honour.   2186
God liketh nat that 'Raby' men us calle
Neither in market ne in youre large halle."
    "No fors," quod he, "but tel me al youre
        grief."

Le Frère se dressa comme un lion fou furieux,
«Ah! sale type!», dit-il, «par les os de Dieu!
Tu as fait cela exprès et par mépris.
2155   Tu me paieras ce pet si je le puis.»
      Ses domestiques, qui avaient entendu le vacarme,
Arrivèrent en courant et chassèrent le Frère.
Il s'en alla, le visage en colère,
Et partit chercher son compère là où étaient ses provisions.
Il ressemblait à un sanglier;
Il grinçait des dents, tant il était furieux.
D'un pas décidé il va vers le château
Où vivait un homme de grand honneur
Dont il était toujours le confesseur.
2165   Cet homme digne était le seigneur du village.
Notre Frère entra comme un enragé
Pendant que ce seigneur mangeait, assis à sa table.
C'était à peine si le Frère pouvait dire un mot,
Et il finit par dire, «Que Dieu vous protège!»
      Le seigneur regarda et dit, «*Benedicite,*
Quoi, Frère Jean, que se passe-t-il?
Je vois bien que quelque chose ne va pas;
A vous voir, on dirait que le bois est rempli de voleurs.
Asseyez-vous donc et faites-moi vos griefs,
2175   J'y remédierai si je le puis.»
      «J'ai subi», dit-il, «une telle insulte,
Que Dieu vous aide, aujourd'hui, au bout de votre village,
Que tout page, si pauvre soit-il,
Aurait en abomination
Ce que j'ai reçu dans votre village.
Et pourtant, rien ne me chagrine plus amèrement
Que le fait que ce vieux rustre avec ses boucles blanches
Ait aussi blasphémé contre notre couvent sacré.»
      «Voyons, maître», dit le seigneur, «Je vous en prie -»
2185   «Non, pas maître, Monsieur», dit-il, «mais serviteur,
Bien que j'aie reçu à l'école cet honneur.
Dieu n'aime pas qu'on nous appelle Rabbi,
Ni sur le marché, ni dans votre grande salle.»
      «Peu importe», dit-il, «mais racontez-moi tous vos griefs.»

2187   cf Mathieu XXIII, 7-8.

"Sire," quod this frere, "an odious meschief
This day bityd is to myn ordre and me,   2191
And so, *per consequens*, to ech degree
Of hooly chirche, God amende it soone."
   "Sire," quod the lord, "ye woot what is to
      doone.
Distempre yow noght; ye be my confessour;
Ye been the salt of the erthe and the savour. 2196
For Goddes love, youre pacience ye holde!
Tel me youre grief." And he anon hym tolde
As ye han herd biforn, ye woot wel what.
   The lady of the hous ay stille sat   2200
Til she had herd what the frere sayde.
   "Ey, Goddes mooder," quod she, "blisful
      mayde!
Is ther oght elles? Telle me feithfully."
   "Madame," quod he, "how thynke ye
      herby?"
   "How that me thynketh?" quod she. "So
      God me speede,   2205
I seye, a cherl hath doon a cherles dede.
What shold I seye? God lat hym nevere thee.
His sike heed is ful of vanytee;
I holde hym in a manere frenesye."
   "Madame," quod he, "by God, I shal nat lye,
But I on hym oother weyes be wreke,   2211
I shal disclaundre hym over al ther I speke,
This false blasphemour that charged me
To parte that wol nat departed be
To every man yliche, with meschaunce!"   2215
   The lord sat stille as he were in a traunce,
And in his herte he rolled up and doun,
"How hadde the cherl this ymaginacioun
To shewe swich a probleme to the frere?   2219
Nevere erst er now herde I of swich mateere.
I trowe the devel putte it in his mynde.
In ars-metrik shal ther no man fynde
Biforn this day of swich a questioun.
Who sholde make a demonstracioun

2196   Mathieu V, 13.

«Monsieur», dit le Frère, «un méfait odieux
A été commis aujourd'hui contre mon ordre et moi-même,
Et ainsi, *per consequens,* à chaque échelon
De la sainte Eglise; que Dieu y remédie bien vite!»
    «Monsieur», dit le seigneur, «vous savez ce qu'il faut faire.
2195 Ne perdez pas votre calme; vous êtes mon confesseur;
Vous êtes le sel de la terre et le sauveur.
Pour l'amour de Dieu, gardez votre sang-froid!
Dites-moi vos griefs.» Et il lui raconta aussitôt
Ce que vous venez d'entendre: vous savez bien quoi.
    La dame du logis était tranquillement assise,
Jusqu'à ce qu'elle eût entendu ce que le Frère disait.
«Ah! Mère de Dieu», dit-elle, «bienheureuse vierge!
Il y a-t-il autre chose? Dites-le moi franchement.»
    «Madame», dit-il, «qu'en pensez-vous?»
2205   «Ce que j'en pense?», dit-elle, «que Dieu m'assiste!
Je dis qu'un rustre s'est comporté comme un rustre.
Que dirais-je d'autre? Que Dieu ne le laisse jamais prospérer.
Sa tête malade est remplie de vanité;
Je crois qu'il est atteint d'une sorte de frénésie.»
    «Madame», dit-il, «par Dieu, je ne mentirai point,
Mais j'ai d'autres moyens de me venger de lui,
Je ferai un esclandre à son sujet partout où je parlerai.
Malheur à ce fourbe blasphémateur qui m'a chargé
De partager ce qui ne peut être partagé
2215 De manière égale entre les hommes!»
    Le seigneur ne remuait pas; il était comme pétrifié,
Et dans son cœur il retournait les idées en tous sens:
«Comment le rustre a-t-il eu l'imagination
De soumettre un tel problème au Frère?
Je n'ai jamais entendu une telle histoire auparavant.
Je crois que c'est le diable qui l'a lui a mise en tête.
En cul-métrique on ne trouvera pas
Une telle question avant ce jour.
Qui pourrait faire la démonstration

2222   *ars metrik* jeu de mots entre arithmétique et mesure du cul.

That every man sholde have yliche his part 2225
As of the soun or savour of a fart?

O nyce, proude cherl, I shrewe his face!
Lo, sires," quod the lord, "with harde grace,
Who herde evere of swich a thyng er now?
To every man ylike, tel me how? 2230
It is an inpossible, it may nat be.
Ey, nyce cherl, God lete him nevere thee!
The rumblynge of a fart, and every soun,
Nis but of eir reverberacioun,
And evere it wasteth litel and litel awey. 2235
Ther is no man kan deemen, by my fey,
If that it were departed equally.
What, lo, my cherl, lo, yet how shrewedly
Unto my confessour today he spak.
I holde hym certeyn a demonyak! 2240
Now ete youre mete and lat the cherl go pleye;
Lat hym go honge hymself a devel weye."

The wordes of the lordes squier and his kervere for
departynge of the fart on twelve.

Now stood the lordes squier at the bord,
That karf his mete, and herde word by word
Of alle thynges whiche I have yow sayd. 2245
"My lord," quod he, "beth nat yvele apayd,
I koude telle, for a gowne-clooth,
To yow, sire frere, so ye be nat wrooth,
How that this fart sholde evene ydeled be
Among youre covent, if it lyked me." 2250
  "Tel," quod the lord, "and thou shalt have
    anon
A gowne-clooth, by God and by Seint John!"
  "My lord," quod he, "whan that the weder
    is fair,
Withouten wynd or perturbynge of air, 2254

2225 De la manière dont chaque homme devrait avoir une part
égale
Du son ou de la saveur d'un pet?
Ah! L'imbécile, le rustre effronté! je maudis son visage!
Voyons, Messieurs», dit le seigneur, «Quelle misère!
Qui a entendu chose pareille auparavant?
En parts égales? Dites-moi comment?
C'est impossible! Cela ne se peut.
Ah! L'imbécile de rustre, que Dieu ne le laisse jamais pros-
pérer!
Le grondement d'un pet et chaque son
N'est que la réverbération de l'air,
2235 Et il disparaît petit à petit.
Ma foi, personne ne peut juger
S'il a été partagé de manière égale.
Mais quoi, mon rustre? Comme il a parlé aujourd'hui de
manière effrontée
A mon confesseur!
Je suis certain qu'il est démoniaque!
Maintenant, mangez votre repas et laissez ce rustre s'amuser;
Qu'il aille se faire pendre aux six cents diables!»

Les Propos de l'Ecuyer du Seigneur et de son Coupeur (de Viande) pour Partager le Pet en Douze.

L'écuyer du seigneur, celui qui coupait sa viande,
Se tenait à la table et écoutait mot par mot
2245 Toutes les choses que je vous ai dites.
«Monseigneur», dit-il, «Ne soyez pas mécontent,
Mais si je le voulais je pourrais vous dire, pour un drap de
robe,
A vous, Monsieur le Frère, si vous ne vous fâchez pas,
Comment ce pet pourrait être partagé de manière égale
Dans votre couvent.»
«Dis-le», dit le seigneur, «et tu auras tout de suite
Un drap de robe, par Dieu et par saint Jean!»
«Monseigneur», dit-il, «quand il fera beau,
Qu'il n'y aura ni vent ni perturbation de l'air,

Lat brynge a cartwheel heere into this halle—
But look that it have his spokes alle;
Twelve spokes hath a cartwheel comunly—
And bryng me thanne twelve freres, woot ye
    why?
For thrittene is a covent, as I gesse.   2259
Youre confessour heere, for his worthynesse,
Shal parfourne up the nombre of his covent.
Thanne shal they knele doun by oon assent
And to every spokes ende, in this manere,
Ful sadly leye his nose shal a frere.
Youre noble confessour—there God hym
    save—   2265
Shal holde his nose upright under the nave.
Thanne shal this cherl, with bely stif and
    toght
As any tabour, been hyder ybroght;
And sette hym on the wheel right of this cart,
Upon the nave, and make hym lete a fart.   2270
And ye shul seen, up peril of my lyf,
By preeve which that is demonstratif,
That equally the soun of it wol wende,
And eke the stynk, unto the spokes ende,
Save that this worthy man, youre confessour,
By cause he is a man of greet honour,   2276
Shal have the first fruyt, as resoun is.
As yet the noble usage of freres is
The worthy men of hem shul first be served,
And certeinly he hath it weel disserved.   2280
He hath today taught us so muche good
With prechyng in the pulpit ther he stood
That I may vouchesauf, I sey for me,
He hadde the firste smel of fartes thre;
And so wolde al his covent hardily,   2285
He bereth hym so faire and hoolily."
    The lord, the lady, and ech man save the frere
Seyde that Jankyn spak in this matere
As wel as Euclide or Protholomee.
Touchynge this cherl, they seyde, subtiltee   2290
And heigh wit made hym speke as he spak;

2255   Faites apporter une roue de charrette dans cette salle à
manger -
Mais veillez à ce qu'elle ait tous ses rayons;
D'habitude, une roue de charrette a douze rayons -
Et amenez-moi alors douze frères; savez-vous pourquoi?
Parce que treize constituent un couvent, je crois.
Par sa dignité votre confesseur ici présent
Complétera le nombre de son couvent.
Alors ils s'agenouilleront tous en même temps:
Ils le feront de la manière suivant: chaque frère
Mettra fermement son nez à la fin de chaque rayon.
2265   Votre noble confesseur -que Dieu le garde!-
Mettra son nez juste sous le moyeu.
Alors, votre rustre, le ventre raide et tendu
Comme un tambour, sera amené ici;
Vous le mettrez juste sur la roue de la charrette,
Sur le moyeu, et vous lui ferez faire un pet.
Et vous verrez, au péril de ma vie,
Par une preuve qui en fait la démonstration,
Son son se dirigera en parts égales vers les bouts des rayons,
Et l'odeur aussi;
2275   Il y aura une exception: ce digne homme, votre confesseur,
Parce qu'il est un homme de grand honneur,
Aura le premier fruit, comme de juste.
Et puis, c'est le noble usage des frères
Que les hommes dignes soient servis les premiers,
Et, assurément, il l'a bien mérité.
Il nous a aujourd'hui tellement enseigné le bien,
Là à prêcher debout dans la chaire,
Que je lui accorderais volontiers, je parle pour moi,
La première odeur de trois pets;
2285   Et son couvent en fera assurément de même:
Il se conduit si agréablement et si saintement.»
    Le seigneur, la dame et tout un chacun, sauf le Frère,
Dirent que Jeannot parlait en la matière
Aussi bien qu'Euclide ou Ptolémée.
A propos du rustre, ils dirent que c'étaient la subtilité
Et le grand esprit qui l'avaient fait parler comme il avait
parlé;

He nys no fool, ne no demonyak.
And Jankyn hath ywonne a newe gowne—
My tale is doon; we been almoost at towne.

Heere endeth the Somonours Tale.

Il n'est ni fou ni démoniaque,
Et Jeannot a gagné une nouvelle robe -
J'ai fini mon conte; nous sommes presque en ville.

Ici Finit le Conte du Semoneur.